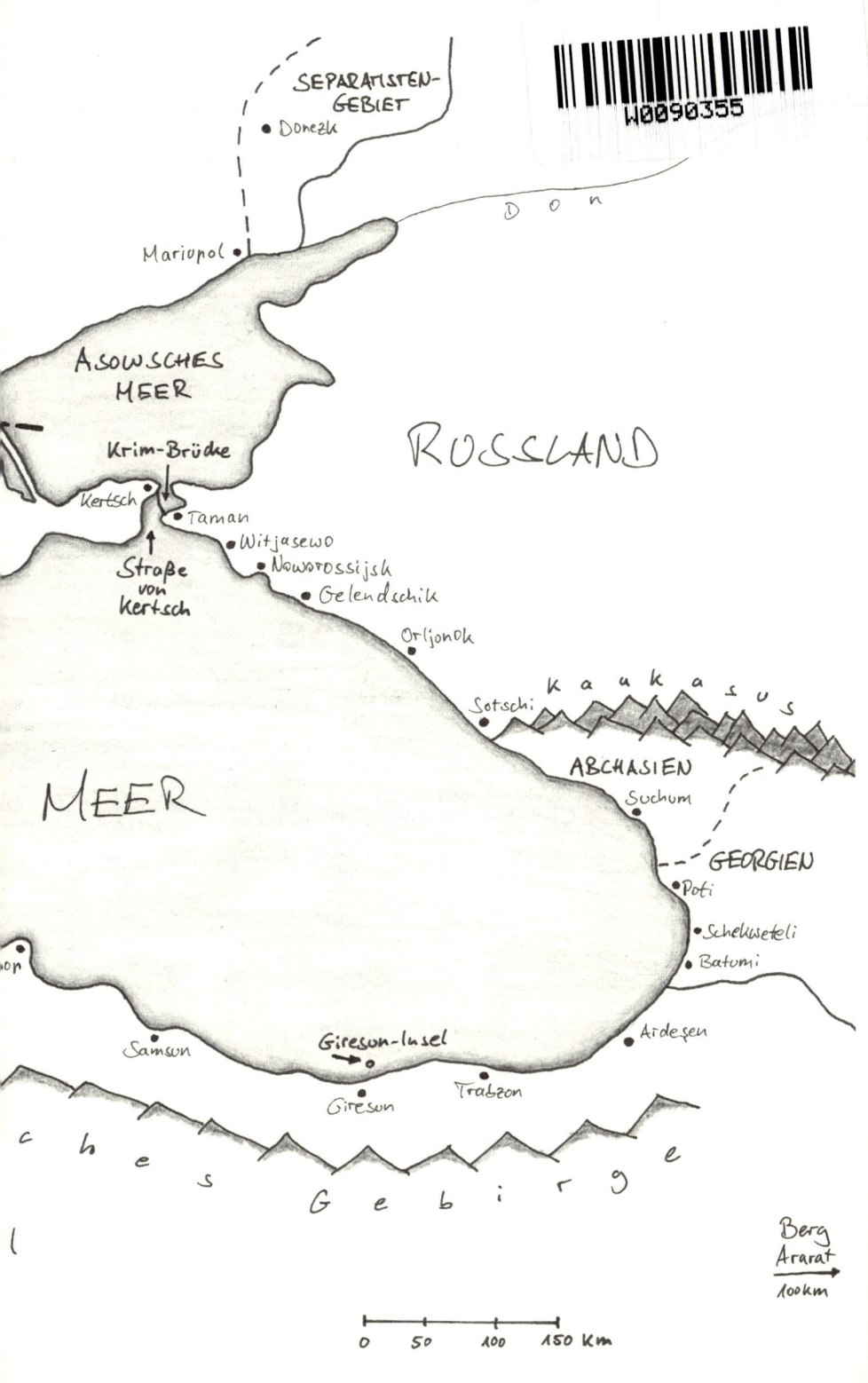

SEPARATISTEN-
GEBIET

• Donezk

D o n

Mariupol •

ASOWSCHES
MEER

RUSSLAND

Krim-Brücke

Kertsch •
• Taman
↑
Straße
von
Kertsch

• Witjasewo
• Noworossijsk
• Gelendschik

• Orljonok

Sotschi •

k a u k a s u s

ABCHASIEN

Suchum •

GEORGIEN

• Poti

• Schekweteli

• Batumi

MEER

• Ardeşen

Giresun-Insel

Samsun
→ ○

Trabzon •

Giresun •

c h e s

G e b i r g e

Berg
Ararat
──────
100km

├──┼──┼──┼──┤
0   50 100 150 Km

Jens Mühling

Schwere See

Eine Reise um das
Schwarze Meer

Rowohlt

Originalausgabe
Veröffentlicht im Rowohlt Verlag, Hamburg, März 2020
Copyright © 2020 by Rowohlt Verlag GmbH, Hamburg
Karte Jens Mühling
Schrift Maiola
Typografie und Satz Farnschläder & Mahlstedt, Hamburg
Druck und Bindung CPI books GmbH, Leck, Germany
ISBN 978-3-498-04545-6

Für Şeyma
Denizkızım benim

Inhalt

Die Flut

Prolog

Ihm war, als sei das Schwarze Meer
zum Himmel aufgestiegen und werde sich
vierzig Tage und vierzig Nächte lang
auf die Erde ergießen.

Konstantin Paustowskij, «Die Kolchis», 1934

Sie kamen uns entgegen, als wir die letzten Kilometer auf dem Weg zum Ararat zurücklegten, im Bergland Ostanatoliens, wo zwischen endlosen Geröllfeldern die Türkei an Armenien und den Iran grenzt. In kleinen Gruppen liefen sie am Straßenrand entlang, Männer, die meisten jung, mit dunklen Bärten und nichts in den Händen, nur wenige trugen kleine Plastiktüten. Es war März, an den gewundenen Passstraßen lag noch Schnee, und ich fragte mich, wie schnell man wohl marschieren musste, um in den leichten Jacken der Männer nicht zu frieren.

Mustafa, der Fahrer, in dessen Taxi ich in Ağrı eingestiegen war, weil der nächste Bus nach Doğubeyazıt erst einen Tag später gefahren wäre, deutete mit dem Kinn auf die Wanderer hinter der Windschutzscheibe.

«Pasaport yok, para yok.»

Kein Pass, kein Geld.

Fragend sah ich ihn an.

«Syrians?»

Er schüttelte den Kopf.

«Afganlar.»

Sie mussten durch den Iran in die Türkei gekommen sein, dachte ich. Mustafa nickte, als habe er meine Gedanken erraten.

«Afghanistan – Iran – Istanbul.»

Einen Moment lang schwieg er, dann spreizte ein Grinsen seinen Schnauzbart.

«Istanbul – Almanya!»

Der Schnauzbart erstarrte zu einer harten Linie, als ich versuchte,

Mustafa zum Anhalten zu überreden. Ich wollte mit den Flüchtlingen sprechen, sie fragen, was sie brauchten, auch wenn ich es ihnen vermutlich nicht geben konnte. Vergiss es, sagte Mustafas versteinerter Schnauzbart, nicht für alle Lira der Welt.

Wir fuhren weiter, dem Berg Ararat entgegen, den ein altes Rätsel mit dem Schwarzen Meer verbindet. Immer wieder tauchten Männer hinter den Wegbiegungen auf, zu zweit, zu fünft, dann lange niemand, dann plötzlich ein Dutzend, gefolgt von einem zweiten – und einen Moment lang war ich sicher, dass die Straße hinter der nächsten Biegung schwarz vor Menschen sein würde. Doch dann kam wieder lange niemand.

Jedes Mal, wenn sich eine der Männergruppen aus der Ferne näherte, löste Mustafa kurz die Hände vom Lenkrad, kehrte sie gen Himmel und schüttelte in stummer Ratlosigkeit den Kopf, als frage er sich, und mich, und vielleicht Gott, was man bloß anfangen soll mit all diesen Menschen, die nicht bleiben können, wo sie sind.

* * *

Ich habe das Schwarze Meer von allen Seiten gesehen, und von keiner Seite war es schwarz.

Es war silbrig, als ich im Frühling die noch menschenleeren Strände der russischen Kaukasusküste entlangfuhr, silbrig wie die Haut der Delfine, die dicht am Ufer den nordwärts ziehenden Fischschwärmen folgten.

Es wurde blau, als ich im Mai Georgien erreichte, das alte Kolchis der griechischen Sagen, wo die Strände schwarz sind, aber nicht das Wasser.

In der Türkei schien es dem Grün der Teeplantagen und Haselnussfelder an seinen Ufern ähnlicher zu werden, und grün blieb es, bis ich im Spätsommer den Bosporus erreichte.

Die ersten Herbststürme färbten es braun, als über der Küste Bulgariens die Vögel südwärts und die Touristen heimwärts zogen.

Im rumänischen Donaudelta schien der Himmel so tief über dem Meer zu hängen, dass sein bleierner Ton auf das Wasser abfärbte.

Als ich die Ukraine erreichte, schoben die Wellen schmutzgraues Eis über die Strände.

Erst auf der Krim hellte die Wintersonne das Meer wieder auf, und hier nahm es den Ton an, den es in meiner Erinnerung immer haben wird: ein trübes, milchiges Grün, wie ein Sud aus Algen und Sonnencreme.

* * *

Reisen beginnen selten da, wo sie in unserer Erinnerung beginnen. Diese hier nahm ihren Anfang vielleicht unter dem Esstisch meiner blinden Großmutter.

Manchmal, wenn die Erwachsenen ihre Erwachsenengeschichten austauschten, krochen meine Schwester und ich zwischen ihren Füßen hindurch ans Kopfende, wo Oma saß. Still stahlen wir uns hinter ihren Stuhl. Die Rückenlehne war aus Korbgeflecht, dessen Zwischenräume gerade so groß waren, dass wir unsere Fingerspitzen durch die Löcher stecken konnten. Wir pieksten in Omas knochigen Rücken, und Oma, die uns zwar nicht kommen sehen, aber kommen hören hatte, tat uns bei diesem eingeübten Spiel jedes Mal den Gefallen, entsetzt aufzuschreien.

«Ja, sind denn hier etwa Mäuse?»

Piepsend zogen wir unsere Mäusefinger aus der Rückenlehne und krochen zurück unter den Tisch.

In Neunkirchen, der siegerländischen Kleinstadt, in der meine Großmutter bis zu ihrem Tod lebte, erinnert ein Gedenkstein an:

JOH. HEINRICH VON KINSBERGEN
LEUTN.-ADMIRAL
EIN WOHLTÄTER DER ARMEN
*1.5.1735   †22.5.1819

Der Name des Admirals, oder eigentlich nicht sein Name, sondern die Bezeichnung «der Admiral», tauchte gelegentlich in den Erwachsenengesprächen auf, die meine Schwester und ich unter dem Esstisch belauschten. Als halb mythische Figur setzte sich «der Admiral» in meiner kindlichen Erinnerung fest. Er war, so verstand ich es jedenfalls, weitläufig mit uns verwandt, ein Urururururahn, den es in ferner Vergangenheit nach Holland verschlagen hatte, wo er als Seefahrer zu großem Ruhm und Reichtum gelangt war. Einen Teil seines immensen Vermögens hatte er in Form eines Notfonds hinterlassen, um verarmte Verwandte in seiner siegerländischen Heimat zu unterstützen, denen auf Antrag Hilfszahlungen bewilligt wurden. Dieses «Admiralsgeld», von dem die Erwachsenen in Neunkirchen manchmal sprachen, wuchs sich in meiner Vorstellung zu einer Art Piratenschatz aus, einem funkelnden Haufen Goldmünzen, der darauf wartete, eines Tages von mir, dem legitimen Erben des Admirals, geborgen zu werden.

Wie ich Jahre später bei einer Familienweihnachtsfeier von meiner Tante Gertraude und ihren Neunkirchener Freundinnen Elfriede und Ingeborg erfuhr, war ich nicht der Einzige, der nach dem Admiralsgeld schielte. In der Heimat meiner Großmutter erinnert außer dem Gedenkstein auch eine Straße an den Seefahrer: der Van-Kinsbergen-Ring. Im Volksmund wird er «Kartoffelkäferring» genannt, weil sich nach dem Tod des Namensgebers erstaunlich viele hilfsbedürftige Neunkirchener gefunden haben, die mit dem spendablen Admiral verwandt gewesen sein wollen – seine angeblichen Nachfahren haben sich vermehrt wie die Kartoffelkäfer.

Gertraude, Elfriede und Ingeborg erzählten mir bei jener Weihnachtsfeier auch, dass die Nachlasszahlungen aus Holland schon lange nicht mehr flossen. Mein Piratenschatz war nach dem Zweiten Weltkrieg offenbar als Reparationsleistung einkassiert worden.

Um meine Enttäuschung zu verarbeiten, glich ich damals zum ersten Mal meine kindlichen Erinnerungen an den Admiral mit seiner tatsächlichen Lebensgeschichte ab. Ich erfuhr, dass nicht van Kinsbergen selbst, sondern sein Vater im frühen 18. Jahrhundert aus dem ärmlichen Siegerland ausgewandert war, um in Holland Soldat zu werden. Seinen deutschen Nachnamen Ginsberg hatte er gegen die ortsüblichere Variante Kinsbergen eingetauscht, als er eine Niederländerin heiratete, mit der er einen Sohn zeugte: Jan Hendrik.

Der Einwanderersprössling war 15, als er bei der Marine anheuerte. Verblüfft stellte ich fest, dass der spätere Admiral nicht nur für die holländische, sondern auch für die russische Krone zur See gefahren war. Mit Mitte dreißig hatte sich Kinsbergen von Katharina der Großen anwerben lassen, um im Krieg der Zarin gegen die Türken einen Teil der russischen Flotte zu kommandieren, deren Schiffe damals zum ersten Mal ins Schwarze Meer vordrangen. Vor der Küste der Krim begegnete Kinsbergen im Kriegsjahr 1773 mit zwei Kanonenbooten einem deutlich überlegenen türkischen Geschwader, das er nach mehrstündigem Kampf in die Flucht schlug. Das Gefecht von Balaklawa war Russlands erste Seeschlacht im Schwarzen Meer, und dank meines mutmaßlichen Ururururururahns endete sie mit einem triumphalen Sieg.

Ich war nicht sicher, ob mich das stolz machen sollte. Katharinas Feldzug gegen die Türken, den Kinsbergen in den folgenden Jahren weiter unterstützte, endete 1774 mit einer Niederlage des Osmanischen Reichs. Russland tat, was das größte Land der Welt schon immer am liebsten tat: Es wuchs. Katharina verleibte ihrem Reich weite Teile der nördlichen Schwarzmeerküste ein, die zuvor von den Krimtataren kontrolliert worden waren, Verbündeten der Türken. Ein paar Jahre später, als Kinsbergen bereits mit russischen Orden behängt zurück nach Holland gesegelt war, ging die Zarin einen Schritt weiter: Sie unterwarf die Tataren und annektierte deren Heimat, die Krim. «Von jetzt an und für alle Zeiten», erklärte Katharina 1783, sollte die Halbinsel russisch sein.

Um vergessen zu machen, dass sie einmal unrussisch gewesen war, verwischte Katharina die Spuren der Tataren. Moscheen und Medresen, Karawansereien und Khanspaläste wurden in Schutt und Asche gelegt, während sich die erste von mehreren tatarischen Flüchtlingswellen in Richtung der osmanischen Küsten in Bewegung setzte.

Es war nicht das erste und nicht das letzte Mal, dass sich rund um das Schwarze Meer die Straßen schwarz vor Menschen färbten, weil Potentaten Völker verpflanzten und ihre Spuren aus der Geschichte tilgten. Dutzende von Schwarzmeerminderheiten wechselten im Lauf der Jahrhunderte teils mehrmals unfreiwillig den Küstenabschnitt, weil sie dem Wachstum der Imperien im Weg standen oder dem Schicksal der Nationen, der kommunistischen Zukunft, dem Tausendjährigen Reich, dem Türkentum, der großrumänischen Idee oder der bulgarischen Wiedergeburt – kurz: weil Späne fielen, wo Herrscher hobelten, oder weil man, wie es später einmal Stalin gesagt haben soll, kein Omelette braten kann, ohne Eier zu zerschlagen. Er, Stalin, Erzhobler und Meister aller Omelettebräter, war es, der gut anderthalb Jahrhunderte nach Katharina den verbleibenden Teil der Krimtataren in Viehwaggons pferchen und nach Zentralasien deportieren ließ. In Stalins Schwarzmeer-Omelette war das nicht einmal das dickste Ei.

Unter dem Esstisch meiner Großmutter ahnte ich noch nichts von Vertreibungen, von Säuberungen, von Flucht, von Menschen, die nicht bleiben können, wo sie sind. Schon die siegerländisch-holländische Migrationsgeschichte des Admirals überstieg mein Vorstellungsvermögen. Van Kinsbergen war, so weit ich das überblickte, der Einzige in unserer Familie, der nicht da gelebt hatte, wo der Rest von uns lebte. Ich schob es auf sein Seefahrerdasein. Sein Haus war sein Schiff, anders konnte ich mir die Sache nicht zusammenreimen.

Das Haus meiner Großmutter war von außen mit schwarzen Schieferschindeln verkleidet, wie es im Siegerland viele alte Häuser sind. Wenn ich mir heute diese nachtfinsteren Dorfzeilen vor Augen rufe, wie sie schieferschwer in ihren Tälern ruhen, überkommt mich ein altes, ungläubiges Kinderstaunen darüber, dass auf dieser Erde jemals ein Mensch seine Heimat verlassen hat.

* * *

Meine Reise führte im Kreis, aber das Schwarze Meer ist so wenig rund, wie es schwarz ist.

Die Geographen der Antike verglichen die Form seiner viereinhalbtausend Kilometer langen Küstenlinie mit der eines skythischen Reiterbogens. Die Sehne spannt sich entlang des südlichen, heute türkischen Ufers, dessen Gestalt den damals noch hier siedelnden Griechen gradliniger und sehnenförmiger vorkam, als sie es tatsächlich ist. Links und rechts der Türkei krümmen sich die Endstücke des Bogens hart nach Norden und dann sanfter einander entgegen, im Westen vorbei an den Stränden Bulgariens und Rumäniens, im Osten an der georgischen und russischen Küste. Der Bogen schließt sich in der Ukraine, an deren Südufer wie die geballte Faust eines Schützen die Krim hängt. Der imaginäre Pfeil, den diese Waffe nordwärts schleudert, zielt ziemlich genau auf Moskau, was in der Antike allerdings noch niemand ahnen konnte. Als die Moskowiter in der Weltgeschichte auftauchten, waren die Skythen längst aus ihr verschwunden.

Mich selbst haben die Umrisse des Meers, wenn ich seine Konturen mit dem Finger auf der Karte entlangfuhr, immer an einen Pferdekopf erinnert. Rechts schnuppert die Pferdeschnauze an Georgien, beiderseits der Krim ragen zwei spitze Pferdeohren in die Ukraine und nach Russland. Das nordöstliche Ohr ist das Asowsche Meer, eines von zwei Nebengewässern des Schwarzen Meers. Von hier aus, über den Zufluss des Don, drang im 18. Jahrhundert das russische Zarenreich an die Meeresküsten vor. Das traditionsreichere Eingangsportal – und gleichzeitig der Hals, auf dem der Pferdekopf sitzt – ist der südwestliche Bosporus, die Verbindung zum Marmarameer, zur Ägäis und zur Mittelmeerwelt des Altertums. Von hier aus sollen einst Jason und die Argonauten ins Schwarze Meer gelangt sein, auf der Suche nach dem Goldenen Vlies, die sie entlang der Südküste bis ins heutige Georgien und über den Umweg der Donau zurück in ihre griechische Heimat führte.

Die Argo-Sage ist eine bronzezeitliche Legende, aber sie lehnt sich an die tatsächliche Entdeckung des Schwarzen Meers durch griechische Seefahrer des Altertums an, deren Schiffe möglicherweise schon im zweiten, spätestens aber zu Beginn des ersten vorchristlichen Jahrtausends durch die Dardanellen und den Bosporus vorstießen. Was sie dahinter vorfanden, stilisierten Generationen griechischer Dichter und Denker später zum gefahrenumwitterten Rand der bekannten Welt, besiedelt von den aberwitzigsten Völkerscharen und Fabelwesen: Kannibalen, Höllenhunde, männermordende Amazonen, auf Kranichen reitende Zwerge, Zyklopen, Läusefresser, Werwölfe.

Auch die realen Bewohner der antiken Schwarzmeerküsten kamen in der griechischen Literatur nicht gut weg. Es waren Reitervölker wie die Skythen, deren Sprachen in den Ohren der Griechen wie sinnloses Gebrabbel klangen – sie schienen nur «bar bar bar» zu sagen, weshalb ihnen bald der Name «Barbaren» anhing. Unter diesem Sammelbegriff wanderten die Nomaden in die griechische Psyche ein – und wurden dort sesshaft. Vertraut man der hellenischen Literatur, verkörperten sie für die Griechen all das, was sie selbst nicht sein wollten, was ihre Zivilisation bedrohte, was sie hassten, fürchteten und verachteten. Wer an dieser Abneigung schuld war und inwiefern sie auf Gegenseitigkeit beruhte, ist im Nachhinein schwer zu sagen, weil nur eine Seite der Geschichte überliefert ist: Die Barbaren haben nicht aufgeschrieben, was sie von den Griechen hielten.

Als später aus den Scherben der Antike das Selbstbild eines ganzen Kontinents zusammengesetzt wurde, verinnerlichten die Europäer zusammen mit allem anderen griechischen Kulturgut auch die Erzählung von den Barbaren, die ihnen bis heute als Mythos der äußeren Abgrenzung dient, längst losgelöst von ihren Ursprüngen am Schwarzen Meer. Wer sich zivilisiert fühlen will, braucht barbarische Nachbarn. Die Franzosen fanden sie lange in den Deutschen, die Deutschen in den Slawen, die Polen in den Russen, die nachbarreichen Russen in den Mongolen, Tataren, Türken, Kaukasiern und Chinesen.

Als Gruppe zogen die Europäer die Grenze zwischen Zivilisation und Barbarei meist dort, wo es gerade ihren Interessen diente. Kriege ließen sich leichteren Gewissens führen, wenn man den Gegner vorher zum Feind der zivilisierten Welt erklären, wenn man an alte Instinkte der Abgrenzung appellieren konnte, die der kontinentalen Psyche seit ihren antiken Anfängen eingeschrieben sind: Hier die Zivilisierten, dort die Barbaren – hier unseresgleichen, dort die Anderen, die Fremden, Zurückgebliebenen, Ungewaschenen, die mit dem komischen Essen, die ihre Kinder nicht im Griff und ihre Frauen nicht unter Kontrolle haben, die Grausamen, die Blutrünstigen, die Menschenfresser, die Ungläubigen, die Minderwertigen, die Sklavennaturen, die Untermenschen.

Bezeichnenderweise entstand dieses Bild des Barbaren ursprünglich gar nicht an der Schwarzmeerküste selbst, wo die griechischen Seefahrer ab dem achten vorchristlichen Jahrhundert Handelsstädte gründeten und mit den Nomadenvölkern des Hinterlands in enger Symbiose lebten – hier nahmen jene kuriosen ethnischen Mischgesellschaften ihren Anfang, die das Schwarze Meer jahrtausendelang prägen sollten. Zu Zivilisationsfeinden wurden die Barbaren vielmehr von Athener Intellektuellen erklärt, die das Schwarze Meer nur vom Hörensagen kannten und auch sonst selten einen Fuß vor die Säulengänge ihrer Akademien setzten, aber vielleicht gerade deshalb starke Meinungen zu Menschen ohne festen Wohnsitz hatten.

Es war nicht das erste Mal in der Weltgeschichte, dass sesshafte Völker wie die Griechen mit Nomaden wie den Skythen in Berührung kamen. Neu war, dass aus ihrem Zusammentreffen Literatur wurde – und aus der Literatur das Selbstbild eines Kontinents. «Mit dieser speziellen Begegnung», schreibt der weise Schwarzmeerchronist Neal Ascherson, «nahm die Idee Europas ihren Lauf, mit all ihrer Arroganz, allen ihren Implikationen von Überlegenheit, ihren Anmaßungen von Priorität und Antiquität, ihrem Anspruch auf ein natürliches Recht der Dominanz.»

Wer einmal versucht hat, in der Form des Schwarzen Meers den drohenden Skythenbogen zu erkennen, den die Griechen in ihm sahen, wird das Bild nur schwer wieder aus dem Kopf bekommen.

* * *

Ich erinnere mich gut an den Moment, als das Schwarze Meer vom Rand der europäischen Wahrnehmung plötzlich ins Zentrum rückte.

Mit einem Ausflugsboot fuhr ich im März 2014 durch den Hafen von Sewastopol. Keine zwei Wochen zuvor waren auf der Krim russische Soldaten aufgetaucht und hatten die ukrainischen Kasernen umstellt, in Uniformen ohne Hoheitsabzeichen, was niemanden über ihre Herkunft hinwegtäuschte. Das Parlament war aufgelöst und durch ein Marionettenkabinett des Kremls ersetzt worden, für den nächsten Tag war eine hastig anberaumte Volksabstimmung über den Anschluss der Krim an Russland angesetzt, im Hafen lagen sich ukrainische und russische Kriegsschiffe gegenüber – aber immer noch verkehrten zwischen den Zerstörern Ausflugsboote, als sei nichts geschehen.

Ich war als Reporter nach Sewastopol gereist, um über das politische Piratenstück zu berichten, das sich hier abspielte. Damals wusste ich noch nicht, dass unweit des Hafens, an der Südwestküste der Krim, Jan Hendrik van Kinsbergen 1773 den Weg für Katharinas Annexion der Halbinsel gebahnt hatte. Klar war mir nur, dass ich gerade miterlebte, wie Russland die Krim zum zweiten Mal annektierte.

Das Ausflugsboot fuhr dicht an den hohen, grauen Metallflanken der Kriegsschiffe vorbei. Die ukrainische und die russische Schwarzmeerflotte teilten sich in den angespannten Tagen vor dem Krim-Referendum noch den Hafen, und ich hatte gehofft, ihre unübersichtlichen Positionen vom Wasser aus besser überblicken zu können. Das Boot war gefüllt mit alkoholisch und patriotisch berauschten Russen aus Sewastopol, die keinen Zweifel daran ließen, dass sie den Ukrainern die Pest an den Hals wünschten. «Faschisten!», brüllten sie in Richtung der blau-gelb beflaggten Schiffe – im russischen Propagandafernsehen hießen die Ukrainer seit Wochen nur noch «Faschisten». Die alte Geschichte, dachte ich: Ein Land auf Kriegskurs sucht sich seine Barbaren.

Etwas abgesondert stand ein einzelner Mann an der Reling, der stumm aufs Meer hinausschaute. Er war der Einzige außer mir, der sich nicht am Geschrei der anderen beteiligte. Als wir am Ende der Rundfahrt im Hafen ausstiegen, sprach ich ihn an – warum war er hier?

«Um mich vom Meer zu verabschieden», sagte er knapp.

Er war Tatare. Seine Eltern hatten die Deportation unter Stalin miterlebt, er selbst war in Usbekistan geboren und hatte erst nach dem Zerfall der Sowjetunion in die Heimat seiner Vorfahren zurückkehren können, als die Krim zusammen mit dem Rest der Ukraine unabhängig geworden war.

«Jetzt übernehmen die Russen hier wieder das Ruder», sagte er düster. «Ich werde nicht warten, bis sie uns noch einmal vertreiben. Meine Frau hat Verwandte in Ankara. Übermorgen packen wir die Kinder ins Auto und fahren los.»

Er lächelte ein bitteres Lächeln.

«Ist ja nicht das erste Mal, dass wir bei null anfangen.»

Ich sah ihm lange nach, während er die Uferpromenade entlanglief, seiner unklaren Zukunft entgegen. Ein Span war gefallen, ein Ei zerbrochen.

* * *

Sechs Anrainerländer hat das Schwarze Meer. Es sind, im Uhrzeigersinn und in der Reihenfolge meiner Reise: Russland, Georgien, die Türkei, Bulgarien, Rumänien, die Ukraine.

Sechseinhalb sind es, wenn man Abchasien mitzählt, einen abtrünnigen Teil Georgiens, der von Russland am Leben gehalten wird, damit sich Georgien keinen westlichen Bündnissen anschließen kann.

Sieben, wenn man Moldawien mitzählt, das alte Bessarabien, dem im Zweiten Weltkrieg die Küste abhandenkam, als Stalin die Landesgrenze landeinwärts verschob.

Siebeneinhalb, wenn man Transnistrien mitzählt, einen abtrünnigen Teil Moldawiens, der von Russland am Leben gehalten wird, damit sich Moldawien keinen westlichen Bündnissen anschließen kann.

Acht, wenn man Polen mitzählt, das alte Polen zum Zeitpunkt seiner größten Ausdehnung, als sich der Szlachta-Adel einredete, die Oberschicht des Landes stamme vom antiken Barbarenvolk der Sarmaten ab.

Achteinhalb, wenn man die Volksrepublik Donezk mitzählt, einen abtrünnigen Teil der Ukraine, der – Sie wissen schon.

Achteinhalb, wenn die Krim zur Ukraine gehört. Achteinhalb, wenn die Krim zu Russland gehört. Neun, wenn man die Krim lieber für sich stehen lässt.

Neuneinhalb, wenn man das antike Ruinenreich der Griechen mitzählt, dessen Spuren mir an allen Meeresküsten begegneten, in Form verwitterter Steine, fremdsprachig überformter Ortsnamen, Familiengeschichten versprengter Schwarzmeergriechen, in den kyrillisch, lateinisch und georgisch buchstabierten Speisekarten ungezählter Aphrodite-Restaurants, Poseidon-Cafés, Olymp-Hotels und Amazonen-Bars – und in der tief verinnerlichten Schwarzmeertradition, von seinen Nachbarn stets das Schlimmste zu erwarten.

* * *

Wo anfangen? Nachdem ich mit dem Finger auf der Karte lange ratlos das Meer umkreist hatte, entschied ich mich für einen Punkt, der fernab der Küste liegt, aber vieles über die Ursprünge des Schwarzen Meers erzählt. So landete ich an einem Märztag auf einer verschneiten Bergstraße, wo mir Menschen ohne Geld und ohne Pass entgegenliefen.

Angekommen in Doğubeyazıt, sah ich Frauen, deren bodenlange Gewänder im anatolischen Staub schleiften. Kurdische Männer warfen ihnen Blicke hinterher, die mich an ausgehungerte Wölfe denken ließen. Ich sah fliegenumschwirrte Kuhköpfe in den Schaufenstern der Metzgereien, ich sah klickernde Gebetsketten in den Händen der Teetrinker, und überall, am Ende jeder Straße und über jedem Hausdach, sah ich den Ararat. Der Berg schwebte über der Stadt wie ein perspektivisches Trugbild. Wäre er eine Filmkulisse, man müsste ihn schrumpfen, um ihn glaubwürdiger zu machen.

Ich checkte im Hotel Nuh ein, benannt nach dem berühmten Seefahrer, der hier einst mit seinem Schiff gestrandet sein soll: Noah,

Admiral der Arche. Der Inhaber war ein weißhaariger Kurde namens Jakub, der nicht nur dem Hotel, sondern auch einem seiner Söhne den Namen Nuh gegeben hatte. Der Nuh des Korans landet mit seinem Schiff zwar nicht auf dem Ararat, sondern auf dem Cudi, einem Berg im syrisch-irakischen Grenzland der Türkei. Aber die christlichen Arche-Touristen, die Jakub den Lebensabend und seinem Sohn das Studium in Istanbul finanzierten, kamen nun mal hierher, zum Ararat.

Bis vor zwei Jahren hatten sie das jedenfalls getan. Dann war das passiert, was mir am nächsten Morgen Cervat erklärte, der Fahrer, der mich zum Fuß des Bergs brachte.

«Bum!»

Er legte ein unsichtbares Gewehr an die Wange und feuerte in Richtung des wolkenumwaberten Gipfels.

«Bum! PKK! Bum!»

Wegen angeblicher Terrorgefahr hielt die Armee seit zwei Jahren den Zugang zum Ararat gesperrt.

Mehr als dreihundert Kilometer trennen den Berg von der nächstgelegenen Küste, der des Schwarzen Meers. Ich versuchte, den Ararat vor meinem inneren Auge im steigenden Wasser der Sintflut zu versenken. Es war nicht leicht. Und doch steckt in der Flutlegende ein Kern, der den Berg mit dem Schwarzen Meer verbindet – einem Meer, das nicht nur nicht schwarz ist, sondern auch nicht immer ein Meer war.

In den frühen Stadien seiner Entwicklung, lange bevor an seinen Ufern Menschen auftauchten, die darüber streiten konnten, wo die innere Grenze des siamesischen Zwillingskontinents Eurasien verläuft, verschob sich das Gewässer parallel zu den knirschenden Tanzschritten der beiden Erdteile. Im Lauf dieses Jahrmillionentangos verband es sich mal mit dem Kaspischen Meer, mal mit dem Mittelmeer, mal verwandelte es sich in einen landumschlossenen Binnensee ohne Zugang zu den umliegenden Gewässern.

In welchem Zustand es aus der letzten Eiszeit in die jüngere Vergangenheit driftete, lässt sich am Meeresgrund ablesen. Etwa hundertfünfzig Meter unter der Wasseroberfläche sind dort die Konturen eines älteren Sees erkennbar, der deutlich kleiner und flacher war als das heutige Meer. Als Forscher diese Bodenstruktur Ende des 20. Jahrhunderts entdeckten, stießen sie innerhalb der alten Seeuferlinie auf Überreste von Süßwasserorganismen. In den höhergelegenen Bodenschichten fanden sie dagegen nur Ablagerungen meerestypischer Lebewesen. So weit, so erwartbar: Aus einem kleineren See war im Lauf der Jahrtausende ein größeres Meer geworden. Die Forscher staunten erst, als sie feststellten, dass es zwischen den beiden Sedimentzonen keinen nennenswerten Übergangsbereich gab. Es schien, als habe sich der See vergleichsweise plötzlich mit großen Massen von Salzwasser gefüllt, die sein Ökosystem innerhalb kürzester Zeit umkrempelten.

Wann war das geschehen – und warum? Die Forscher ließen die Lebensspuren datieren, auf die sie rund um die Seeuferlinie gestoßen waren. Sie stellten fest, dass der Umschwung vor nicht einmal achttausend Jahren stattgefunden haben musste, im sechsten vorchristlichen Jahrtausend, zu einer Zeit, als der Wasserspiegel des versunkenen Sees deutlich tiefer gelegen hatte als der des nahen Mittelmeers. Beide Gewässer trennte damals wie heute nur eine schmale Landbrücke: der Übergang zwischen der Balkanhalbinsel und der Türkei. In den Köpfen der Forscher setzte sich ein dramatischer Film in Gang. Als sich in der ausgehenden Eiszeit die Ozeane mit Schmelzwasser füllten, stieg auch der Pegel des Mittelmeers – so weit, dass seine Wassermassen irgendwann ihr Becken sprengten, die Balkan-Landbrücke überfluteten und in das nördlich dahinter gelegene Tal strömten. Beschleunigt wurde der Prozess, als der Druck des nachfließenden Wassers Erdreich und Felsen beiseitepflügte und einen Durchbruch in die Landbrücke riss: den heutigen Bosporus. Spätestens zu diesem Zeitpunkt dürfte das Mittelmeerwasser mit einer solchen Gewalt ins

Schwarzmeerbecken gestürzt sein, dass es den Seespiegel täglich um bis zu fünfzehn Zentimeter steigen ließ. In die Horizontale übertragen, bedeutet das, dass sich in den flacheren Küstengebieten die Uferlinie pro Tag um mehr als einen Kilometer landeinwärts fraß.

Die Menschen, die in jenen dunklen Tagen an den Seeufern siedelten, müssen den sprichwörtlichen Untergang ihrer Welt wie eine unbegreifliche, jede Vorstellung sprengende Katastrophe erlebt haben. Was hatte ihre Götter nur so erzürnt? Während sie verzweifelt versuchten, sich selbst und ihr Vieh in höhergelegene Gegenden zu retten, dürften sie die ersten Erklärungsversuche entwickelt haben, aus denen im Lauf der Jahre und Jahrzehnte Schuldzuweisungen, Sühneschwüre, Selbstgeißelungen und religiöse Legenden wurden. Noch Generationen später, als sie längst fern der Heimat ihrer Vorväter ein neues Leben angefangen hatten, müssen die Menschen raunend von der großen Flut erzählt haben, die allem Vorherigen ein Ende gesetzt und allem Künftigen den Anfang gegeben hatte.

Als die Lagerfeuererzählungen in späteren Jahrtausenden aufgeschrieben wurden, entstand rund um das Schwarze Meer eine Flut an Flutliteratur. Im Alten Testament endet der Exodus der Menschen und Tiere auf dem Ararat, im Koran auf dem Cudi. Beide Versionen ähneln dem Gilgamesch- und dem älteren Atrahasis-Epos der Sumerer, in denen das rettende Schiff auf dem Nisir landet, einem Berg im kurdischen Teil des heutigen Iraks. Bekannt war die Flutlegende auch den Griechen des Altertums, die sie direkt mit dem Schwarzen Meer in Verbindung brachten, wenn auch in einer umgekehrten Version: Der Geschichtsschreiber Diodor ließ sich im ersten vorchristlichen Jahrhundert von den Bewohnern der Ägäis-Insel Samothraki erzählen, dass das Schwarze Meer in dunkler Vorzeit seine Ufer gesprengt und durch den Bosporus strömend ihr Eiland überflutet habe. Auch Strabo berichtet in seiner Geographie, dass die Flüsse, die ins Schwarze Meer münden, das Gewässer einst zum Überlaufen brachten.

Steckt hinter all diesen Geschichten eine reale Naturkatastrophe, der das Schwarze Meer seine heutige Gestalt verdankt? Die Sintflut-Hypothese ist, wie ihr Name sagt, eine Hypothese, die unter Erd- und Meereskundlern ihre Anhänger und Kritiker hat. Aber wenn es ein Meer gibt, dessen Entstehungsgeschichte zu den Flutlegenden passt, dann ist es das Schwarze.

Wir ließen den Fuß des Ararats hinter uns und fuhren südwärts. Cervat wollte mir eine Stelle in den Bergen zeigen, wo vor ein paar Jahrzehnten einer der zahllosen christlichen Arche-Sucher eine vielversprechende Spur entdeckt haben wollte. Ein paar Kilometer vor der iranischen Grenze bogen wir von der Landstraße in einen Feldweg ab, der sich zwischen rötlichen Felsen bergauf schlängelte. Nach einer Viertelstunde hielt Cervat das Auto an. Wir stiegen aus und sahen vor uns ein langgezogenes, menschenleeres Tal. Die staubige Erde war mit Geröll übersät und wirkte so nachhaltig ausgetrocknet, als habe es hier seit der Sintflut nicht mehr geregnet.

Cervat deutete auf den gegenüberliegenden Berghang. Im Fels zeichnete sich eine Art Abdruck ab, ein langer, dunkler Fleck im Gestein.

«Nuh'un gemisi», sagte Cervat feierlich. Noahs Arche.

Der Abdruck war vielleicht hundert Meter lang und ein Drittel so breit. Er lief an beiden Enden spitz zu und erinnerte mit viel Phantasie an die Form eines Schiffsrumpfs. Mit etwas weniger Phantasie erinnerte er an die Form eines türkischen Pide-Brots.

Schweigend starrten wir in die Ferne. Wie aus dem Nichts tauchten plötzlich zwei barfüßige Jungen auf, deren neugierige Blicke zwischen mir, Cervat und dem Felsabdruck hin und her sprangen. Ich fragte mich, wo sie herkamen, wo sie wohnten, was sie hier taten, aber wir hatten keine gemeinsame Sprache.

«Nuh'un gemisi?», fragte ich, auf den Felsabdruck deutend.

Die beiden nickten stumm, als hätten sie nicht den geringsten Zweifel daran, dass in dieser meeresfernen Berglandschaft einst ein Schiff gestrandet war.

Ich starrte den Felsabdruck an und versuchte, den Film rückwärts laufen zu lassen. Staub fügte sich zu verwittertem Holz, Balken richteten sich auf, formten Rippen, ein Rückgrat, ein Schiff. Gestalten wankten im Krebsgang aus den Bergen herbei, halb verhungert und irren Blickes, die Menschen kaum zu unterscheiden von den Tieren. Wasser kroch aus dem Tal, hob das gefüllte Schiff von den Felsen, trieb es nordwärts, weiter und weiter, durch ein endloses Meer voller Treibgut und Leichen. Dann sank der Pegel, das Meer schrumpfte, zog sich zusammen, versickerte, bis es nur noch die Größe eines Tals hatte. Die Arche setzte auf, heraus kroch Noah. Er trieb die Tiere an Land, zerlegte das Schiff in seine Einzelteile, atmete tief durch und ließ sich als Viehhirte am Seeufer nieder.

Russland

Tschornoje morje / Чёрное море

Jenes Meer aber, das selige Meer der seligen Kindheit,
werde ich nicht mehr wiedersehen können –
es sei denn, in mir selbst. Es ist entschwunden,
wahrscheinlich dorthin, wohin auch die Zeit
entschwindet.

Pawel Florenskij, «Meinen Kindern», 1919

Der Anfang einer Brücke

«Warte, ich hab was für dich.»

Olegs massiger Kopf verschwand in der Eistruhe. Eine Weile hörten wir ihn im Inneren rumoren, dann zog er einen langen, bretthart gefrorenen Fisch an die Frühlingsluft.

«Hier!»

«Oleg ...»

«Für dich.»

«Aber ...»

«Geschenk.»

Er kam grinsend auf mich zu, den Fischschwanz mit beiden Händen umklammernd wie den Griff eines Yedi-Schwerts.

«Oleg ... Ich wohne im Hotel, wie soll ich das Ding zubereiten?»

«In welchem?»

«Was?»

«Hotel.»

«Fortuna.»

«Sag Sascha, er soll dir den Fisch braten. Dem Typ an der Rezeption. Der ist ein Freund von mir, wir haben uns mal geprügelt.»

«Wieso habt ihr euch geprügelt?»

Oleg zuckte mit den Schultern. «Macht man hier so, wenn man Freundschaft schließen will.»

«Kann man nicht einfach so Freundschaft schließen, ohne Prügeln?»

Er überlegte einen Moment, bevor er entschieden den Kopf schüttelte.

«Dann kennt man sich ja gar nicht richtig.»

Ich nickte, als leuchtete mir das ein.

Die Eistruhe dampfte in der Aprilsonne. Oleg hatte vergessen, sie zu schließen, was nach all dem Schnaps kein Wunder war. Sein Kumpel Elvis, der Nüchternste von uns dreien, ließ den Deckel ins Schloss schnappen, während Oleg im Mannschaftsraum verschwand, auf der Suche nach einer Tüte für mein Geschenk.

Die Eistruhe stand am westlichsten Zipfel der Halbinsel von Taman, am Ufer der Straße von Kertsch, jener schmalen Meerenge, die Russland von der Krim trennt – und Asien von Europa, wenn man einer der vielen Definitionen Glauben schenkt, mit der diese undefinierbare Kontinentalgrenze im Lauf der Jahrhunderte gezogen worden ist. Wo die Eistruhe stand, war Asien.

Die Fischereigenossenschaft, in deren Hof wir uns befanden, hatte bessere Tage gesehen. Rost und Salz nagten an den Wellblechdächern der Geräteschuppen, dazwischen trockneten aufgehäufte Netze. Ein paar schrundige Ruderboote lagen mit himmelwärts gekehrten Kielen am Strand, algenverkrustet und halb im Sand versunken, wie die Panzer toter Schildkröten.

Tags zuvor war ich nach einem Flug von Moskau nach Krasnodar und einer Busfahrt durch die südrussische Steppe in der nahen Stadt Taman angekommen, wo ich mir am Morgen ein Fahrrad geliehen hatte, um das äußerste Ende der Halbinsel zu erreichen. Oleg und Elvis, die in der Fischereigenossenschaft arbeiteten, hatten mich bei dem Versuch ertappt, mein Rad durch eine Lücke im Zaun zu schieben – ich wollte ans Ufer, und der Zaun stand im Weg. Anstatt mich rauszuschmeißen, hatten sie mich an einen Stuhl gefesselt und mir Selbstgebrannten eingeflößt.

Natürlich hatten sie mich nicht wirklich an einen Stuhl gefesselt. Aber ihre Gastfreundschaft war von jener russischen Art, die man schlecht ablehnen kann.

Die Fischereigenossenschaft war eine erkennbar sowjetische Einrichtung, deren postsowjetischer Niedergang ihren Angestellten in unterschiedlichem Maß zugesetzt hatte. Elvis, ein kleiner, drahtiger Krimtatare mit den Gesichtszügen eines mongolischen Steppenkriegers, schien sich in den Verhältnissen eingerichtet zu haben. Sein Portemonnaie war prall gefüllt mit Kinderfotos, sein Lächeln gelöst, sein Alkoholkonsum gezügelt, jedenfalls für hiesige Verhältnisse. Oleg dagegen quoll die Unzufriedenheit aus jeder Pore seines Bärenkörpers. Beim Trinken legte er ein mörderisches Tempo vor, um nach den ersten paar Gläsern in einen Zustand des stieräugigen Brütens zu versinken, aus dem er gelegentlich auftauchte, um einen langen Leidensmonolog fortzusetzen, der von Russlands ewigen Kränkungen handelte.

«Die Welt mag uns nur, solange wir schwach sind ...»

Ich sah den Akkordeonfalten auf seiner Stirn zu, die einen Heldenmarsch in Moll spielten.

«Aber sobald wir uns von den Knien erheben, wollen alle uns fertigmachen ...»

Sein glasiger Blick verhakte sich im Horizont. Da hinten erhob sich Russland von den Knien. In anschwellenden und verebbenden Schüben trug der Wind Baustellenlärm zu uns herüber: Schlagbohrer, Teerwalzen, Kranwinden. Keine zwei Kilometer vom Strand der Fischereigenossenschaft entfernt zog sich die Silhouette einer nagelneuen Brücke in die Meerenge von Kertsch hinein, erst leicht nach rechts, dann in die entgegengesetzte Richtung schwenkend – es sah aus wie ein gigantisches Fragezeichen. Wir kniffen die Augen zusammen, pulten Schwarzmeergarnelen und sahen dem größten Land der Welt beim Wachsen zu. Die Brücke, die in wenigen Wochen eröffnet werden sollte, führte von Russlands südwestlichstem Festlandzipfel hinüber zur annektierten Krim.

Etwas mehr als vier Jahre lag Moskaus Übernahme der Halbinsel an jenem Apriltag zurück. Mit ähnlichem Ewigkeitspathos wie einst Katharina die Große hatte im März 2014 Wladimir der Vergrößerer den Anschluss verkündet. Im Unterschied zur ersten Annexion hatte diese zweite allerdings den Schönheitsfehler, dass die Krim zu jenem Zeitpunkt von Russland aus nur auf dem Luft- und Wasserweg zu erreichen war – die schmalen Landzungen, die sie im Norden mit dem Festland verbinden, führen in die Ukraine. Daher die Brücke. Im Eiltempo war sie in den vergangenen vier Jahren über die Meerenge von Kertsch gebaut worden, ein neunzehn Kilometer langer und dreieinhalb Milliarden Euro teurer Schlussstrich, der zusammenwachsen ließ, was aus Olegs Sicht zusammengehörte.

«Die Krim war immer russisch ... Immer ... Wir haben sie uns nur zurückgeholt ... Wie könnt ihr uns das übelnehmen ...?»

Während ich seinem Lamento zuhörte, halb in Angst, dass sein Selbstmitleid plötzlich in Angriffslust umschlagen könnte, bekam ich zwei Verse nicht aus dem Kopf, die Alexander Blok kurz nach der Oktoberrevolution geschrieben hatte, als Hass- und Liebeserklärung an den ignoranten Westen, der Russlands ungelenke Umarmungsversuche so beharrlich missverstand.

Sind wir denn schuld, wenn eure Knochen
In unseren zärtlichen Pranken knacken?

Die unfertige Brücke war das fehlende Glied im ansonsten lückenlosen Weg, der mich von hier aus im Kreis um das Schwarze Meer führen würde. Es gab nur zwei größere Unterbrechungen in der Küstenlinie, wenn man von den Flussmündungen absah: die Wasserstraßen von Kertsch und Istanbul. Beide wurden seit antiken Zeiten mit dem Wort Bosporus bezeichnet, und beide galten gemeinhin als Kontinentalscheiden zwischen Asien und Europa. Der Istanbuler Bosporus aber war schon lange überbrückt, anders als der Kimmerische Bosporus, den die Griechen nach dem einst hier lebenden Reitervolk der Kimmerer benannt hatten.

Ich starrte in die Ferne, in der Hoffnung, am anderen Ufer die Hafenstadt Kertsch ausmachen zu können, das Ziel meiner Schwarzmeerumrundung, aber das hintere Ende der Brücke verschwand im Dunst, die Krim war nicht zu sehen. Bald sollten hier die ersten Autos rollen. Der Weg zur Krim wäre dann offen, aber immer noch würde in der Meerenge eine Lücke klaffen, eine, die mit bloßem Auge nicht zu erkennen war. Für die ukrainische Regierung war die annektierte Halbinsel nach wie vor ukrainisches Staatsgebiet, auch wenn Kiew die Kontrolle über die Krim verloren hatte. Den Bau der Brücke betrachteten die Ukrainer als illegal, und sie hatten angekündigt, jede Überquerung als Grenzverletzung zu ahnden. Es war eine leere Drohung, weil in Kiew de facto niemand mehr den Verkehr in der Meerenge überwachen konnte. Trotzdem schwebte hier nun eine Art Bannfluch über dem Wasser. Der Kimmerische Bosporus ließ sich nicht überwinden, ohne den Zorn der Ukrainer zu wecken.

Mich aber hielten keine politischen Skrupel von der Brücke fern, sondern eine Art Hase-und-Igel-Ehrgeiz. Während die Russen ihren Schlussstrich westwärts in Richtung Krim-Ufer bauten, wollte ich in die entgegengesetzte Richtung reisen, im Uhrzeigersinn um das gesamte Meer herum, um am Ende auf der anderen Seite der Brücke zu stehen – ohne sie überquert zu haben.

Langsam ging der Nachmittag dahin. Als irgendwann Elvis' Frau mit ihren zwei kleinen Töchtern auftauchte, verlangsamte sich das Stakkato der Trinksprüche ein wenig, und Oleg wurde ausgeglichener. Wir grillten Schaschliks und sahen aufs Meer hinaus. Nicht weit vom Strand entfernt ragten Holzpflöcke aus dem Wasser, zwischen denen die Netze der Genossenschaft aufgespannt waren. Unmittelbar daneben pflügten plötzlich zwei Delfine durch die Wellen, groß und grau und glänzend, die ersten von vielen, die ich während meiner Umkreisung des Schwarzen Meers sehen sollte. Ich starrte sie an wie ein Kind, mit offenem Mund und ungläubigen Blicken, während Elvis' Töchter kaum die Augen vom Telefon ihres Vaters hoben.

Elvis hatte Verwandte auf der anderen Seite der Meerenge. Als vor vier Jahren die Krim-Annexion und der Bau der Brücke verkündet worden waren, hatten er und seine Frau sich gefreut, weil es nun ein-facher werden würde, die Verwandten zu besuchen. Die Verwandten dagegen, Tataren von der Krim, hatten sich über die Annexion ganz und gar nicht gefreut. Wie bei vielen russisch-ukrainischen Familien hatten die politischen Ereignisse auch zwischen die Tataren auf bei-den Seiten der Meerenge einen Keil getrieben. Es habe Streit gegeben, erzählte Elvis zerknirscht – anstatt die Familie zu verbinden, hatte die Brücke sie entzweit.

Ich fragte Elvis, ob es in Taman eine Moschee für die Tataren gebe.

«Im ganzen Krasnodarer Kreis nicht.»

«Kosaken-Erde!»

Oleg war aus seinem Brüten hochgeschreckt.

«Alter russischer Boden! Die Regierung will hier keine Moscheen haben – hier sollen nur Glocken läuten!»

Ich musste daran denken, dass der Boden hier Tataren-Erde gewe-sen war, bevor Katharina ihn zu Kosaken-Erde gemacht hatte, und dass die Kosaken hier nur gelandet waren, weil Katharina sie aus ih-rer ukrainischen Heimat vertrieben hatte, aber ich verkniff mir den Einwand.

Stattdessen sprachen wir über Fischereitechniken. Oleg und Elvis erzählten mir von der Turm-Methode: Man montiert im Wasser zwei Hochsitze auf langen Pfählen, etwa drei Meter über dem Meeresspie-gel, beide in gleicher Entfernung zum Ufer. Hinter ihnen wird kas-tenförmig ein Netz aufgespannt, mit einer Reuse am äußeren Ende. Auf den Türmen postieren sich zwei Männer, die geduldig ins Wasser starren. Taucht ein Schwarm Meeräschen auf, dirigieren sie ihn mit beweglichen Netzen ins Innere des Kastens, ziehen die Vorderseite zu und warten, bis alle Fische in der Reuse gelandet sind.

Die Turm-Methode, versicherten mir Oleg und Elvis, werde nur hier praktiziert, auf der Taman-Halbinsel, wie überhaupt die meisten Fischereitechniken lokal seien, schon am nächsten Küstenabschnitt werde ganz anders gefischt. Es sei ursprünglich eine türkische Technik, für deren Kernelemente – die Türme, die Wächter, die Netze – unter den hiesigen Fischern bis heute türkische Bezeichnungen kursierten. Ich notierte sie mir dem Klang nach: *karawa, tscherbuchan, giz.*

Kein halbes Jahr später, als ich am gegenüberliegenden Schwarzmeerufer den Bosporus erreichte, sah ich auf der anatolischen Seite zwei hölzerne Türme aus dem Wasser ragen, gekrönt von Hochsitzen, auf denen zwei Männer saßen – es sah genau so aus wie die Skizze, die Oleg und Elvis mir in den Notizblock gezeichnet hatten. Doch als ich den Bosporus-Fischern die türkischen Fachwörter ihrer russischen Kollegen vorlas, blickte ich in verständnislose Gesichter. Irgendwo auf dem langen Weg, den die Türme bei ihrer Schwarzmeerumrundung zurückgelegt hatten, schien etwas auf der Strecke geblieben zu sein.

Es wurde dunkel, als ich den Fisch an meinen Fahrradlenker hängte und zurück nach Taman fuhr.

Hotel Fortuna

Als ich nachts mein Hotel erreichte, stellte ich fest, dass Olegs Geschenk verschwunden war. Die Plastiktüte hing noch am Lenker, aber in ihr klaffte ein Loch, der Fisch war weg. Wahrscheinlich lag er irgendwo am Straßenrand und starrte den Mond an.

Das staubige Steppenkaff Taman liegt am Nordufer der gleichnamigen Halbinsel, auf der asiatischen Seite des Kimmerischen Bosporus, ein paar Kilometer entfernt vom Fuß der Krim-Brücke, umgeben von sanft gewelltem Wasser auf der einen Seite und sanft gewelltem Gras in allen anderen Himmelsrichtungen. Ein mehr oder weniger durchgehender Vegetationsstreifen dieser flachen, nahezu baumlosen Wiesenlandschaft reicht von hier bis in die Mongolei, und lange bevor sich an der Schwarzmeerküste Slawen niederließen, drangen durch den asiatischen Steppenkorridor stetig wechselnde Reitervölker an den Rand Europas vor. Die Liste der Barbaren ist lang: Den Kimmerern folgten Skythen, den Skythen Sarmaten, Goten, Hunnen, Alanen, Awaren, Chasaren, Magyaren, Petschenegen, Mongolen, Tataren.

«Dikoje polje», wildes Feld: So nannten die Russen die Graslandschaft, die lange die umkämpfte südwestliche Grenze des Zarenreichs bildete, bis Katharina die Steppenvölker unterwarf und ihr Imperium bis an die Küste ausdehnte. Am Vortag war ich mit einem Überlandbus durch die Steppe gefahren, fünf Stunden lang, aus der Kreishauptstadt Krasnodar bis nach Taman. Über dem Gräsermeer beiderseits der Landstraße hatte die Luft geflimmert, Millionen von Singvögeln hatten im Tiefflug nach Insekten gejagt, und durch die Busfenster war ein so intensiver Duft nach Wildkräutern gedrungen, dass mein älterer russischer Sitznachbar glänzende Augen bekam. «Schaschliks könnte man mit dieser Luft würzen!», rief er. «Man müsste die Spieße bloß aus dem Fenster hängen!»

Das Hotel in Taman hieß Fortuna, weil es einem Armenier gehörte, der vor ein paar Jahren einen Batzen Geld in der russischen Lotterie gewonnen hatte. Ein örtlicher Fernsehreporter hatte ihn damals gefragt, ob er vorhabe, mit dem Gewinn in seine Heimat zu verduften. Dem Armenier kam es vor, als liege ein drohender Unterton in der Frage, weshalb er vor laufender Kamera beteuert hatte, er werde das Geld in Russland investieren. So war er vom Gastarbeiter zum Gastwirt geworden.

Viel Glück hatte das Fortuna seinem Besitzer nicht gebracht. «Zu verkaufen», stand auf einem zerschlissenen Plakat, das schon eine Weile an der Fassade zu hängen schien. Meine Schritte hallten durch leere Korridore – offenbar war ich der einzige Gast. Die Geschichte mit dem Lotteriegewinn erzählten mir zwei Verwandte des Besitzers, die in seiner Abwesenheit die Geschäfte führten: ein älteres armenisches Geschwisterpaar mit düsteren, nahezu identischen Gesichtszügen. Die beiden wussten nicht genau, wo der Besitzer steckte. Sie wussten nur, dass seine Geschäfte nicht gut liefen – und dass überhaupt selten etwas gut lief für die Armenier. Die Gesichter der beiden wurden noch düsterer, als ich ihnen erzählte, dass ich kurz zuvor den Ararat gesehen hatte. «Unser Berg!», rief mit klagender Stimme der Mann. Die Frau seufzte: «Die Türken haben ihn uns weggenommen.»

Dann fragten mich die beiden, wohin ich unterwegs sei. Ich zählte die Anrainerländer des Schwarzen Meers auf, aber ich kam nur bis zur Türkei. «Unsere Küste!», rief mit klagender Stimme der Mann. Die Frau seufzte: «Die Türken haben sie uns weggenommen.» Dann sagten beide lange nichts mehr.

Die Angestellten des Hotels Fortuna waren paradoxerweise die unglücklichsten Menschen, die mir in ganz Taman begegneten. Der Rest des Städtchens war in Hochstimmung – während meines dreitägigen Aufenthalts traf ich kaum jemanden, der nicht den Brückenbau bejubelte. Es jubelten die Menschen, die Arbeit auf der Großbaustelle gefunden hatten oder hofften, von den Krim-Touristen zu profitieren, die bald aus Russlands Weiten durch ihren Heimatort rollen würden. Es jubelten alle, die Verwandte auf der Halbinsel hatten und sie bald nicht mehr mit der lahmen, im Sommer chronisch überfüllten Autofähre besuchen mussten. Es jubelte die Direktorin des örtlichen Heimatmuseums, deren Vitrinen sich bis zum Bersten mit archäologischen Fundstücken aus den Brückenbaugruben gefüllt hatten: kimmerische Pferdegeschirre, römische Trinkgefäße, genuesische Münzen. Geteilt wurde die Freude der Tamaner nicht zuletzt von den zweieinhalbtausend Teilnehmern eines russlandweiten Lyrikwettbewerbs, mit dem die Brückenbaubehörde kürzlich zur patriotischen Lobpreisung ihres Werks aufgerufen hatte. Der Sieger war zum Zeitpunkt meines Besuchs noch nicht gekürt, aber die Kostproben, die ich las, klangen wie diese:

Die Krim und Russland
Unzertrennlich für immer
Vermählt durch eine Brücke
Die einem Tempel gleicht ...

Tatsächlich war der Brückenbau für Taman so etwas wie ein unverhoffter Lotteriegewinn. Der Zehntausend-Seelen-Ort hatte bisher ein selbst für russische Verhältnisse derart abgelegenes Dasein gefristet, dass sein alter, türkischstämmiger Name Tmutarakan landesweit als Synonym für gottverlassene Provinznester verwendet wurde – ein russisches Hintertupfingen oder Pusemuckel. Dank der Brücke aber würde Taman bald nicht mehr das tote Ende einer Landzunge sein, sondern Russlands letzter Halt vor der Krim.

Noch war davon wenig zu spüren. Die Brücke war eine Baustelle, die Urlaubssaison hatte noch nicht begonnen, Taman schien gerade erst aus dem Winterschlaf zu erwachen. Das Heimatmuseum war geöffnet, aber menschenleer, das Kosaken-Modelldorf am Ortsrand noch geschlossen. Am Marktplatz erinnerte ein aufgebockter sowjetischer Panzer an den Großen Vaterländischen Krieg, ergänzt von einem gleichaltrigen Düsenjäger am Ortseingang. Beide standen auf Betonpodesten, denen die ewig gleichen, ewig falschen Jahreszahlen eingemeißelt waren: 1941–1945. Es fehlten, wie überall in der ehemaligen Sowjetunion, die totgeschwiegenen Kriegsjahre ab 1939, in denen Stalin und Hitler noch gemeinsame Sache gemacht hatten, um Mitteleuropa unter sich aufzuteilen.

Ein paar meiner russischen Freunde hatten wissend genickt, als ich ihnen erzählt hatte, dass meine Reise mich nach Taman führen würde. Sie kannten den Ort aus einer Erzählung von Michail Lermontow, der als junger Offizier in den 1830er Jahren ein paar Nächte hier verbracht hatte. Die alte Fischerhütte, die ihm damals als Quartier und später als Schauplatz seiner Schmugglergeschichte gedient hatte, gab es immer noch. Sie beherbergte inzwischen ein kleines Lermontow-Museum mit ein paar Gegenständen aus dem Nachlass des Dichters, darunter zu meiner Überraschung ein abgegriffenes, offenbar rege gelesenes Buch namens «L'Imitation de Jésus-Christ». Es war eine französische Übersetzung der «Nachfolge Christi» von Thomas von Kempen, dem mittelalterlichen Mystiker aus der niederrheinischen Stadt, in der ich zur Schule gegangen bin. Ich hatte das Buch nie gelesen, obwohl – oder vielleicht gerade weil – ich es zum Abitur geschenkt bekommen hatte, wie jeder Abgänger des nach Thomas benannten Gymnasiums Thomaeum. Dass dieses Buch, in das ich als Teenager die ganze Langeweile und Weltisolation meiner Provinzheimatstadt projiziert hatte, mir nun hier, an der Schwarzmeerküste, plötzlich wiederbegegnete, als offenbar herzensnahe Inspirationsquelle, die einen mir herzensnahen Dichter auf seinen Ritten durch den russischen Süden begleitet hatte, wollte mir lange nicht in den Kopf.

Am zweiten Tag in Taman lief mir ein kleiner brauner Straßenhund hinterher, der gierig meinen Rucksack musterte. Er folgte mir bis zum Strand. Als ich den Rucksack im Sand absetzte, beschnüffelte er ihn, drehte dann enttäuscht ab, trottete zur Wasserkante – und tat etwas Unerwartetes: Er senkte die Schnauze ins Meer und begann mit schlappender Zunge zu trinken. Verblüfft starrte ich ihn an. Nie hatte ich einen Hund Meerwasser trinken sehen. Ich tauchte einen Finger ins Wasser und leckte daran. Tatsächlich war der Salzgehalt kaum spürbar – im flachen Asowschen Meer dominiert Flusswasser.

Nach dem Erlebnis mit dem Hund machte ich es mir zur Gewohnheit, an jedem neuen Küstenabschnitt das Wasser zu probieren. In Taman schmeckte es kaum salziger als türkischer Ayran. Südlich des Kimmerischen Bosporus, wo das Asowsche Meer endet und das Schwarze beginnt, wurde der Geschmack merklich intensiver, doch erst der Istanbuler Bosporus und das Marmarameer sollten wieder die vertrauten Würgereflexe auslösen, die mir von Kindheitsurlauben am Mittelmeer in Erinnerung waren.

Pascha, der Türke

Er trug eine himmelblaue Gebetskappe, als ich ihn zum ersten Mal sah, und eine cremefarbene, als sich unsere Wege wieder trennten. Pascha schien seine Takke täglich zu wechseln, aber von morgens bis abends bedeckte sie durchgehend seinen Kopf, auch außerhalb der Gebetszeiten. Er legte die Häkelmütze weder am Steuer ab noch in den Pausen, wenn er vor dem Lebensmittelladen an der Hauptstraße von Taman auf Kunden wartete, ein kleiner, schmaler Mann neben einem alten, weißen Lada.

Als er mir bei der ersten Taxi-Fahrt eröffnete, dass er «Turok» sei, Türke, musterte ich ihn überrascht von der Seite: die Kappe, das spitzknochige Vogelgesicht, den ergrauten Schnauzbart, die Goldzähne.

«Türke?», fragte ich. «Das heißt, Tatare?»

«Türke.»

«Wirklich? Türkçe konuşuyor musunuz?»

Seine türkische Antwort war fließend, anders als meine gestammelte Frage nach seinen Sprachkenntnissen. In Berlin hatte ich vor ein paar Jahren einen Türkischkurs besucht und konnte seitdem halbwegs textsicher Döner bestellen. Pascha dagegen hatte die Sprache von klein auf gelernt.

Es brauchte ein paar Taxifahrten, bis ich begriff, dass er und seine Eltern Mescheten waren. Georgische Türken – oder türkische Georgier, je nach nationalem Standpunkt. Die Mescheten hatten seit dem 16. Jahrhundert am Südrand Georgiens gelebt, nahe der türkischen Grenze. Wo sie ursprünglich herkamen, war eine ungelöste Frage, für die sich ihre Nachbarn erst zu interessieren begannen, als Türken und Georgier beiderseits der Grenze die Idee des Nationalismus für sich entdeckten. Die Türken betrachteten die Mescheten seitdem als ausgewanderte, georgisch assimilierte Türken. Für die Georgier dagegen waren sie Georgier, die unter dem Einfluss der Osmanen den Islam und die türkische Sprache übernommen hatten. Georgier wie Türken reklamierten die Mescheten also für sich, hielten sie aber gleichzeitig für ein bastardisiertes, nicht ganz vollwertiges Mischvolk. Paschas Vorfahren widerfuhr somit ein Schicksal, das sie mit unzähligen Klein- und Kleinstethnien in den Grenzgebieten des Schwarzmeerraums teilten: Sie fielen durch die Raster der aufkommenden Nationalstaaten, und ob sie sich als Teil des einen oder des anderen fühlen durften, entschieden nicht sie selbst, sondern Machthaber in fernen Hauptstädten, die das Völkerwirrwarr an den Rändern ihrer vermeintlich reinen Nationen schlecht ertrugen.

Im Fall der Mescheten kam erschwerend hinzu, dass der Georgier Ioseb Dschugaschwili – alias Josef Stalin – zwar wenig von Nationalstaaten hielt, dafür aber umso mehr vom guten alten Imperialismus russischer Prägung. Als der Sowjetdiktator im Zweiten Weltkrieg eine Chance witterte, grenznahe Teile der Türkei zu annektieren, ließ er vorsorglich die Mescheten aus ihrer Heimat vertreiben. Sie kamen ihm im Licht seiner Pläne plötzlich doch eher wie Türken vor, die sich am Ende, wer weiß, vielleicht mehr dem Feind verbunden fühlten als ihrer sowjetischen Heimat. Stalin war ein Mann der einfachen Lösungen. Ob begründet oder nicht, die Mescheten machten ihm Kopfschmerzen. Keine Mescheten – keine Kopfschmerzen. Die Mescheten mussten weg.

Paschas Eltern waren damals gerade frisch verheiratet. Der Vater war zwanzig, die Mutter achtzehn, als im südgeorgischen Dorf Sarsma an einem Wintertag des Kriegsjahrs 1944 plötzlich Soldaten an die Haustüren hämmerten. Zusammen mit mehr als hunderttausend anderen Mescheten wurden die Eltern in Viehwaggons verfrachtet, die von Georgien aus ostwärts rollten und erst nach ein paar tausend Kilometern wieder anhielten. Etwa ein Drittel der Mescheten starb während der Deportation oder kurz danach an Hunger, Durst, Kälte, Krankheiten oder gebrochenem Herzen. Aus Stalins geplanter Expansion in die Türkei wurde am Ende nichts, aber der Kopf des Völkerführers war um ein Volk leichter.

Die Mescheten fanden sich in den Steppen und Wüsten Zentralasiens wieder, wo man sie aus den Waggons kippte und unter Militäraufsicht stellte. Paschas Eltern landeten in Usbekistan, in einer provisorischen Siedlung nahe der Hauptstadt Taschkent, wo 1958 das vierte ihrer sechs Kinder zur Welt kam: Paschali Schasimowitsch Ritwanow.

Obwohl Pascha die Heimat seiner Eltern nicht kannte, wuchs er in Usbekistan in dem Bewusstsein auf, ein georgischer Türke zu sein, oder ein türkischer Georgier, je nachdem. Die Eltern erzählten ihm, dass es in Sarsma Berge gegeben hatte, Wälder, Seen, Jahreszeiten, echte Sommer und Winter, nicht nur Baumwollfelder und Staub wie in Usbekistan. Zu Hause, mit der Familie, sprach Pascha Türkisch. Draußen sprach er Usbekisch mit den Usbeken und Russisch mit all den anderen Sowjetminderheiten, die Stalin nach Zentralasien verbannt hatte, um seinen Kopf ruhiger betten zu können: Krimtataren, Wolgadeutsche, Pontosgriechen, Kalmücken, Tschetschenen, Inguschen, Karatschaier, Balkaren.

Pascha, der in all dem Sprachgewirr ein Talent für Sprachen bewies, wurde Russischlehrer. Er stieg zum Vize-Direktor eines Gymnasiums auf und hätte es vielleicht bis zum Direktor gebracht, wenn nicht in der späten Sowjetzeit, als Moskau zunehmend die Kontrolle über die Unionsrepubliken entglitt, eine Welle lange unterdrückter Nationalgefühle die Usbeken erfasst hätte. Manche von ihnen fragten sich plötzlich, warum sie es hinnehmen sollten, dass Stalin ihre Heimat in ein großes Völker-Omelette verwandelt hatte. Im buntscheckig besiedelten Ferghana-Tal kam es 1989 zu Pogromen, bei denen mehrere hundert Mescheten ermordet wurden. Der Rest von ihnen suchte schleunigst das Weite.

«Und dann», fragte ich Pascha, als er mir die Geschichte im Taxi erzählte, «dann seid ihr endlich nach Georgien zurückgekehrt?»

Ich merkte, dass ich nach einem Happy End hungerte.

Pascha lachte ein kurzes, trockenes Lachen.

«Von wegen. Die Georgier haben uns nicht zurückkehren lassen.»

Den Georgiern, die ähnlich wie die Usbeken nach einer langen sowjetischen Zwangspause ihre Nationalgefühle wiederentdeckten, kamen die Mescheten, nachdem sie ein halbes Jahrhundert lang anderswo gelebt hatten, nun doch nicht mehr sehr georgisch vor. Sie legten den Rückkehrwilligen nahe, sich zum Rückkehren lieber eine andere Heimat zu suchen, eine, die besser zu ihnen passte – auch wenn die Mescheten gar nicht aus der Türkei kamen und dort auch nie gewesen waren.

Pascha, der inzwischen vier Kinder hatte, landete wie viele andere Mescheten zunächst in Georgiens turksprachiger Nachbarrepublik Aserbaidschan, wo er weiter als Lehrer arbeitete. Erst als dort im allgemeinen nachsowjetischen Wirtschaftschaos die Lehrergehälter ins Bodenlose stürzten und zu allem Übel Paschas Zwillingssöhne erkrankten, ließ er sich von einem Arzt überreden, den Wohnort zu wechseln. Die Söhne, sagte der Arzt, brauchen Meerluft. Paschas Frau schlug vor, zu ihrer Mutter zu ziehen, die aus Usbekistan zusammen mit anderen Mescheten an die russische Schwarzmeerküste geflohen war. So war Pascha in Taman gelandet. Dreiundzwanzig Jahre war das nun her.

In der Türkei war er nur ein einziges Mal gewesen – bei der Hochzeit seiner Tochter. Nach dem Umzug hatte Pascha in Taman keine Arbeit mehr als Lehrer gefunden und sich stattdessen mit Gelegenheitsjobs durchgeschlagen. Beim Einsatz auf einer Baustelle hatte er sich mit einem Türken angefreundet, einem Mann aus der Gegend von Isparta, den seine Baufirma nach Russland abkommandiert hatte. Der Mann war in Paschas Alter, und als er erwähnte, dass er daheim in der Türkei einen unverheirateten Sohn hatte, bot Pascha ihm die Hand seiner Tochter an. Arrangierte Ehen waren unter den Mescheten keine Seltenheit – auch Pascha hatte eine Frau geheiratet, die seine Eltern für ihn ausgesucht hatten.

«Als ich es meiner Tochter erzählte, wollte sie erst nicht. Aber ich hatte mein Wort gegeben. Ich konnte es nicht zurücknehmen.»

Gemeinsam mit der weinenden Tochter war er nach Istanbul geflogen. Acht Stunden lang fuhren sie mit einem Bus nach Süden, bis sie das Dorf erreichten, in dem die Hochzeit gefeiert wurde. Am nächsten Tag kehrte Pascha heim nach Taman, er musste arbeiten. Von der Türkei sah er nicht viel, aber was er sah, gab ihm das Gefühl, dass die Tochter ihre Tränen bald vergessen würde.

«Heute ist sie glücklich.»

Ich hoffte, dass er recht hatte.

«Die Türken in der Türkei», fuhr Pascha fort, «wussten nicht, dass es in Russland Türken gibt. Sie fragten mich, ob wir uns an den Glauben halten. Natürlich, sagte ich – wir fasten im Ramadan, wir schlachten Hammel zum Opferfest, wir rühren keinen Wodka an und keinen Speck. Sie staunten.»

Auch ich staunte. Es war die erste von vielen verschlungenen Ein- und Aus- und Hin- und Rückwandergeschichten, die ich am Schwarzen Meer zu hören bekommen sollte, und im Rückblick war es nicht einmal die verschlungenste, aber sie setzte einen Ton, der mir in den folgenden Monaten immer vertrauter werden sollte.

Am Tag meiner Abreise aus Taman lief ich zur Hauptstraße, um mich von Pascha zu verabschieden.

«Hätte nie gedacht, dass ich hier jemanden treffe, der Türkisch spricht.»

«Wir sind nicht die Einzigen hier. Es gibt in der Gegend auch Griechen, die Türkisch sprechen.»

«Griechen – die Türkisch sprechen? In Russland?»

«In Witjasewo. Ein Stück die Küste runter.»

«Kannst du mich da hinfahren?»

Griechischer Wein

An den Fenstern des Ladas zog die Steppe vorbei. In den Jahrtausenden, die vergangen waren, seitdem die Nomaden der Antike durch das Gräsermeer nach Europa galoppiert waren, war der größte Teil der südrussischen Wiesenwildnis parzelliert, gepflügt und bepflanzt worden, aber noch immer taten sich zwischen den Feldern kleine Zufallsreservate auf, die wirkten, als seien die Tage der Barbaren nie vergangen. Sträucher von Wermut und zitternde Disteln überragten das struppige Gras, dessen Farbe gerade von Wintergelb zu Frühjahrsgrün wechselte. Wenn der böige Wind die Halme niederdrückte, sah es aus, als rollten Meereswellen durch die Steppe.

Ab und zu durchquerten wir Dörfer, die aus wenigen niedrigen Holzhäusern bestanden, mit Obstbäumen in den Gärten, deren blütenschwere Äste tief über der Straße hingen. Unser Fahrtwind riss die Blütenblätter von den Zweigen und verwirbelte sie zu weißen Konfettiwolken.

«Als deine Eltern dir damals eine Frau ausgesucht haben – mochtest du sie sofort?»

Der pulsierende Frühling hinter der Windschutzscheibe machte es leichter, intime Fragen zu stellen.

«Natürlich. Sie war ein gutes Mädchen.»

Eine Weile schwiegen wir, dann zog das Nervenecho einer plötzlichen Erinnerung über Paschas Gesicht.

«Es gab da eine Russin. In Usbekistan. Wir lernten uns an der Uni kennen, als ich noch nicht verheiratet war.»

Es folgte eine lange Pause, in der Paschas Schweigen eine Geschichte erzählte, für die ihm offenbar die Worte fehlten.

«Aber mein Vater war dagegen.»

«Warum?»

Er warf mir einen Blick zu, der zu sagen schien: Versteht sich das nicht von selbst?

«Warum, warum ... Weil sie keine Türkin war, darum.»

Ich sah ihn aus dem Augenwinkel an. Sein starres Gesicht war schwer zu lesen.

«Hättest du lieber die andere geheiratet?»

«Quatsch. Sie war keine Türkin, wie hätte ich sie heiraten sollen?»

«War es schwer, sie zu vergessen?»

Er schüttelte den Kopf.

«Nach der Hochzeit habe ich nicht mehr an sie gedacht.»

Etwas in seiner Stimme sagte mir, dass das nicht die Wahrheit war. Während wir schweigend weiterfuhren, fragte ich mich, ob Pascha seine Tochter wirklich so leichten Herzens verheiratet hatte, wie er behauptete.

Als sich die Straße nach einer guten Stunde wieder dem Meer näherte, war die Landschaft eine andere als am Kimmerischen Bosporus, wo das Steppengras bis dicht ans Ufer gereicht hatte, bevor die leicht erhöhte Küste plötzlich abbrach und steil hinab zu einem schmalen Streifen Sandstrand stürzte. Im kleinen Badeort Witjasewo, den wir nun durchquerten, war die Küste flach, der Strand breit wie ein Fußballfeld, und landeinwärts versperrten Sanddünen den Blick – die einzigen, die ich an der gesamten Schwarzmeerküste sah.

Pascha hielt vor einer Autowerkstatt. Eine junge Frau stand vor dem Garagentor, die linke Hand in der Tasche eines blauen Overalls, in der rechten eine Zigarette.

Pascha stieg aus.

«Arbeitet bei euch noch dieser alte Grieche? Der Türkisch spricht?»

Die Frau musterte ihn lächelnd.

«Griechen gibt's hier genug, Väterchen, aber wir sprechen Griechisch.»

Es dauerte eine Weile, bis wir der Frau und ihren Mechanikerkollegen erklärt hatten, wen wir suchten. Wie sich herausstellte, arbeitete der alte Mann, der Pascha einmal den Lada repariert hatte, nicht mehr in Witjasewo, aber einer seiner Kollegen versprach, einen Ersatzgriechen herbeizutelefonieren.

Wenige Minuten später bremste ein schwarzer SUV vor der Werkstatt. Der Fahrer stieg aus und schüttelte mir die Hand, ein dunkelhaariger Typ um die dreißig, mit blassen, dicklichen Wangen und den Augen eines traurigen Hunds.

«Mischa.»

Umständlich fing ich an, mich vorzustellen, aber Mischa unterbrach mich nach dem zweiten Satz.

«Steig ein. Kannst bei uns übernachten. Mama wird dir alles erzählen.»

Durchs Autofenster winkte ich Pascha hinterher, der mit zwei Fingerspitzen an seine beige Gebetskappe tippte.

Der Automatikhebel in Mischas SUV hatte dort, wo bei anderen Automatikhebeln der Handknauf sitzt, einen grinsenden Totenkopf. Mischa liebte den Totenkopf. Er ließ ihn nicht aus der Hand, die ganze Fahrt über strich er ihm geistesabwesend über die Stirn.

Zusammen mit seiner Mutter betrieb er in Witjasewo eine kleine Pension. Die Saison hatte noch nicht angefangen, die Pension stand leer, und nachdem Mischa das Auto im Hof geparkt hatte, drückte er mir einen Generalschlüssel in die Hand.

«Such dir ein Zimmer aus. Mama macht dir was zu essen.»

Unter dem Walnussbaum im Hof aßen wir Quarkkuchen mit zuckrigem Tee. Larisa, Mischas Mutter, hatte den gleichen blassen Teint wie ihr Sohn, aber keine Hunde-, sondern schmale, schrägstehende Katzenaugen, die ihrem Gesicht etwas dauerhaft Amüsiertes gaben. Lächelnd erklärte sie mir, dass es in Witjasewo zwei Arten von Griechen gebe – und dass ich mir die falschen ausgesucht habe.

«Du musst mit den Pontiern reden – Witjasewo gehört den Pontiern. Wir Zalker sind nur hier, weil mein Sohn Hummeln im Hintern hat.»

Die Pontier verdankten ihren Namen dem alten griechischen Wort, mit dem ihre Vorfahren im Altertum das Schwarze Meer bezeichnet hatten: «Pontos axeinos», die «ungastliche See», das Meer der Barbaren. Später, als die griechischen Seefahrer an den Schwarzmeerküsten heimischer, die Küsten also griechischer geworden waren, hatten sie die Bezeichnung in ihr ähnlich klingendes Gegenteil verkehrt: «Pontos euxeinos», die «gastliche See». Von beidem war die Kurzformel «Pontos» übrig geblieben, die als Lehnwort für das Schwarze Meer in die meisten Anrainersprachen eingewandert und auch an den Nachfahren seiner Urheber hängengeblieben war, den pontischen Griechen.

Ich hatte viel von den Pontiern, aber nichts von den Zalkern gehört. Auch sie waren ursprünglich Schwarzmeergriechen, wie Larisa mir erklärte, aber ihre Vorfahren hatten sich im Osmanischen Reich den Herrschaftsverhältnissen angepasst und Türkisch gelernt, ohne allerdings zum Islam zu konvertieren, wie es andere Gruppen der Pontier taten. Später, im 19. Jahrhundert, als der russisch-osmanische Machtkampf um die Vorherrschaft am Schwarzen Meer einen christlich-muslimischen Bevölkerungsaustausch zwischen den Imperien in Gang setzte, waren die anatolischen Vorfahren der Zalker in den georgischen Teil des Zarenreichs ausgewandert. Die meisten hatten sich westlich von Tbilisi niedergelassen, nicht weit von den Dörfern der Mescheten, in der Region Zalka – daher ihr Name.

Das aber war erst das Vorspiel einer langen Migrationsgeschichte, die für Larisa nicht südlich, sondern nördlich des Kaukasus begonnen hatte. Lange vor ihrer Geburt waren ihre Großeltern über die Berge nach Russland geflohen. Warum sie Georgien hinter sich gelassen hatten, wusste Larisa nicht, aber als ich rückwärts rechnete, landete ich in der Zeit des russischen Bürgerkriegs, der nach Lenins Oktoberrevolution weite Teile der sowjetischen Bevölkerung entwurzelt hatte.

Im Bergkurort Jessentuki hatte Larisa 1988 Mischa zur Welt gebracht. Der Vater war früh aus ihrem Leben verschwunden. Larisa sprach Russisch mit ihrem Sohn, während seine Großmutter ihm das Türkisch der Zalker Griechen beibrachte. Mischa wuchs im Chaos der nachsowjetischen Wendejahre auf, einer wirtschaftlich schwierigen Zeit, in der sich der russische Kaukasus gespenstisch zu leeren begann. Wer die Möglichkeit hatte, ging fort. Die russischen Juden wanderten nach Israel aus oder nach Deutschland, wohin auch die Russlanddeutschen verschwanden. In jenen Jahren kehrten auch viele Griechen «in ihre historische Heimat zurück», wie es damals hieß, obwohl die Wörter Heimat und Rückkehr in ihrem Fall noch abstrakter klangen als bei den Juden und Deutschen. Es war nicht Jahrhunderte, sondern Jahrtausende her, dass die Schiffe ihrer Vorfahren durch den Bosporus ins Schwarze Meer gerudert waren. Die Geschichte, die Lebensumstände, auch die Sprachen der pontischen und der hellenischen Griechen hatten sich derart weit auseinanderentwickelt, dass ihnen die Verständigung auf vielen Ebenen schwerfiel.

Nichtsdestotrotz machten sich die Pontier auf den Weg. Von der halben Million, die gegen Ende der Sowjetzeit in den Unionsrepubliken gelebt haben dürfte, wanderte in den neunziger Jahren mindestens die Hälfte nach Griechenland aus – darunter Larisa und der neunjährige Mischa, die auf Zypern ein neues Zuhause fanden.

Damit hätte die Geschichte enden können. Aber dann war etwas geschehen, was sich Larisa und Mischa bis heute nicht ganz erklären konnten.

«Erzähl's ihm.»

«Was?»

«Wie du Hummeln im Hintern bekommen hast.»

«Was gibt's da zu erzählen?»

«Wenn du's nicht erzählst, erzähl ich es.»

«Mach doch.»

Eines Tages, Mischa war sechzehn, hatte ein Verwandter, den es aus dem Kaukasus nach Witjasewo verschlagen hatte, Larisa und ihren Sohn zu einem Urlaub am Schwarzen Meer eingeladen. Mit den russischen Pässen, die beide noch hatten, machten sie sich auf den Weg. Zwei Wochen verbrachten sie unter den Pontosgriechen von Witjasewo, dann flogen sie zurück nach Zypern.

In den nächsten Schulferien wollte Mischa wieder nach Witjasewo. Auch die folgenden zwei Urlaube verbrachte er am Schwarzen Meer, diesmal ohne Larisa. Ein paar Jahre ging das so, bis Mischa, der inzwischen mit der Schule fertig war, nicht mehr heimkam. Am Telefon sagte er: Ich bleibe noch ein bisschen. Er sagte es einmal, zweimal, fünfmal, bevor er beim sechsten Mal sagte: Mama, ich bleibe hier.

Larisa, die sich auf Zypern mit Mühe ein neues Leben aufgebaut hatte, konnte sich nur schwer vorstellen, in das Land zurückzukehren, das sie vor einem Jahrzehnt erleichtert hinter sich gelassen hatte. Aber noch schwerer fiel es ihr, sich ein Leben ohne ihren Sohn vorzustellen. Am Ende lächelte sie ihr Katzenlächeln, packte die Koffer und reiste Mischa hinterher.

«Erklär's ihm!»

«Was?»

«Was du hier wolltest. Wenn du's mir schon nicht erklären kannst, dann vielleicht ja ihm.»

Mischa sah mich unsicher an.

«Das Leben ist hier einfach interessanter ... für einen Mann ... Verstehst du?»

«Du meinst, es hatte was mit einer Frau zu tun?»

Er schüttelte den Kopf.

«Das kam erst später.»

Larisa lachte.

«Aber dann gleich doppelt.»

Mischa wirkte froh, das Thema wechseln zu können.

«Mama hat gesagt: Heirate, wen du willst, nur keine Muslimin. Aber sie machen mich schwach, diese Tschetscheninnen, diese Inguschinnen, diese Türkinnen! Zweimal habe ich jetzt Christinnen geheiratet, aber ich schwöre dir, Mama, beim nächsten Mal wird es eine Türkin!»

Noch ein paarmal versuchten wir im Lauf des Nachmittags, aus Mischa herauszuquetschen, welcher Schicksalswind ihn nach Witjasewo geweht hatte. Hatte er sich auf Zypern als pontischer Außenseiter gefühlt, als Angehöriger einer Minderheit, für deren jahrtausendelangen Sonderweg er nicht büßen wollte? Hatte er mit seiner Kindheit nicht abschließen können, war es das Gefühl gewesen, mit Russland nicht fertig zu sein? Hatte ihn auf Zypern das geregelte EU-Leben gelangweilt, war ihm Russland interessanter vorgekommen, chancenreicher für einen jungen Mann, der wegen seiner Herkunft nicht ganz dazugehörte?

Was es auch war, Mischa schien es sich selbst nicht erklären zu können. Gequält wich er unseren Fragen aus. Vielleicht, dachte ich am Ende, war eine Art genetische Sehnsucht nach dem Schwarzen Meer bei ihm durchgebrochen, die nach der Emigration seiner Vorfahren aus dem Osmanischen Reich mehrere Generationen übersprungen hatte.

Am frühen Abend ruckte Mischa seinen Totenkopf von «P» auf «D» und fuhr mich zur Weinfabrik. Larisa wollte, dass ich die «echten», die pontischen Pontier kennenlernte, zu denen in Witjasewo außer den beiden Zalkern fast alle Griechen gehörten.

Die Weinfabrik lag am anderen Ende des Orts. Unterwegs zog die Strandpromenade an uns vorbei, eine lange Betonzeile aus Hotels und Cafés in unterschiedlichen Stadien der Fertigstellung. Überall wurde gehämmert und gebohrt – der ganze Ort bereitete sich auf die Urlaubssaison vor, die Zeit von Juni bis September, wenn halb Russland sein winterblasses Fleisch am Schwarzen Meer grillt, dem einzigen brauchbaren Badegewässer des ganzen fröstelnden Halbkontinents. Mit der Krim-Annexion hatte sich der russische Kilometeranteil an der Schwarzmeerküste zwar mehr als verdoppelt, aber gemessen an der Größe des Landes war er immer noch fingernagelklein.

Wie sehr Witjasewo von den Pontiern geprägt war, begriff ich erst, als ich die Säulen, Statuen und Tempelfriese an den Fassaden der Strandbauten sah. Atlasfiguren keuchten unter Balkonen, Göttinnen entblößten marmorweiße Brüste, ein wütender Zeus fuchtelte mit Aluminiumblitzen. Staunend notierte ich mir die Namen der Hotels und Cafés: Awrora, Jason, Argo, Pontos, Odisseja, Illiada, Nika, Poseidon, Attika, Kolisej, Parfenon ... Kyrillische Neonschilder buchstabierten diese slawisch verfremdeten Mythenwörter in einem kuriosen Mischalphabet: russische Schriftzeichen in griechischer Anmutung.

Das Crescendo dieser hellenischen Symphonie war die Weinfabrik «Zum Alten Griechen».

«Man kann Wein nicht in einer eckigen Halle abfüllen», sagte Walerij Aslanow. «Wein ist heilig! Wein braucht einen Tempel – ein Parthenon!»

Genau so sah die Abfüllstation aus, die Aslanow in die Mitte seines Fabrikgeländes gesetzt hatte: eine Betonkopie des Parthenon. Sie hatte ein paar Säulen weniger als das Original, dafür aber auf dem Dach zwei goldene Gryphen, die der Athener Version fehlten. Und ein Kellergeschoss mit weingefüllten Eichenfässern. Und einen Degustiersalon mit Plüschsesseln. Und einen schwarzen Konzertflügel. Und einen gläsernen Fußboden, durch den der Blick auf eine künstliche Ausgrabungsstätte fiel, gefüllt mit Fragmenten griechischer Amphoren. Und ...

«... und als Nächstes lasse ich mir ein Apartment aufs Dach setzen», sagte Aslanow. «Mit einem Fahrstuhl, der direkt runter zu den Fässern führt. Freunde, das wird ein Leben! Trinken, schlafen, trinken, schlafen, trinken ...»

Seine Zuhörer lachten beflissen. Aslanow hob sein Glas, der Riesling schimmerte mondfarben in der Abendsonne.

«Auf die Völkerfreundschaft!»

«Die Völkerfreundschaft!»

«Ausgezeichneter Trinkspruch, Walerij Stawrowitsch!»

«Sie lebe hoch, die Völkerfreundschaft!»

Aslanow war ein ehemaliger Judotrainer, der es in der Privatisierungsära geschafft hatte, die örtliche Kolchose zu übernehmen. Der Agrarbetrieb war in den dreißiger Jahren auf den Trümmern einer griechisch-orthodoxen Kirche errichtet worden, die die Bolschewiken abgerissen hatten, weil sie der sozialistischen Zukunft im Weg stand. Als sich abzeichnete, dass aus der sozialistischen Zukunft vorerst nichts werden würde, hatte Aslanow auf den Trümmern der Kolchose seinen Weintempel errichtet. Nun saß er mit Blick auf den Parthenon auf der Terrasse seines Firmenkontors, ein kleiner, breitschultriger, zu einigem Reichtum gekommener Mann von fünfundsechzig Jahren, um den sich eine Entourage aus diensteifrigen Mittrinkern scharte. Er trug eine Trainingsjacke mit Hammer-und-Sichel-Symbol auf der Brust und ließ durch die Finger seiner linken Hand ein silbernes Komboloi gleiten, eine griechische Gebetskette. Die Gebetskette und das Sowjetsymbol kamen mir wie ein Widerspruch vor, aber es war nur einer von vielen Widersprüchen, die für Aslanow keine Widersprüche waren.

«Weißt du, mein deutscher Freund, was das Gute an der Sowjetunion war?»

Er schwenkte sein Glas und starrte gedankenschwer in den kreisenden Riesling, während seine Zuhörer in gespielter Spannung auf die Antwort warteten.

«Dass sich die Nationen nicht so vermischt haben wie heute.»

«Gut gesagt, Walerij Stawrowitsch!»

«So war es wirklich!»

«Da ist was dran!»

Es war überhaupt nichts dran. Aslanow war 1953 zur Welt gekommen, in Stalins Todesjahr. Er hatte die Zwangsumsiedlungen nicht miterlebt, die in der Vor- und Nachkriegszeit auch die sowjetischen Pontosgriechen getroffen hatten. Gut einhundertfünfzigtausend von ihnen hatte Stalin in den dreißiger Jahren in Arbeitslager stecken lassen, weil die Griechen nicht forsch genug seine Pläne zur Kollektivierung der sowjetischen Landwirtschaft unterstützten – sprich: weil sie nicht freiwillig verhungern wollten. Etwa die gleiche Zahl ließ Stalin 1949, vier Jahre nach Kriegsende, in einer Nacht-und-Nebel-Aktion von der Schwarzmeerküste nach Zentralasien deportieren – bis heute weiß niemand genau, warum. Vielleicht, weil die Regierung in Athen, beflügelt von der «Megali Idea» eines großen, die ehemaligen byzantinischen Gebiete an der Schwarzmeerküste umfassenden Staats, in der Zwischenkriegszeit Pässe in der griechischen Diaspora hatte verteilen lassen, die den Pontiern nun zum Verhängnis wurden, weil sie Stalin an ihrer Loyalität zweifeln ließen.

Nach dem Tod des Diktators war nur ein Teil der sowjetischen Griechen aus Zentralasien zurückgekehrt, und viele hatten sich ein neues Zuhause suchen müssen, weil ihre angestammten Häuser und Dörfer inzwischen anderweitig bewohnt waren. In Witjasewo aber hatte das griechische Leben der Vorkriegszeit eine mehr oder weniger lückenlose Fortsetzung gefunden – oder jedenfalls hatte es einem jungen Mann, der hier in den fünfziger und sechziger Jahren groß geworden war, so vorkommen können. In seiner Jugend, sagte Aslanow, sei der Ort «zu 99,9 Prozent griechisch» gewesen.

«Außer uns gab es hier nur eine russische und eine moldawische Familie. Und später eine armenische.»

Ich war nicht sicher, welchen Anteil an dieser Rechnung der Riesling hatte. Vielleicht mischte sich in Aslanows Erinnerungen auch familiäres Sentiment. Sein Ururgroßvater, ein griechisch-orthodoxer Priester aus der türkischen Hafenstadt Trabzon, hatte 1837 dem Osmanischen Reich den Rücken gekehrt und war zusammen mit seiner Gemeinde an die russische Schwarzmeerküste ausgewandert, wo die Pontier das spätere Witjasewo gründeten. Dem Ururgroßvater verdankte der Ort auch das Gotteshaus, das später die Bolschewiken abgerissen hatten. Die Griechen bauten an der Küste Baumwolle, Tabak und Wein an und verkauften ihre Erzeugnisse in den umliegenden Kosakensiedlungen. Die Baumwoll- und Tabakproduktion war in der Ära der Planwirtschaft in andere Teile der Sowjetunion verlegt worden, der Wein aber war geblieben.

Als Aslanow mich später durch seinen Parthenon führte, zeigte er mir stolz drei Ölporträts, die er eigens für den Weinkeller hatte malen lassen. Sie zeigten drei Helden der Pontier: David Komnenos, den letzten Herrscher des untergegangenen Byzantinerreichs von Trabzon; Alexander Ypsilantis, den pontosgriechischen General, der in russischen Diensten für die Loslösung Griechenlands vom Osmanischen Reich gekämpft hatte; und Ioannis Kapodistrias, das erste Staatsoberhaupt Griechenlands nach der Unabhängigkeit.

Ich mochte Aslanow. Er war ein windiger Kleinstadtoligarch, über dessen Weg zum Erfolg ich lieber keine Details wissen wollte, aber das exzentrische Interieur seines Weintempels schien ihn im tiefsten Inneren genau so zu amüsieren wie mich. Stolz, aber grinsend zeigte er mir lauter sinnlosen, teuren Krempel, als habe nicht er selbst, Walerij Stawrowitsch Aslanow, ihn angehäuft, sondern ein anderer – vielleicht der Mann, dessen Name in seinem griechischen Zweitpass stand: Valerios Aslanidis tou Stavrou.

Als wir uns verabschiedeten, spürte ich, vielleicht auch nur wegen des Rieslings, ein seltsames Gefühl der Ehrfurcht in mir aufsteigen, ein ungläubiges Staunen darüber, dass vor mir ein Mensch stand, der auf verschlungenen Wegen ein Erbe der griechischen Antike war – und dass dieser Mensch sich hier, in Russland, am rechten Platz fühlte. Aslanow hatte nie darüber nachgedacht, nach Griechenland auszuwandern. Er war ein Pontier, seine Heimat war hier – am Schwarzen Meer.

Kosaken ohne Pferde

Am nächsten Morgen verabschiedete ich mich von Larisa und Mischa und ging zum Busbahnhof. Unterwegs blieb mein Blick zufällig an einem parkenden Auto hängen, auf dessen Nummernschild eine schwarz-blau-rote Trikolore mit der Aufschrift «DPR» klebte. Überrascht blieb ich stehen – das Kürzel stand für die «Donezker Volksrepublik», eins der Separatistengebiete im Osten der Ukraine, um die seit Jahren Krieg geführt wurde.

Neben dem Auto standen zwei Männer in Shorts. Ich sprach sie an. Sie kamen aus Donezk und waren über die russische Grenze bis nach Witjasewo gefahren.

«Urlaub am Meer?»

Sie lachten, aber es klang nicht amüsiert. Einer hob die rechte Hand und rieb Daumen und Zeigefinger aneinander.

«Deshalb sind wir hier. Zu Hause gibt's keine Arbeit.»

Sie fuhren die Küste ab, von Hotelbaustelle zu Hotelbaustelle, in der Hoffnung, dass irgendwo ein paar Hände gebraucht wurden.

Ich fragte sie nach Donezk – wie war das Leben dort inzwischen? Mir war die depressive Kriegsstimmung im Gedächtnis, in der ich die umkämpfte Stadt ein paar Jahre zuvor als Reporter erlebt hatte.

«Normal», sagte der eine. «Sie schießen noch, aber wir haben uns dran gewöhnt.»

Der andere lachte, und diesmal klang es amüsiert.

«Früher hat meine Frau dem Kind zugerufen: Komm rein, es fängt an zu regnen! Heute ruft sie: Das Geballer geht los, komm rein! Und das Kind sagt das Gleiche wie früher: Mama, es ist doch erst ganz wenig, ich komm rein, wenn es stärker wird!»

Ich nahm eine Marschrutka, ein russisches Sammeltaxi. Auf dem Weg nach Süden sah ich zu, wie die kyrillischen Leuchtbuchstaben an den Häuserfassaden ihre pseudogriechischen Konturen verloren, während gleichzeitig die Namen der Hotels und Cafés russischer wurden: Admiral, Laguna, Kapitan, Kontinent, Sputnik, Planeta ...

Kurz hinter Witjasewo krümmte sich die Straße landeinwärts. Eine halbe Stunde später stiegen beiderseits der Fahrbahn Hügel aus der Steppe auf, die langsam höher wurden, bis die Grasdecke stellenweise aufriss und nackte Felsen freilegte: die ersten Ausläufer des Kaukasus.

Als die Straße in Noworossijsk wieder die Küste erreichte, stieg ich aus. In der Hafenbucht lagen Kriegsschiffe der russischen Schwarzmeerflotte vor Anker, gepanzerte Kolosse, grau, schwer und reglos, wie verdauende Krokodile, die sich an der Krim überfressen hatten.

An der Uferpromenade stand ein großes, erkennbar noch nicht altes Denkmal. Ein Offizier in zaristischer Uniform zerrte sein Pferd hinter sich her. Der bronzene Körper des Mannes neigte sich dem Meer entgegen, während das Pferd ängstlich die Hufe in den Boden stemmte. Es sah aus, als ziehe das Schicksal die beiden Figuren in verschiedene Richtungen.

«Genau so war es damals, im Bürgerkrieg», sagte der Honigverkäufer, mit dem ich auf einem Markt in der Hafengegend ins Gespräch kam.

Für die weißen, zarentreuen Truppen hatte der Bürgerkrieg in Noworossijsk geendet. Die Rote Armee war ihnen hart auf den Fersen, als britische Kriegsschiffe sie im März 1920 von hier aus auf die Krim evakuierten. Mehr als 35 000 Soldaten sahen zu, wie die russische Küste ihren Blicken entschwand, für immer.

«An Bord war kein Platz für die Pferde», sagte der Honigverkäufer. «Die Kosaken mussten sich von ihnen trennen. Manche erschossen sie, damit sie nicht den Roten in die Hände fielen. Andere brachten es nicht übers Herz.»

Als kurz nach der Evakuierung der Weißen schließlich Lenins Revolutionstruppen Noworossijsk einnahmen, irrten Tausende von Pferden reiterlos durch die pontische Steppe. Es muss ausgesehen haben, als werde ein uraltes Schwarzmeerdrama aufgeführt, aber in einer verdrehten Inszenierung, die kein Mensch verstand. Wurden die Barbaren von den Weißen oder von den Roten verkörpert, von den Ausbeutern der Arbeiterklasse oder von den Henkern der Bourgeoisie? Wer waren die Nomaden, wer die Sesshaften – und warum zur Hölle saß niemand auf den Pferden?

Der Honigverkäufer trug eine Papacha, eine kaukasische Pelzmütze.

«Kosake?»

Sein Schnauzbart zitterte empört.

«In Noworossijsk ist *jeder* Kosake, junger Mann.»

Etwas versöhnlicher deutete er mit dem Zeigefinger in Richtung Hafen.

«Fragen Sie Sweta, die Lebkuchen verkauft. Die kennt sich aus mit Kosaken. Ein paar Stände weiter rechts.»

Sweta-die-Lebkuchen-verkauft war um die fünfzig und hatte die Körperformen einer Frau, die nicht verschmäht, was sie anderen verkauft. Mit honigsüßer Stimme pries sie den Passanten ihre Lebkuchen an.

«Probieren Sie die mit den Pflaumen, hauchzart, schmelzen förmlich im Mund ... Mit Mais, die machen süchtig, kosten Sie ...»

Sie erzählte mir von ihrer Urgroßmutter, die im Bürgerkrieg auf der Seite der Weißen über die Schlachtfelder galoppiert war, bis sie im Gefecht eine Hand verloren hatte.

«Zack, abgetrennt von einem Säbel. Wir Kosakinnen sind kämpferische Frauen. Willst du meine Medaille sehen? Hat mir der Bürgermeister verliehen, weil ich hier auf dem Markt zwei Tadschiken vermöbelt habe. Wollten einem Russen ans Leder. Diesen Schwarzärschen muss man zeigen, wo der Hammer hängt.»

Sie erzählte mir von ihrem Sohn, einem stadtbekannten Biker und Kosaken.

«Der ist ein großer Fan eurer deutschen Kultur.»

Ich staunte – ein Goethe-Liebhaber in Motorradkluft?

«Ich habe ihm einen deutschen Ring gekauft, auf dem Flohmarkt. Wenn ich dir ein Foto davon schicke, kannst du mir sagen, ob das Ding echt ist? Aus dem Krieg, mit einem Totenkopf drauf, von dieser, wie hieß sie ...?»

«SS?»

«Genau! Er liebt eure Kultur.»

Ganz zum Schluss, bevor wir uns verabschiedeten, erzählte mir Sweta von einem befreundeten Kosaken, der Jugendlichen das Kämpfen beibrachte.

«Damit sie sich verteidigen können, wenn ihnen die Schwarzärsche dumm kommen. Morgen früh ist ein Turnier, sieh es dir an.»

Abends stellte ich mich zu den Anglern, die zu Hunderten die lange Hafenmole säumten. Sie spähten ins Dunkle und schienen Bewegungen wahrzunehmen, die meinen Blicken entgingen. Ein paar junge Männer, ehrgeiziger als der Rest, rannten die Mole auf und ab, schrien sich abgehackte Positionsangaben zu, «auf elf Uhr», «hundert Meter», «links vorne», deuteten hektisch aufs Wasser, ließen plötzlich ihre Leinen ins Nichts schnellen, weit hinaus in die Finsternis, und obwohl mir ihre Manöver mehr nach Pose als nach Plan aussahen, zogen sie einen dicken Fisch nach dem anderen an Land.

Das Turnier fand in einer sowjetischen Sporthalle südlich des Stadtzentrums statt. Der Schritt durch die Eingangstür war wie der Übergang in ein anderes Element – ich versank in einer Wolke aus dicker, feuchter, mit Teenagerschweiß gesättigter Luft.

Auf den Matten in der Hallenmitte droschen zwei Jungs aufeinander ein, dreizehn-, vielleicht vierzehnjährig, in weißen Kampfanzügen und blauen Plastikschutzmasken. Die Technik nannte sich

Armee-Nahkampf, was in meinen Laienaugen so aussah, als versuchten die beiden, sich mit möglichst schmerzhaften Schlägen, Tritten und Würfen gegenseitig umzubringen. Als einer zu Boden ging und nicht mehr hochkam, trat der andere schreiend auf ihn ein, «huaa! – huaa!», wieder und wieder. Erst als sich die Tritte der Kopfgegend näherten, pfiff der Schiedsrichter den Kampf ab.

Am Ende wurden Urkunden verliehen. Der Direktor der örtlichen Kadettenschule hielt eine Rede, unterbrochen von gebrüllten Zustimmungsrufen der Kosaken.

«Russland braucht kampfbereite Männer!»

«Ljubo!»

«So sehr wie nie zuvor!»

«Ljubo!»

«Ihr seid Kosaken! Euch gehört die Zukunft!»

«Ljuboooooo!»

Auf dem Weg nach draußen sprach ich den Direktor an, einen Mann mit dem misstrauischen Gesichtsausdruck eines sowjetischen Funktionärs.

«Woher? Deutschland?»

Seine Augen weiteten sich panisch.

«Ich kann nicht mit Ihnen sprechen! Nicht ohne Erlaubnis der Kreisverwaltung! Fragen Sie in Krasnodar an!»

«Ich wollte nur etwas über die Kosaken ...»

Er wedelte mich beiseite wie ein lästiges Insekt.

Wassilij war zugänglicher. Er fiel mir draußen vor der Turnhalle auf, weil er die größte Papacha von allen trug – so kam es mir jedenfalls vor, bis ich begriff, dass ich seine schwarzen Locken für eine Pelzmütze gehalten hatte. Wassilijs Oberkörper steckte in einer knielangen, knallroten Kosakenbluse, in der Taille mit einer Militärkoppel gegürtet. Darüber hing ein Bauch von so enormen Ausmaßen, dass ich mich fragte, wie Wassilij seinen Körper im Gleichgewicht hielt.

Sechs Orden waren auf Brusthöhe an die Bluse gepinnt, drei rechts und drei links. Wassilij erklärte sie mir der Reihe nach.

«Für Verdienste um das Kosakentum; für die Durchsetzung von Recht und Ordnung im Kubangebiet; für Verdienste um die Erziehung heranwachsender Kosaken; für die Heimholung der Krim; für den ...»

«Was war das mit der Krim?»

Er hob den Kopf von der Hemdbrust. Seine Augen waren blassblau wie der Himmel, und sie glänzten vor Stolz.

«Wir haben sie heimgeholt!»

Zusammen mit hundert anderen Kosaken hatte sich Wassilij im Februar 2014 mit einem Schiff auf die Krim bringen lassen – auf der gleichen Route, die ein knappes Jahrhundert zuvor die weißen Bürgerkriegsflüchtlinge genommen hatten. Sie waren losgefahren, um das größte Land der Welt ein bisschen größer zu machen. In den ersten Wochen hatte man sie an der nördlichen Krimgrenze postiert, wo sie den Zugang zum ukrainischen Festland abschirmten. Kurz darauf, während der Volksabstimmung über den Anschluss an Russland, hatte Wassilij das Parlamentsgebäude in der Hauptstadt Simferopol bewacht. Als er davon erzählte, verschluckte ich mich fast vor Überraschung. Ich erinnerte mich noch genau an die Kosaken, die ich in jenen chaotischen Märztagen vor dem Krimparlament hatte stehen sehen: breitbeinige Männer, bedrohlich und lächerlich zugleich, in zusammengewürfelten Tarnanzügen, manche mit Kosakenpeitschen am Gürtel, auf den Köpfen Papachas in allen nur erdenklichen Formen, Größen und Fellarten. Unter einer dieser Pelzmützen hatte damals also Wassilijs Lockenschopf gesteckt.

Während ich dem üblichen Monolog über die «ukrainischen Faschisten» zuhörte, vor denen die Kosaken ihre russischen Brüder und Schwestern auf der Krim gerettet hatten, fragte ich mich, warum Wassilij die historische Ironie seiner Worte nicht auffiel. Seine Vorfahren, die Kosaken der russischen Schwarzmeerküste, waren Vertriebene aus der Ukraine gewesen. Katharina die Große hatte sie im 18. Jahrhundert hier angesiedelt, nachdem die Zarin das Machtzentrum des ukrainischen Kosakenstaats zerschlagen hatte, die Insel Chortyza im Dnjepr.

Ihre Vertreibung war der entscheidende Wendepunkt in der Geschichte der Kosaken gewesen. Vorher, vom 15. Jahrhundert an, hatten sie als Freibeuter in der Steppe gelebt, im umkämpften Grenzbereich zwischen den sesshaften Zivilisationen des Nordens und den Nomadenvölkern des Südens. Im Wilden Feld sammelten sie sich, ein filzbärtiger Haufen aus entlaufenen Leibeigenen, getürmten Sträflingen, desertierten Soldaten, verarmten Bauern und anderen Außenseitern, die es vorzogen, ein freies Barbarenleben zu führen, anstatt sich den Gesetzen ihrer Heimatzivilisationen zu beugen. Von ihren Nomadennachbarn schauten sie sich das Reiten ab, aber nicht weniger geschickt waren sie im Umgang mit Booten. Zu Land wie zu Wasser raubten sie sich zusammen, was sie zum Leben brauchten. Ihre spektakulärsten Beutezüge führten sie ostwärts über den Ural hinweg bis an die sibirische Pazifikküste und südwärts durchs Schwarze Meer bis ins Reich der Osmanen, wo sie mit ihren Piratenbooten gelegentlich sogar Istanbul überfielen.

In der Ukraine, der Grenzregion zwischen Russland, Polen und dem Reich der Krimtataren, formierte sich der mächtigste ihrer Verbände, das Hetmanat der Saporoger Kosaken, dessen Angehörige sich in einer wasserumspülten Festung hinter den Dnjepr-Stromschnellen verschanzten. Auf dem Höhepunkt ihrer Macht regierten sie von hier aus einen anarchischen Steppenstaat, der ihren Nachbarn ein steter Stachel im Fleische war, den Zaren in Moskau nicht weniger als den Königen in Warschau und den Khanen auf der Krim. Schon Katharinas Vorgänger hatten versucht, die ukrainischen Kosaken zu unterwerfen oder zu Verbündeten zu machen, beides nie mit dauerhaftem Erfolg. Erst der Zarin gelang es bei ihrem Vorstoß an die Schwarzmeerküste, zusammen mit den anderen Steppenvölkern auch das Saporoger Hetmanat in die Knie zu zwingen.

Danach waren die Kosaken nicht mehr die Alten. Als Katharina ihre Dnjepr-Festung zerstört und die Saporoger aus der Ukraine vertrieben hatte, stellten sie ihre Kriegskünste zunehmend in den Dienst des Imperiums. Sie ließen sich als Grenzwächter einspannen, die das Zarenreich nach Süden hin gegen die verbliebenen Steppennomaden und die Bergvölker des Kaukasus verteidigten. Auch in Russlands Großstädten sah man sie in ihren Phantasieuniformen bald als Patrouillen durch die Straßen reiten, besonders gefürchtet von Juden, Armeniern und anderen nichtrussischen Metropolenbewohnern, für die die Kosaken traditionell wenig übrighatten. Zu ihren unrühmlichsten Aufgaben gehörte das Niederpeitschen und Niederreiten von Volksaufständen, für das sie in der Spätphase des Kaiserreichs zunehmend eingesetzt wurden – im frühen 20. Jahrhundert kehrte so mancher Arbeiter von Protestkundgebungen mit hufeisenförmigen Hämatomen am Körper heim.

Während der Revolution zerfielen die Kosaken in zwei Strömungen: weiß und rot, monarchistisch und kommunistisch, die einen bis über den Tod hinaus der von den Bolschewiken ermordeten Zarenfamilie treu, die anderen bereit, nunmehr die neuen Herrscher im Kreml zu verteidigen. Die weißen Kosaken verschwanden nach dem Bürgerkrieg in Stalins Lagern, ausgenommen diejenigen, die sich zusammen mit dem Rest der konterrevolutionären Truppen ins Ausland abgesetzt hatten, wo ihre Kosakenkarrieren abrupt endeten – fortan ritten sie keine Pferde mehr, sondern lenkten Berliner Omnibusse und Pariser Taxis.

Auch die roten Kosaken spielten in Stalins neuem Staat keine Rolle mehr. Nachdem sie ihre Schuldigkeit an der Bürgerkriegsfront getan hatten, widerfuhr ihnen dasselbe Schicksal wie dem Rest der sowjetischen Bevölkerung: Nicht mehr die individuelle Vergangenheit sollte fortan ihr Sein bestimmen, sondern die kollektive Zukunft, und wem diese Zukunft nicht schmeckte, der hatte keine. In einem letzten, aus der Verzweiflung geborenen Aufbäumen verbündeten sich Teile der sowjetischen Kosaken im Zweiten Weltkrieg mit den Nazis, was ihren Untergang nur beschleunigte.

Es war der letzte Krieg, der mit Pferden geführt wurde, und als er endete, ging in der Steppe eine Ära zu Ende. Vorbei war die Zeit der Barbaren, der Nomaden, der Reitervölker, vorbei war es mit dem freien Leben im Wilden Feld, vorbei war die Zeit, als die Steppe so leer und so weit war, dass der Schatten eines Kriegers bei Sonnenuntergang bis zum Horizont reichte. Die Bolschewiken bevorzugten ein anderes Reittier, eines, das den Pferden und der Gräserwildnis ein Ende setzte: den Traktor. Die Steppe kam unter den Pflug. Aus den Kosakendörfern wurden Kolchosen. Wo jahrtausendelang Hufe getrommelt hatten, rauschten nun Mähdrescher. Die Kavalleristen von einst wurden zu Traktoristen, Mechanikern, Maschinisten umgeschult. Nur manchmal ließ man sie noch ihre Papachas aus den Schränken holen und die alten Kosakenlieder singen, längst umgedichtet zu Lobeshymnen auf das freie Leben der Werktätigen, die sie auf den Kulturbühnen der Kolchosen vortragen durften, Karikaturen ihrer selbst, traurige Folklorekrieger, kostümiert, aber unbewaffnet.

Ich war nicht überrascht, als Wassilij mir erzählte, dass er im echten Leben Kfz-Mechaniker war. Sein Monolog über die heldenhafte Heimholung der Krim war schwer zu ertragen, aber mir war klar, dass ich die Kosaken lediglich in einem anderen historischen Aggregatzustand romantisierte als er. Ich hatte ihre freiheitsliebende, anarchistische, ukrainische Variante vor Augen, er zog die russisch-imperiale vor. Beiden gemeinsam war, dass es sie nicht mehr gab. Die wiedergeborene Kosakenbewegung der Gegenwart hatte weder mit dem einen noch mit dem anderen viel zu tun. Sie war eine Neuerfindung, ein Gebräu aus aufgekochten Ressentiments, tönendem Patriotismus, hohler Männlichkeit, buschigen Schnauzbärten, pelzigen Papachas, glänzenden Orden, brutalem Kampfsport.

«Du kommst aus Deutschland?», fragte Wassilij. «Ich habe da Freunde. In Heidelberg. Russen von hier, die nach Deutschland ausgewandert sind. Das heißt, Freunde waren wir mal. Ich fürchte, jetzt sind wir es nicht mehr.»

Fragend sah ich ihn an.

«Wir haben uns gestritten. Ich war zu Besuch bei ihnen, in Heidelberg. Als ich die Geschichte mit der Krim erzählte, nannten sie mich einen Verbrecher. Kein Wunder, den Armen werden in Deutschland die schlimmsten Märchen über Russland erzählt.»

Ein Kumpel von Wassilij schaltete sich in unser Gespräch ein.

«Gut, dass die ausgewanderten Russen bei euch ein bisschen nach dem Rechten sehen.»

«Nach dem ...?»

«Sonst würdet ihr mit den Flüchtlingen ja gar nicht fertig. Im Fernsehen haben sie erzählt, dass die Deutschen sich nicht trauen, den Schwarzärschen ihren Platz zu zeigen. Und dass das jetzt die Russen für euch übernehmen.»

Wassilij nickte energisch.

«Hier traut sich ja auch keiner mehr was, seit der halbe Kaukasus in Noworossijsk eingefallen ist. Nicht mal die Polizei klopft den Brüdern auf die Finger. Bleibt alles an den Kosaken hängen.»

«Bis die Polizei denen ein Protokoll ausstellt, grapschen die längst die nächste Russin an. Wir lösen das schneller. Knick, knack – mit gebrochenen Fingern grapscht keiner mehr.»

Als wir uns verabschiedeten, sah ich die beiden in ihr Auto steigen, einen schwarzen, nicht ganz neuen BMW. Wassilij hatte Mühe, seinen Bauch hinters Lenkrad zu quetschen. Dann ritten sie los, zwei Kosaken ohne Pferde, aber mit vielen Pferdestärken.

Ein paar Minuten später setzte ich mich in der Nähe der Sporthalle auf eine Parkbank, um aus dem Gedächtnis zu notieren, was die Kosaken mir erzählt hatten. Ich hatte kaum angefangen zu schreiben, als ein Mann auf mich zuwankte. Er sah mitgenommen aus – sein

Arbeitsoverall war zerschlissen, sein Gebiss ramponiert, sein Atem faul.

«Schreib!»

Er lallte.

«Schreib auf, was … was ich sage! Und dann erzählst du es eurem … diesem … eurem Trump!»

«Ich glaube nicht.»

Er stutzte, als er meinen Akzent hörte.

«Franzose?»

Ich schüttelte den Kopf.

«Deutscher?!»

Ich nickte.

«Haaaaaaaa!»

Mit fahrigen Bewegungen krempelte er den Ärmel seines Overalls hoch. Auf seinem Oberarm prangte eine blassblaue Tätowierung – ein Kreuz, umrundet von vier kyrillischen Buchstaben: ГСВГ. Es war, wie mir erst bei seinem nächsten Satz aufging, das Kürzel der sowjetischen Besatzungstruppen in der DDR.

«Wir …»

Seine Stimme überschlug sich jetzt fast vor Empörung.

«Wir Russen … wir sind abgezogen! Aber die Yankees, die verdammten … sind geblieben!»

Lexikon des Schwarzen Meers,
Eintrag 1: *Rapana venosa*

In der Bucht von Noworossijsk, die ich auf der Weiterfahrt nach Südwesten an den Fenstern meines Busses vorbeiziehen sah, stieß 1963 ein Meeresforscher namens E. I. Drapkin auf ein Wassertier, das er im Schwarzen Meer zum ersten Mal sah. Es war eine Schnecke – ein kinderfaustgroßes Exemplar mit dickwandigem, spitzzackigem Gehäuse, graugrün an der Außenseite, leuchtend orange im Innenbereich. Als Drapkin das Tier aus seinem Gewinde lockte und den Rüssel an der Kopfseite sah, wusste er, dass er es mit einer Raubschnecke zu tun hatte.

Drapkin hielt seinen Fund zunächst für ein Exemplar der Art *Rapana bezoar*. Erst spätere Forscher erkannten, worum es sich wirklich handelte: *Rapana venosa*, eine fleischfressende Schnecke, ursprünglich im Japanischen Meer beheimatet. Niemand weiß genau, wie sie von dort ins Schwarze Meer gelangte. Wahrscheinlich fuhr sie als blinder Passagier im Ballastwassertank eines Frachtschiffs mit. Vielleicht klammerte sie sich zusammen mit anderen Weichtieren an einen überkrusteten Schiffsrumpf. Nicht ausgeschlossen ist, dass sie versehentlich eingeschleppt wurde, als im Schwarzen Meer japanische Austern ausgesät wurden.

Nach Drapkins Entdeckung zeichnete sich bald ab, dass *Rapana venosa* nicht in friedlicher Absicht eingewandert war. Die Schnecke hatte im Schwarzen Meer keine natürlichen Feinde, abgesehen von ein paar Seesternarten, die zu klein waren, um ausgewachsenen Rapana-Exemplaren gefährlich zu werden. Dafür fand sie jede Menge Nahrung vor. Rapanas fressen Muscheln, Austern und andere Weichtiere, deren Schalen sie mit ihrer Raspelzunge durchbohren. Sie versprühen ein Nervengift, bevor sie ihren Rüssel im Fleisch des gelähmten Opfers versenken. Innerhalb einer Stunde können sie eine Muschel komplett aussaugen.

Kriechend, bohrend und schlürfend eroberte sich die Schnecke in den siebziger und achtziger Jahren ihren Platz im Ökosystem des gesamten Schwarzen Meers. Wo sie auftauchte, dezimierte sie die Weichtierbestände. Türkische Muscheltaucher berichteten, wie sich ehemals dicht besiedelte Teile des Meeresbodens vor ihren Augen in Wüsten verwandelten. Die Schwarzmeerauster stand bald am Rande der Auslöschung.

Nichts hielt *Rapana venosa* auf, auch die Taucher nicht, von denen sich in den achtziger Jahren manche darauf verlegten, statt Muscheln Schnecken zu sammeln. Rapanas sind essbar. Türkische Fischereibetriebe haben sich darauf spezialisiert, ihr festes, grauweißes Fleisch aus den Schalen zu lösen und tiefgefroren nach Japan und Korea zu exportieren, in die Anrainerländer des Gewässers, aus dem die Schnecke ursprünglich nach Europa eingewandert ist.

Auch am Schwarzen Meer stehen Rapanas heute auf den Speisekarten der Uferrestaurants. In Bulgarien habe ich sie gedünstet in Knoblauch, Zwiebeln und Weißwein gegessen, auf der Krim als kalten Mayonnaisesalat. Ihr Fleisch ähnelt dem von Tintenfischen, mit einem herben Beigeschmack, der mich an Leber erinnerte. Die charakteristischen Gehäuse der Schnecke werden als Souvenirs in Touristenläden verkauft. Sie sind nicht schwer zu sammeln – an vielen Küsten finden sie sich in Massen. Ich erinnere mich an einen Strand im Norden Bulgariens, der so dicht mit angeschwemmten Schneckenhäusern bedeckt war, dass der Sand darunter verschwand. Das Knirschen unter meinen Sohlen übertönte fast die Brandung.

«In Deutschland gibt es viele Türken, richtig?»

Andrej Sazepin war knapp jenseits der sechzig, ein Mann mit warmen Augen und einem weißen, halskrausenförmigen Unterkinnbart, wie ihn Kapitäne auf alten Gemälden tragen.

«Bei uns in Russland kommen die Migranten aus Zentralasien und dem Kaukasus. Seit dem Ende der Sowjetzeit suchen sie hier ihr Glück. Das Gleiche geschieht im Meer: Einwanderer finden ihre Nische – und manchmal passen sie sich besser an als die Arten, die vor ihnen da waren.»

Sazepin war Meeresforscher. Er arbeitete für das mächtige Moskauer Ozeanologie-Institut, das einen kleinen Ableger an der Schwarzmeerküste unterhielt, die »Südliche Abteilung« am Nordwestrand des Badeorts Gelendschik.

In der Küche des Institutswohnheims schenkte Sazepin mir Rotwein ein, eine örtliche, auf der Taman-Halbinsel angebaute Sorte namens Fanagoria, gemessen an Russlands sonstigen Weinvorlieben überraschend trocken. Ein paar Stunden lang erzählte mir Sazepin vom Schwarzen Meer, das er seit vierzig Jahren erforschte. Unter den russischen Gewässern, sagte er, sei es eines der interessanteren. Veränderungen seien hier oft früher und klarer zu beobachten als anderswo, weil das isolierte, von den Ozeanen abgeschnittene Meer empfindlich auf Eingriffe reagiere. Im Mittelmeer etwa hatte die Raubschnecke *Rapana venosa* keine vergleichbaren Schäden anrichten können, weil sie dort mehr natürliche Feinde hatte.

Schnell landeten wir bei der Krim, die Sazepin regelmäßig besuchte. Er stand in engem Kontakt mit den Wissenschaftlern des Ozeanologie-Instituts von Sewastopol. Auch mit den Forschern der übrigen Anrainerländer tauschte er sich aus, nur zur Ukraine war der Kontakt komplett abgerissen. Das Seeinstitut von Odessa hatte kurz nach der Krim-Annexion die Zusammenarbeit mit russischen Wissenschaftlern eingestellt, auf politischen Druck von oben, wie Sazepin vermutete. Seit dem Bruch war er nicht mehr in der Ukraine gewesen, nicht zuletzt aus Angst, dort verhaftet zu werden: Seine Besuche der annektierten Krim waren gut dokumentiert, und aus Kiewer Sicht machte er sich mit ihnen strafbar.

«Dabei hat der Anschluss mir persönlich nur geschadet.»

Sazepin lächelte.

«Als die Krim noch zur Ukraine gehörte, bekam ich für meine Dienstreisen die Auslandspauschale: zweieinhalbtausend Rubel pro Tag. Jetzt zahlen sie mir nur noch den Inlandstarif: hundert Rubel.»

Sein Lächeln hatte etwas Gequältes – man merkte Sazepin an, dass ihn das russisch-ukrainische Zerwürfnis alles andere als freute.

«Es war schon vorher nicht leicht, die Schwarzmeeranrainer an einen Tisch zu bekommen. Jetzt ist es komplett unmöglich geworden, und einen Ausweg aus dieser verfahrenen Krim-Geschichte sehe ich nicht.»

Er seufzte.

«Meine Kollegen auf der Krim sind glücklich über den Anschluss an Russland. Ich kann nicht schlecht finden, was meine Freunde glücklich macht. Aber die Art, wie das geschehen ist ...»

Sazepin ließ den Satz unvollendet, er schüttelte nur in stummer Ablehnung den Kopf, bevor er mir versicherte, dass er den Mann, dem die Annexion zu verdanken war, nie gewählt hatte.

Später, als Sazepin mir von den eingeschleppten Wassertieren erzählte, die im Lauf der vergangenen Jahrzehnte das Ökosystem des Schwarzen Meers durcheinandergebracht hatten, kam mir der beschämte Gesichtsausdruck wieder in den Sinn, mit dem er über Russlands Politik des Stärkeren gesprochen hatte. Biologen teilen Lebewesen grob in drei Gruppen ein: heimische, zugewanderte und invasive Arten. In die dritte Kategorie fallen aggressive Zuzügler wie die Raubschnecke *Rapana venosa*, die sich nicht friedlich ihren Platz in fremden Ökosystemen suchen, sondern anderen Arten den Platz streitig machen. Es ist keine unproblematische Einteilung, und für die Fragen, die sie aufwirft, fühlen sich Biologen in der Regel nicht zuständig: Ab welcher Generation sind Zuwanderer keine Zuwanderer mehr? Sind die Einheimischen von heute nicht bloß die Invasoren von gestern? Und wenn Invasoren von neuen Invasoren verdrängt werden, verdienen sie dann Mitleid?

Die Einteilung wird noch problematischer, wenn man sie auf Menschen überträgt, was Biologen aus gutem Grund nicht tun. Aber Sazepin, der Hydrophysiker war, sah so gut wie ich, dass seine Landsleute in der Geschichte des Schwarzen Meers die unrühmliche Rolle von Invasoren spielten. In den zweieinhalb Jahrhunderten, die seit ihrer Eroberung der Küste vergangen waren, hatten sie das menschliche Ökosystem nicht gerade artenreicher gemacht.

Vielleicht, dachte ich am nächsten Tag, waren die Russen deshalb auch so besessen von der Angst vor neuen Invasoren. Der Gedanke kam mir am Busbahnhof von Gelendschik, als ich mich in die Warteschlange vor einem Kartenschalter stellte. Ich rückte offenbar nicht dicht genug auf, denn plötzlich drängelte sich eine Frau in die Lücke zwischen mir und dem vor mir wartenden Kunden.

«Entschuldigung, ich ...»

Als die Frau meinen Akzent hörte, drehte sie sich neugierig zu mir um.

«Nicht von hier?»

«Nein, aber ich ...»

«Woher?»

«Deutschland, aber könnten Sie ...»

«Da ist alles voller Muslime, oder?»

«Äh ...?»

Ein schadenfrohes Grinsen spreizte ihr Gesicht.

«Ich hab im Fernsehen gesehen, wie sie euch überrollen. Pissen an eure Kirchen, vögeln eure Frauen. Scheiße, was?»

Ich konnte inzwischen kaum noch zählen, wie oft ich auf «die Flüchtlinge», «die Muslime», «die Schwarzärsche» angesprochen worden war, die mir angeblich meinen Lebensraum streitig machten. Die Kreml-Propaganda war seit dem Krim-Zerwürfnis dazu übergegangen, den Alltag im Westen in den düstersten Farben auszumalen. Europa, das Europa des russischen Fernsehens, war den Barbaren in die Hände gefallen.

Im Bus von Gelendschik nach Nowomichajlowskij sah ich eine Ikone auf dem Armaturenbrett kleben, ein Triptychon aus Gottesmutter, Erlöser und heiligem Nikolai. Das plastikgerahmte Bild war so fest zwischen den Anzeigeinstrumenten verfugt, dass es selbst ein bisschen wie ein Instrument aussah, eine Art Tachometer der Seele. Nicht zum ersten Mal staunte ich über die merkwürdige Selbstverständlichkeit, mit der in Russland seit dem sowjetischen Zusammenbruch Unvereinbares nebeneinanderher existierte: Ikonen in den Bussen, Lenin-Büsten an den Busbahnhöfen.

Ich ließ mich vom Fahrer absetzen, als rechts der Uferstraße ein Betonmonument mit der Aufschrift «Orljonok» auftauchte. «Kleiner Adler» war der Name eines riesigen Ferienlagers, das sich auf dreieinhalb Kilometern Länge an der Küste entlangzog, 1960 eröffnet und jahrzehntelang eines der größten Pionierlager der Union. Hunderttausende Kinder aus den Weiten des Sowjetreichs hatten hier ihre Ferien verbracht, doppelt bestrahlt von der Sonne des Südens und der Ideologie Lenins, die ihre Körper und ihre Gedanken rot färbten.

Die Ideologie war verschwunden, aber «Orljonok» war immer noch da. Was, fragte ich mich, bleibt von einem Pionierlager, wenn die Pionierhalstücher verschwinden, die Pionierlieder, die Pionierabzeichen, der Pioniergeist – und die Pioniere?

«Die Kindheit», sagte Olga. «Die Kindheit bleibt.»

Sie war die stellvertretende Leiterin der Lagerschule, eine kleine, runde Frau, deren schwarz geschminkte Augen etwas Maskenhaftes, schwer zu Lesendes hatten.

Das Schwarzmeer-Klassenzimmer der Schule war gefüllt mit Vitrinen voller Strandfunde. An der Wand hing eine große Karte, die das Meer und seine Anrainerstaaten zeigte. Die Krim gehörte, wie mir auffiel, auf der Karte noch zur Ukraine.

«Erzählt unserem Gast, was ihr über das Schwarze Meer gelernt habt.»

Zwanzig Augenpaare musterten uns. Ein Junge, dreizehn oder vierzehn Jahre alt, grinste breit.

«Dass es schwarz ist!»

Gelächter.

«Und warum», fragte Olga schneidend, «ist es schwarz?»

Ein Mädchen meldete sich.

«Bei Stürmen wird der Meeresboden aufgewirbelt, dann sieht das Wasser schwarz aus.»

«Andere Erklärungen?»

«Es kam den Griechen dunkler vor als das Mittelmeer, weil das Wasser hier nicht so durchsichtig ist.»

«Und weil hier öfter Wolken über dem Meer hängen als im Süden!»

«Weiter?»

«In irgendeiner alten Sprache heißt Schwarz so viel wie Norden. Die Leute im Süden nannten das Meer schwarz, weil es für sie im Norden lag.»

«Richtig», sagte Olga. «Nur war das nicht irgendeine Sprache, sondern Persisch.»

Ich warf ein paar Fragen ein, aber bevor das Gespräch Fahrt aufnahm, schellte die Nachmittagsklingel, und alles stürmte aus dem Raum. Für die Schüler war es der letzte Tag ihrer dreiwöchigen Schwarzmeerferien. Am nächsten Morgen würden sie zurück nach Smolensk fahren, nach Woronesch, nach Kostroma, nach Moskau, nach Perm, abgelöst von den nächsten Schülern, die sich hier bis zum Ende des Sommers die Klinke in die Hand gaben.

Als Olga mir den Rest der Schule gezeigt hatte, fuhr sie mich mit ihrem Kleinwagen über das riesige Lagergelände, vorbei an sowjetischen Wohnheimsklötzen, die ein halbes Jahrhundert nach ihrer Erbauung wie Betonmonumente des kommunistischen Scheiterns wirkten: Sie strahlten immer noch den Glauben an eine Zukunft aus, die längst vergangen war, ohne jemals Gegenwart zu werden.

«Morgen werden sie alle heulen.»

Olga lächelte.

«Den Parkplatz da drüben nennen wir den Platz der Tränen. Da enden die Ferienromanzen, wenn die Verliebten in ihre Busse steigen. Das Geflenne können Sie sich nicht vorstellen.»

Es war dunkel, als wir den Strand erreichten. Eine Abschiedsdisko war in vollem Gange. Ein paar hundert Teenager tanzten im Sand zu russischem Technopop, die jüngsten elf, die ältesten sechzehn Jahre alt. Olga und ich blieben am Rand stehen und sahen zu. Ich hatte das Gefühl, Typen wiederzuerkennen, die ich aus meiner eigenen Jugend kannte: schüchterne Eckensteher, die sich an Limoflaschen festhielten; frühreife Alpha-Typen mit abschätzigen Blicken; extrovertierte Tänzerinnen; verschämte Mauerblümchen.

Etwas abseits, wo das grelle Scheinwerferlicht nicht hinreichte, stand an der Strandpromenade ein schweigendes Paar, Seite an Seite, die Blicke aufs dunkle Meer gerichtet. Die Hand des Jungen streichelte vorsichtig den Rücken des Mädchens, mit tastenden Millimeterbewegungen, jederzeit bereit zum Rückzug, wie halb aus Versehen. Das Mädchen hielt die Arme vor der Brust verschränkt, sie reagierte nicht auf die Berührung. Dass sie lächelte, konnten nur Olga und ich sehen, nicht der Junge, vor dem sie ihr Gesicht hinter einem Theatervorhang aus blonden Haaren verbarg.

Olga folgte meinen Blicken.

«Früher haben die Erzieher solche Sachen verboten. Aber was wollen Sie machen? In dem Alter fängt nun mal die Liebe an.»

Sie war nicht mehr jung, aber als ihre Arbeit an der Schule begonnen hatte, war Orljonok bereits kein Pionierlager mehr gewesen.

«Was hat sich sonst verändert seit der Sowjetzeit?»

Sie überlegte einen Moment, bevor sie gleichgültig mit den Schultern zuckte.

«Früher war es mit Ideologie.»

«Und heute?»

«Heute ohne.»

Damit schien das Thema für sie abgehakt. Bei unserer Tour über das Feriengelände hatte sie mir ausführlich von den Sport- und Bildungsprogrammen des Lagers erzählt, die ambitioniert, aber austauschbar klangen, wie das Angebot einer beliebigen internationalen Sommerschule.

Ohne Ideologie, aber mit Liebe. Wenn der Zeitenwandel auf diese Formel zu bringen war, dann war es ein gewaltiger. Ich starrte in die jungen Gesichter und fragte mich, ob diese Generation es endlich schaffen würde, Russland aus dem Sumpf der Kränkungen, des Selbstmitleids, der Aggression zu ziehen, in dem ihre Eltern und Großeltern feststeckten.

«Olga», sagte ich. «Diese Kinder – woran glauben die, was denken sie?»

Sie drehte ihre Maskenaugen in meine Richtung. Stumm sah sie mich an, mit einem Blick, der alles und nichts bedeuten konnte. Ich hatte das Gefühl, dass ihr eine Antwort auf der Zunge lag, aber dann deutete sie nur mit einer Kopfbewegung in die Richtung des verliebten Paars.

«Sie sehen doch selbst, woran die denken.»

Und das war alles, was ich aus ihr herausbekam.

Als ich am nächsten Tag weiter in Richtung Süden fuhr, klimperten in meinem Rucksack zwei Strandfundstücke, die Olga mir im Schwarzmeer-Klassenzimmer in die Hand gedrückt hatte. Sie liegen heute Seite an Seite auf meinem Berliner Schreibtisch: ein Schneckenhaus und eine Austernschale, *Rapana venosa* und *Ostrea edulis*, die invasive Raubschnecke und ihr tragischstes Opfer. Die Austernart hat im Schwarzen Meer nur in wenigen geschützten Ecken überlebt, man trifft sie im Wasser heute so selten an, wie man am Ufer Griechen findet. Nur ihre entleerten, in Ölfarben schimmernden Schalen spült das Meer noch an die Strände, wo sie im Sand liegenbleiben wie griechische Tempelscherben, Fragmente verlassener Ruinen, die letzten Zeugnisse einer verschwindenden Schwarzmeerzivilisation.

Ein Kaukasier ohne Schnauzer

Hinter Nowomichajlowskij schraubte sich die Straße in die steiler werdenden Berge. Die Passagiere meines Busses neigten ihre Oberkörper im Rhythmus der Serpentinen nach links und nach rechts. Mir fiel hier zum ersten Mal auf, dass sich unter die slawische Bevölkerung der Ebene allmählich die Bergvölker des Kaukasus mischten. Ein paar Reihen weiter saß ein junger Mann von adlerartiger Schönheit, wie man sie in Georgien, in Tschetschenien, in Armenien findet. Ich sah mich um und entdeckte andere Passagiere mit dunklem Haar, gebogenen Nasen, dichten Brauen, langen Wimpern und jenen halb gesenkten Augenlidern, die manche Gesichter schläfrig, andere arrogant wirken lassen. Männern stand diese Physiognomie in der Regel besser als Frauen, anders als bei den Slawen, bei denen es genau umgekehrt war.

In Tuapse stieg ich in einen Zug nach Sotschi um. Es war die einzige Bahnstrecke am Schwarzen Meer, die nicht aus dem Landesinneren zur Küste führte, sondern am Meer entlang. Links der Trasse sah ich die Berge höher und höher ansteigen, während zu ihren Füßen zusehends die Vegetation wechselte. Zypressen tauchten auf, Palmen, Farne, Kakteen, Mandarinen und Zitronen, wilder Wein, üppige Schlingpflanzen, grelle Blumen. Gleichzeitig verschwanden von den Bahnhofsschildern die slawischen Ortsnamen, an deren Stelle kaukasische und turksprachige Wörter auftauchten: Gisel-Dere – Dederkoj – Schepsi – Magri – Makopse – Asche – Tschemitokwadsche – Schache – Loo – Utsch-Dere – Dagomys – Sotschi.

Sotschi! Ich stieg aus und sog den süßlichen Duft des Südens ein. Auf dem Weg ins Stadtzentrum kam ich an den alten Sommerhäusern vorbei, die sich die Adelsfamilien des Zarenreichs an der russischen Riviera bauen ließen – nicht ahnend, dass nach der Revolution die Bauarbeiter einziehen würden. Lenin übereignete die Villen den Werktätigen und ließ sie zu Sanatorien für die Industriebelegschaften der Sowjetunion umfunktionieren: In der einen Fürstenresidenz kurierten die Bergleute ihre Lungenleiden, in der anderen die Hüttenwerker ihre geschundenen Rücken. Unter Palmen erholte sich das Proletariat vom Klassenkampf – nicht ahnend, dass sich Sotschi nach der nächsten Revolution in einen Yachtclub für Russlands Oligarchen verwandeln würde. Die Stadt riecht heute förmlich nach frischem, schmutzigem Geld.

Man könnte glauben, Sotschis einzige Konstante sei die exotische Pflanzenwelt, die über alle Revolutionen hinweg das Sehnsuchtsbild der Schwarzmeer-Riviera prägte. Aber dieser Schein trog. Wie ich nun erfuhr, war in Sotschi bis ins 19. Jahrhundert hinein nur das Klima subtropisch gewesen, nicht die Vegetation.

«Denk dir die Palmen weg, die Mandarinen, die Zitronen ...»

Ein gemeinsamer Bekannter hatte mich mit einem Botaniker in Kontakt gebracht, der vor meinen Augen die Bepflanzung der Uferpromenade rodete. Fingerschnippend tilgte er die exotischen Gewächse aus meiner Wahrnehmung, wie ein Zauberer, der Kaninchen verschwinden lässt.

«... den Wacholder, die Eukalyptusbäume, die Kakteen ...»

Alles, was an der russischen Riviera als typisch und charakteristisch galt, war erst im 19. Jahrhundert hier eingeführt worden. Vielleicht, erklärte mir der Botaniker, seien die subtropischen Pflanzen ein paar Jahrtausende zuvor schon einmal an der Schwarzmeerküste heimisch gewesen, aber die letzte Eiszeit habe sie südwärts abgedrängt, und über die Trockengebiete der Türkei hinweg hatten sie später nicht aus eigener Kraft zurückkehren können. Erst die Gartenbauexperten des späten Zarenreichs hatten ihnen auf die Sprünge geholfen, indem sie den subtropischen Küstenabschnitt zwischen Sotschi und Batumi mit importierten Mittelmeergewächsen bepflanzt hatten.

Der Botaniker war in Sotschi aufgewachsen und sprach voller Wärme über die eingewanderten Bäume, in deren Schatten er seine Kindheit verbracht hatte. Erst nach unserem Gespräch fiel mir auf, dass sein Monolog in der Sache ähnlich, aber im Ton vollkommen anders klang als das, was mir wenige Tage zuvor der Meeresforscher Andrej Sazepin über die invasiven Arten des Schwarzen Meers erzählt hatte. In der Version des Botanikers war der Mensch ein weiser Gärtner, der Lücken in Gottes Schöpfung schloss, indem er Arten gezielt dorthin verpflanzte, wo sie am besten gediehen. In der Version des Meereskundlers zerstörte der Mensch seine Lebensgrundlagen, indem er Arten dort einwandern ließ, wo sie nicht hingehörten und nur Schaden anrichteten.

Ich wurde das Gefühl nicht los, dass sich beide Migrationsgeschichten auch mit umgekehrten Vorzeichen erzählen ließen: Mit der Rapana-Schnecke hatte sich der Mensch eine neue Nahrungsquelle im Schwarzen Meer erschlossen; die eingeschleppten Mittelmeerpflanzen hatten die vorhergehende Vegetation der Schwarzmeerküste verdrängt. Wie man es auch drehte, mir schien, dass Menschen, ob Wissenschaftler oder nicht, die Wanderungen von Bäumen oder Schnecken in erster Linie nach ihrem Nutzen für sich selbst beurteilten.

Ganz zu schweigen von den Wanderungen ihrer Mitmenschen. Auch diese Geschichte war im Lauf der Jahrhunderte immer wieder mit wechselnden Vorzeichen erzählt worden. Die Politik des Imperialismus war die gezielte Vermischung von Völkern; die Politik des Nationalismus war ihre gewaltsame Entmischung. Beides war den Menschen eine Zeitlang so sinnvoll und natürlich vorgekommen, wie es ihnen später falsch und widernatürlich erschien – und beides hatte drastische Folgen für die Bevölkerungsstruktur der Schwarzmeerküsten gehabt. Nicht wenige Völker hatten das Pech gehabt, ein erstes Mal unter imperialen Vorzeichen und später noch einmal mit nationaler Begründung verpflanzt zu werden. Manche, wie die Pontosgriechen, hatten das dreifache Pech, in der Sowjetunion zusätzlich Stalins gärtnernder Hand zum Opfer zu fallen, die Menschen nach ganz eigenen Kriterien umtopfte. Manche hatten generationsübergreifend Pech, als sie nach dem Ende der Sowjetära in die Länder auswanderten, aus denen in ferner Vorzeit ihre Ahnen geflohen oder vertrieben worden waren – nur um dort erneut als Fremdgewächse wahrgenommen zu werden, weil wieder einmal der Blickwinkel gewechselt hatte, unter dem wandernde und stillsitzende Menschen einander beäugten.

Im Stadtmuseum von Sotschi stieß ich auf ein altes Propagandaplakat, das Stalins Einfluss auf die Klassenzusammensetzung der Sowjetunion rühmte. Zwischen 1913 und 1937, hieß es da, sei der Anteil der Arbeiter und Kolchosbauern (sprich: erwünschte Elemente) von 16,7 auf 90,2 Prozent der Bevölkerung gestiegen, während der Anteil der Bourgeoisie und Großbauern (sprich: Klassenfeinde) von 15,9 auf 0,0 Prozent gesunken sei. In Worten: null Komma null. Stalins grüner Daumen hatte den sowjetischen Garten komplett von Unkraut befreit.

Im Hafen von Sotschi steuerte ich das Kassenhäuschen an. Acht von neun Fenstern waren verbarrikadiert. Hinter dem neunten saß eine ältere Verkäuferin, die mir sagte, dass sie keine Fahrkarten verkaufte, weil es keine Passagierschiffe gab, für die sie Fahrkarten verkaufen konnte. Alle Schwarzmeerverbindungen waren in den nachsowjetischen Jahren gestrichen worden, nur nach Batumi an der georgischen Küste fuhr noch ein Schnellboot, aber auch das nur in den Hochsommermonaten.

«Wir haben jetzt Kapitalismus», sagte die Verkäuferin. «Es lohnt sich nicht mehr.»

Die gleichen Sätze hatte ich zwei Wochen vorher im Hafen von Noworossijsk gehört. Der Seeverkehr im Schwarzen Meer schien nicht in seiner blühendsten Phase zu sein.

Grübelnd verließ ich den Hafen. Dass das Schnellboot nach Batumi noch nicht fuhr, stellte mich vor ein Problem. Südlich von Sotschi lag das Separatistengebiet Abchasien, einer der politisch vertrackteren Küstenabschnitte. Die Abchasen hatten sich 1992 von Georgien losgesagt und betrachteten ihre kleine Schwarzmeerrepublik seitdem als unabhängigen Staat. Offiziell taten das auch die Russen, die den Landstrich inoffiziell so gut wie annektiert hatten. Für die Georgier dagegen war Abchasien nach wie vor ein Teil Georgiens. Deshalb konnte ich nicht von Norden ins Separatistengebiet einreisen: Die Georgier hielten Grenzübertritte von russischer Seite für illegal und würden mich am südlichen Ende nicht wieder ausreisen lassen. Ich musste Abchasien erst umrunden, um das Gebiet von georgischer Seite aus anzusteuern und es auf demselben Weg wieder zu verlassen.

Da das Boot nicht fuhr, buchte ich einen Flug nach Georgien, in die Hauptstadt Tbilisi. Der Flughafen von Sotschi lag südlich der Stadt, nicht weit weg von der russisch-abchasischen Grenze. Am Tag meiner Abreise nahm ich mir Zeit für einen Abstecher.

Der Grenzzaun teilte einen abgelegenen Kieselstrand. Bis auf eine Familie, die auf der russischen Seite picknickte, war das Ufer menschenleer. Eine Betonplattform ragte ins Wasser, der Zaun endete abrupt in den Wellen. Als ich mich der Grenzanlage näherte, sah ich im Fenster eines Wachturms kurz den Kopf eines russischen Soldaten auftauchen, der mir einen gleichgültigen Blick zuwarf, bevor er sich wieder zurückzog. Auf der abchasischen Seite endete der Kieselstrand vor einer Felswand, die steil ins Meer stürzte.

Lange starrte ich die unsichtbare Linie an, die in der Verlängerung des Zauns das Wasser teilte. Nie war mir eine Grenze so sinnlos vorgekommen. Vielleicht, weil die Fische sie so ungehindert überqueren konnten. Vielleicht, weil die Grenze zwischen Land und Wasser so viel existenzieller wirkte als die zwischen Land und Land. Vielleicht, weil mich meine Reise gelehrt hatte, dass die Grenzen, die sich zwischen Völkern ziehen lassen, im besten Fall fließende sind.

Der Taxifahrer, der mich vom Strand zum Flughafen brachte, war ein alter Armenier. Er trug eine dunkle Pilotenbrille und hatte einen wunderbaren Walrossschnauzbart – weiß wie Schnee, dicht wie ein Maulwurfspelz, drahtig wie Igelstacheln.

Er fragte mich, wo ich herkam. Kaum hatte ich «Berlin» gesagt, begann sein Monolog.

«Deutschland, da habe ich gedient! Damals, in der DDR, als die verdammte Sowjetarmee noch bei euch stationiert war. Ich hatte da eine Sabine, in Deutschland. Herrje, war das eine Frau! Wir wollten heiraten, aber die verdammten Kommissare sagten: Nichts da, keine Verbindungen zu Deutschen. Sie versetzten mich auf eine andere Basis, zweihundert Kilometer entfernt. Danach hatte ich genug von der elenden Sowjetunion und ihrer verfluchten Armee, ich trat in Streik. Zehn Ärzte ließen sie kommen, um mich für verrückt zu erklären, aber keiner traute sich. Stattdessen steckten sie mich in den Karzer. Als ich rauskam, sagte der Hauptmann: Rasier dir endlich den verdammten Schnauzer ab! Ich sagte: Niemals, der Schnauzer ist mein Stolz und meine Ehre – ein Kaukasier ohne Schnauzer ist wie ein Kaukasier ohne Schlüpfer! Das brachte mir wieder zehn Tage Karzer ein. Als ich rauskam, sagte der Hauptmann: Also gut, wenn du dich nicht selbst rasierst, rasierst du ab jetzt den Rest der Truppe – mit mir kannst du anfangen, schneid mir die Haare! Ich nahm die Schere und raspelte ihm jedes verdammte Haar vom Kopf, ich rasierte ihn ratzekahl, den Päderasten! Das hatte er davon, dass er mir meine Sabine weggenommen hatte! Alle lachten über seine Glatze. Das gab wieder zehn Tage Karzer. Meine Sabine habe ich vierzig Jahre lang nicht gesehen. Dann habe ich ihr einen Brief geschrieben, letztes Jahr war das. Ihre Adresse hatte ich nicht vergessen, sie wohnte immer noch dort. Hat zwei Kinder inzwischen, der Mann ist bei einem Unfall gestorben. Dieses Jahr hat sie mich besucht. Hat ihr gefallen hier im Kaukasus, und nächstes Jahr ...»

«ACHTUNG!»

Mein Schrei kam zu spät. Wir rasten auf eine Schranke zu, die die Zufahrt zum Flughafen versperrte. Ich riss die Arme vors Gesicht und hörte ein lautes Krachen, als das Auto den Balken beiseitefegte. Der Armenier hatte ihn nicht kommen sehen – vielleicht wegen der Sonnenbrille, vielleicht wegen Sabine.

Quietschend kam das Auto zum Stehen.

«Verdammt!»

Der Armenier stieg aus und begutachtete seine Motorhaube. Wundersamerweise war sie unbeschädigt, nur die Windschutzscheibe hatte einen winzigen Kratzer abbekommen. Die Schranke zeigte schief in den Aprilhimmel, der Aufprall hatte sie aus den Angeln gehoben. Daneben stand der Parkscheinautomat, vor dem wir hätten bremsen sollen. Eine hektisch surrende Überwachungskamera verrenkte sich den Hals, um den Quell des Unglücks auszumachen. Vergeblich versuchten wir, die Schranke wieder einzuhängen. Nach ein paar Versuchen brach der Armenier in Gelächter aus und versetzte dem Balken einen Tritt. Dann drehte er sich in Richtung Kamera und schüttelte seine geballte Faust.

«Stell dich niemals einem Kaukasier in den Weg!»

Georgien

Schawi sghwa / შავი ზღვა

O hätte, Fremdling, das Meer dich verschlungen,
bevor du nach Kolchis gekommen.

Apollonios von Rhodos,
«Die Argonauten», 3. Jh. v. Chr.

Die Diebe von Poti

Russland und das Meer verschwanden unter dichten Wolken. Eine knappe Stunde lang zog das Flugzeug südostwärts, exakt dem Kamm des Kaukasusgebirges folgend, dessen schneebedeckte Gipfel ich von oben durch die lückenlos weiße Wattedecke ragen sah: Berge, höher als der Himmel.

Nach einer kurzen Nacht in Tbilisi stieg ich morgens in einen Zug, der mich zurück an die Küste brachte. Die sechsstündige Fahrt führte quer durch jene überwältigende Berglandschaft, von der ihre Einwohner gerne erzählen, dass Gott sie ursprünglich als Refugium für sich selbst geschaffen hat, doch als er alle übrigen Flecken der Erde schon an andere Völker verteilt hatte, waren plötzlich die Georgier aufgetaucht, die im Weinrausch die Verteilungszeremonie verschlafen hatten, weshalb Gott nichts anderes übrig blieb, als das schönste aller Länder dem trinkfreudigsten aller Völker zu schenken.

Einer meiner Sitznachbarn im Zug erzählte mir diese Geschichte, ein alter georgischer Bauer mit einem breiten, nahezu zahnlosen Grinsen. Ich musste genau hinhören, um das vernuschelte Russisch zu verstehen, mit dem er die lange und ruhmreiche Geschichte seines Volks vor mir ausbreitete. Wusste ich, dass die Georgier den Weinbau erfunden hatten? Dass ihr wunderliches Alphabet eines der ältesten der Welt war? Hatte ich gehört, dass sie früher als alle anderen Völker das Christentum zur Staatsreligion erhoben hatten? War mir klar, dass die Russen noch in Höhlen gelebt hatten, als die Georgier längst Kathedralen bauten, Choräle komponierten, Epen schrieben? Ich musste später oft an das ramponierte Lächeln des Bauern denken, wenn ich versuchte, die statistischen Härten des Lands mit seiner gefühlten Großartigkeit in Einklang zu bringen. Ich wusste, dass seit dem Ende der Sowjetzeit mehr als eine Million Georgier auf der Suche nach Arbeit in Richtung Russland oder Westeuropa abgewandert waren und dass die verbliebenen vier Millionen zu den ärmsten Bewohnern des europäischen Ostens gehörten. Aber wie schon bei früheren Reisen fiel es mir auch diesmal schwer, Georgiens abstrakte Armut in der Realität hinter den Zugfenstern wiederzuerkennen. Zwischen steilen Felshängen schlängelten sich die Gleise durch Täler von einem so unwirklich intensiven Grün, dass es mir schien, als müssten die Bauern ihre Saat hier nur aus den Hosentaschen rieseln lassen, um ohne weiteres Zutun üppigste Ernten einzubringen. Glasklare Gebirgsflüsse strömten neben der Bahntrasse her, an den Ufern weideten fette Kühe, Schafe, Ziegen, Schweine, Gänse. Im Gras liegende Hirten sahen lächelnd dem Zug hinterher, als könnten sie die Eile nicht begreifen, mit der manche Menschen durch ihre idyllische Heimat hetzten.

Es schmerzte die Georgier nicht wenig, dass ihnen mit Abchasien einer der paradiesischsten Winkel ihres Lands abhandengekommen war. In der subtropischen Küstenregion waren in den späten Sowjetjahren lange unterdrückte Feindseligkeiten zwischen Abchasen und Georgiern zum Bürgerkrieg eskaliert. Russland hatte verdeckt die Separatisten unterstützt, die im Juli 1992 eine abchasische Republik ausriefen. Als das georgische Militär geschlagen abzog, weinten beide Seiten um mehrere tausend Tote. Eine Viertelmillion Menschen, etwa die Hälfte der damaligen Bevölkerung Abchasiens, hatte fliehen müssen, die meisten von ihnen Georgier. Kaum ein Land der Erde hatte Abchasiens Unabhängigkeit anerkannt, aber Russland ließ es sich bis heute einiges kosten, die kleine Schwarzmeerrepublik am Leben zu erhalten.

Der Krieg lag jetzt fast drei Jahrzehnte zurück, aber noch immer sprachen die Georgier mit mahlenden Kiefern über den Verlust Abchasiens. In Tbilisi hatte ich am Vorabend einen Georgier kennengelernt, der in Suchum aufgewachsen war, der abchasischen Hauptstadt. In der Endphase des Kriegs, kurz nach seinem neunzehnten Geburtstag, hatte die georgische Armee ihn ein Bataillon kommandieren lassen, das die fliehende Zivilbevölkerung vor Übergriffen schützen sollte.

Er schüttelte düster den Kopf.

«Du willst die Sachen nicht hören, die ich gesehen habe.» Es klang so eindringlich, dass ich es glaubte. Er war nie wieder in Abchasien gewesen. Wie sich die Region seit dem Abzug der Georgier entwickelt hatte, wusste er nur vom Hörensagen, aber als ich erwähnte, dass ich auf dem Weg dorthin war, malte er es mir – und sich selbst – in den düstersten Farben aus. Es klang, als wollte er sich davon überzeugen, dass seine alte Heimat Barbaren in die Hände gefallen war, um besser mit ihrem Verlust leben zu können.

«Die eine Hälfte der Bevölkerung ist kriminell, die andere drogenabhängig. Pass bloß auf dich auf dort.»

Nach Westen hin senkte sich die Bahntrasse hinab ins flache Schwarzmeervorland. Als der Zug in Poti die georgische Küste erreichte, stieg ich in einen Bus nach Norden um und stand kurz darauf wieder vor einer sinnlos wirkenden Seegrenze, diesmal am Südrand der Separatistenrepublik. Ein niedriger, an windschiefe Stöcke geknüpfter Stacheldrahtzaun zog sich quer über den Sandstrand bis ins Meer. Auf der anderen Seite stand ein Wachturm. Ein georgischer Grenzpolizist lehnte am Fuß der Leiter. Als ich ihm zuwinkte, schlenderte er langsam in meine Richtung. Über den Stacheldraht hinweg reichten wir uns die Hände.

Der Polizist war jung und gelangweilt. Er hatte viel Zeit gehabt, über die seltsame Grenze nachzudenken, die er hier bewachte, und war offenbar froh, seine Gedanken mit jemandem teilen zu können. Mit dem Daumen deutete er auf einen zweiten Wachturm, der in ein paar hundert Metern Entfernung zu erkennen war.

«Da hinten stehen die Russen. Haben unser Land besetzt. Warum?

Mongolenblut. Dreihundert Jahre lang wurden sie von den Mongolen beherrscht, bis sie am Ende selbst zu Mongolen geworden sind. Jetzt können sie nicht aufhören, andere Länder zu erobern.»

Verächtlich spuckte er in den Sand.

Als ich ihn fragte, wie lange wohl noch ein Zaun diesen Strand teilen würde, zuckte er mit den Schultern.

«Gott weiß es. Aber nicht für immer. Schau dir den Lauf der Geschichte an. Das Mongolenreich: untergegangen. Das Römische Reich: verschwunden. Euer Nazi-Reich: weg. Sie halten nicht ewig, diese Imperien. Auch das da drüben wird verschwinden.»

Als er hörte, dass ich plante, nach Abchasien zu fahren, zog er eine Augenbraue hoch.

«Sei bloß vorsichtig. Da sind jede Menge Kriminelle unterwegs. Und der Rest ist ...»

«... drogenabhängig?»

«Genau.»

Meine größere Sorge aber war vorläufig die Einreisegenehmigung, die ich für das Separatistengebiet brauchte. Das «Ministerium für Auswärtige Angelegenheiten der Republik Abchasien» schickte mir seit Tagen kryptische E-Mails und bat um Nachbesserungen in meinem Visaantrag. Als sich abzeichnete, dass der Prozess länger dauern würde als geplant, entschied ich, fürs Erste an der georgischen Küste zu bleiben.

Ich fuhr zurück in die Hafenstadt Poti, das alte Phasis der Antike, in der Argonautensage besungen als Ende der Welt. Hierher, ins Reich der Kolchis, war einst Jason aufgebrochen, um das Goldene Vlies heimzuholen.

Die rot-weiß gestreifte Silhouette eines Leuchtturms überragte die Stadt, gebaut 1862 von einem Londoner Ingenieurbüro namens Easton Amos & Sons, ausgestattet mit einer Lichtanlage des Pariser Feinmechanikers Henry Lepaute, später elektrifiziert von einem namenlosen Sowjetkombinat aus Sewastopol. Der Leuchtturmwärter, ein kaum dreißigjähriger Mann namens Dschekati, war der einzige schweigsame Georgier, der mir je begegnet war. Gemeinsam erklommen wir die eiserne Wendeltreppe und sahen von oben auf die Mündung des Rioni hinab. An der verwaschenen Grenze zwischen Süß- und Salzwasser jagte ein Dutzend Delfine nach Fischen. Ich versuchte mir vorzustellen, wie ein paar tausend Jahre zuvor die Argo aus dem Meer in den Fluss geschwenkt war, um unbemerkt ins Innere der Kolchis zu gelangen – gereffte Segel, lautlos eingetauchte Ruder, geflüsterte Kommandos, nervöse Blicke. Dschekati nickte wortlos, als ich ihm meine Gedanken schilderte. Wer in diesem Land schweigsam leben will, dachte ich, der kann sich nur auf einen Leuchtturm zurückziehen.

Die Stadt bestand aus langen, schnurgeraden Straßen, die im Südwesten vor der Küste endeten und nach Nordosten hin auf die Berge zuliefen. An ihren Rändern standen zweistöckige Steinhäuser mit quadratischen Grundrissen und zeltförmigen Blechdächern, wie sie mir überall an der georgischen Küste begegneten. Vor der Kulisse der schneebedeckten Gipfel sah ich immer wieder Männer durch die Straßen laufen, die lebensgroße Porzellanfiguren vor sich hertrugen: Schäferhunde, Leoparden, Meerjungfrauen. Sie boten sie Passanten an, offenbar ohne großen Erfolg, denn bis zum Ende meines Aufenthalts sah ich sie mit den immer gleichen Figuren durch Poti ziehen. Ich fragte mich, ob sie eine Schiffsladung loswerden wollten, die im Zoll hängengeblieben war, bis mir jemand erklärte, dass die Porzellanfiguren in Stalins Geburtsstadt Gori hergestellt und überall im Land von fliegenden Händlern verkauft wurden. Vor meinem inneren Auge füllte sich ganz Georgien mit wandernden Schäferhunden, Leoparden, Meerjungfrauen.

Am Tag meiner Ankunft sprach mich auf dem Weg durch ein Wohnviertel eine alte Frau auf Russisch an.

«Bist du mit einem Schiff gekommen?»

Das war offenbar der übliche Weg, auf dem Ausländer hier landeten. Die Frau saß auf einer Holzschaukel im Vorgarten ihres Hauses. Ich schüttelte den Kopf und fragte sie, wie das Leben in Poti sei. Sie hob müde die Schultern.

«Es gibt keine Arbeit. Niemand hat Geld. Alle wollen weg.»

Leise quietschend schwang die Schaukel vor und zurück. Ein Blätterdach aus wildem Wein überspannte den Vorgarten und zersiebte das Sonnenlicht zu goldenen Flecken. Die alte Frau trug ein geblümtes Kopftuch. Glücksrunzeln spielten um ihren Mund und die Augen, ihr Gesicht sah aus, als habe es seit Jahrzehnten ohne Pause gelächelt. Es war wieder einer dieser georgischen Momente, in denen das, was ich hörte, nicht zu dem passte, was ich sah.

Aus einem benachbarten Garten rief eine Männerstimme ein paar Sätze auf Georgisch in unsere Richtung.

Die alte Frau deutete auf die Hecke, hinter der ich die Stimme vermutete.

«Sie laden dich zum Trinken ein.»

Ich zögerte einen Moment.

«Nur zu, das sind Verwandte. Gute Menschen.»

Das war, wie sich herausstellte, wahr und unwahr zugleich. Die vier Männer hinter der Hecke waren eine sehr gastfreundliche Bande von Dieben.

Ihr Anführer war ein Mann um die sechzig, den die anderen Onkel Batschugi nannten. Sein kahler Kopf war ausdrucksstark wie der eines Stummfilmschauspielers. Im Normalzustand wirkte er heiter, aber Batschugi war in der Lage, mit minimalen Gesichtsverdüsterungen blitzartig die Runde zum Schweigen zu bringen.

Die vier machten kein Geheimnis daraus, auf welcher Seite des Gesetzes sie standen, auch wenn sie die Details für sich behielten. Als die Trinksprüche begannen, erhoben wir unsere Gläser mehr als einmal auf ehemalige Bandenmitglieder, die offenbar bei Dienstunfällen aus dem Leben geschieden waren.

«Auf meinen Bruder! Er war ein großer Dieb!»

Der Jüngste in der Runde, ein schwarzgelockter Schönling namens Sandro, hatte anders als die anderen in der Schule kein Russisch mehr gelernt. Stattdessen bestand er darauf, mir das Geschehen ins Englische zu übersetzen.

«Uncle Batschugi wants to drink with you.»

Ich nickte.

«A lot.»

Ich nickte etwas vorsichtiger.

«Can you drink very much?»

Ich wackelte unbestimmt mit dem Kopf.

Batschugi fraß schnell einen Narren an mir, aus Gründen, die mir verborgen blieben.

«Ich sehe, dass du ein guter Mensch bist», erklärte er wiederholt.

Mir schien, dass ihm Banditenweisheiten auf der Zunge brannten, die er gerne einem Schriftsteller anvertrauen wollte. Möglicherweise hatte seine Zuneigung auch mit dem selbstgebrannten Tschatscha zu tun, den die vier aus einem Fünzig-Liter-Fass in der Garage zapften. Es war georgischer Weinbrand, der wie Grappa schmeckte, aber von den Dieben wie Wodka getrunken wurde: in einem Zug. Jedem Glas gingen epische, aus überquellendem Herzen geschöpfte Trinksprüche voraus, die manchmal Minuten dauerten, aber auch sehr abrupt enden konnten, wenn Batschugi ungeduldig eine Augenbraue hob.

Der Tschatscha löschte fast alles aus meiner Erinnerung, was die Diebe mir im Lauf des Nachmittags anvertrauten. Nur noch vage konnte ich mich am nächsten Tag daran erinnern, dass Batschugi über die Kriege zwischen Georgien und Russland gesprochen hatte, aus denen er sich und seine Bandenmitglieder stets herausgehalten hatte.

«Jeder weiß, dass Batschugi kämpfen kann, aber mit Kriegen will ich nichts zu tun haben.»

Irgendwann fing ich an, mein Tschatscha-Glas unbemerkt unter der Tischplatte auszukippen, bevor ich es an den Mund führte – eine Technik, die mir in Russland oft das Leben gerettet hatte. Beim dritten Mal machte ich mir plötzlich Sorgen, ob unter Dieben auf solche Schummeleien womöglich die Todesstrafe stand. Ich war erleichtert, als Batschugi nach ein paar weiteren Gläsern schwankend aufstand und das Gelage für beendet erklärte. Er zog meinen Kopf an sich und drückte mir einen langen Freundschaftskuss auf die Wange, bevor er ins Haus wankte. Sekunden später drang durch die Fenster markerschütterndes Schnarchen.

Lexikon des Schwarzen Meers, Eintrag 2: *Engraulis encrasicolus*

Die Fischtrawler im Hafen von Poti waren schwere, dickwandige Modelle aus der Sowjetzeit, die im Kalten Krieg so konstruiert worden waren, dass sich ihre Netzwinden im Ernstfall mit wenig Aufwand demontieren und durch Maschinengewehre ersetzen ließen. Nur zwei Boote aus türkischer Herstellung waren kleiner und leichter als der Rest: die «Argo» und die «Kolkhi», die beide demselben Eigner gehörten, offenbar einem Liebhaber der griechischen Sagenwelt.

Auf der Brücke der «Kolkhi» saß ich am letzten Nachmittag des Aprils zwischen vier georgischen Fischern und einer schwarz-weißen Bordkatze namens Potswa. Das Schiff lag vertäut im Hafen. Obwohl die Fenster stumpf von Salzwasser und Zigarettenrauch waren, musste ich die Augen zusammenkneifen, wenn ich aufs Meer hinaussah, das unter einem wolkenlosen Himmel in der Sonne glänzte. Potswa, die Katze, döste auf einer zerschlissenen Wolldecke. Die Fischer, Männer mit Gesichtern, denen man den direkten Kontakt mit den Elementen ansah, saßen rauchend im Kreis, der alte Kia rittlings auf dem Steuersessel, Alik, Torma und Awto auf der Bank neben der Katze. Das Kling-klang-Geräusch schlackernder Leinen lag in der Luft. Es war nahezu windstill, nur ein sanftes Schaukeln ließ den Horizont hinter dem Fenster auf und ab steigen. Träge knarzte die «Kolkhi» in den Seilen.

«Das schlechteste Schiff im Hafen», witzelte Alik, der Kapitän. Die vier hätten längst ein neues gekauft, ein eigenes, größeres, aber die Bank gab ihnen keinen Kredit. Es war kein Geld im Fischgeschäft, jedenfalls nicht in Georgien. Alik und die anderen führten sechzig Prozent ihrer Tagesumsätze an den Schiffseigner ab, den Rest teilten sie unter sich auf. Wenn sie das Benzin abzogen, blieben für jeden oft nur zehn Lari am Tag, knapp drei Euro.

«Die Jüngeren arbeiten für solche Löhne nicht», sagte Alik. «Das machen nur Idioten wie wir, die ihre Arbeit lieben.»

Alik hatte mich aufgegabelt, als ich vor dem Hafentor neugierige Blicke auf die Fischerboote geworfen hatte. Es kam nicht oft vor, dass Ausländer in Poti auftauchten, die sich für Schiffe interessierten, denn die wenigen Ausländer, die hier auftauchten, tauchten mit eigenen Schiffen auf. Mit dem Dienstausweis eines Kollegen hatten mich die Fischer an den Hafenwächtern vorbeigeschmuggelt, um mir die «Kolkhi» zu zeigen.

Die Fischsaison hatte gerade geendet. Ab Mai war Schonzeit, die Fische laichten, zwei Monate lang durfte nichts gefangen werden. Die Fischer nutzten die Zeit, um die Löcher in ihren Netzen zu flicken, die Löcher in ihren Kleidern, ihren Häusern, ihren Autos, in den Herzen ihrer Familien. Erst im Juli ging das Geschäft wieder los, langsam, mit Barschen, Makrelen, Meerbarben, bis im November vor der georgischen Küste endlich wieder die Fische auftauchten, auf die hier alle warteten.

Engraulis encrasicolus.

Khapschia auf Georgisch, Hamsi auf Türkisch, Chamsa auf Russisch.

Die Sardellen des Schwarzen Meers.

Es sind winzige Fische, zehn bis fünfzehn Zentimeter lang, aber die riesigen, dichten Schwärme, in denen sie sich bewegen, können mehrere tausend Tonnen wiegen. Sie laichen im Juni in den flachen Ufergewässern vor Odessa und brechen von dort zu ihrer langen, stets dem gleichen Muster folgenden Küstenumkreisung auf. Gegen den Uhrzeigersinn, den Oberflächenströmungen des Meers folgend, schwimmen sie die rumänischen und bulgarischen Strände entlang, passieren den Bosporus, folgen der nordtürkischen Küste. Bis zu zwanzig Kilometer am Tag legen sie zurück, während sie Plankton aus dem Wasser filtern und sich daran fett fressen. Es ist Winter, wenn die ausgewachsenen Fische die südöstliche Ausbuchtung des Meers erreichen, wo sie von November bis ins Frühjahr hinein zu Milliarden aus dem Wasser geholt werden, von türkischen, georgischen, russischen, ukrainischen Fischern. Der Teil der Schwärme, der den Netzen entgeht, zieht weiter, vorbei an Russland und der Krim, bis die Sardellen nach knapp einem Jahr ihren Ausgangspunkt in der Bucht von Odessa erreichen. Nach dem Laichen beginnt ihr Zirkeltanz von neuem. In guten Jahren schiebt sich die unvorstellbare Masse von einer Million Tonnen *Engraulis encrasicolus* im Kreis um die Küste.

Mehr als alles andere waren es die Sardellen, die im Altertum die griechische Kolonisierung des Schwarzen Meers in Gang setzten. Wenn Jason in der Argonautensage einem goldgetränkten Widderfell nachjagt, ahmt er literarisch veredelt die Fischzüge nach, die seine Landsleute an den Barbarenrand der Welt führten. In den griechischen Handelsstädten rund um das Schwarze Meer wurden Berge von Sardellen getrocknet, gesalzen und in Amphoren abgefüllt. Frachtschiffe transportierten die Fische in die Ägäis, zusammen mit Metallen aus dem Kaukasus, Holz aus den waldreichen Gebirgen an der Südküste und Getreide aus dem Hinterland der Schwarzmeerkolonien.

Eine Spur der Sardellen zieht sich durch die pontische Geschichte.

Evliya Çelebi, der im 17. Jahrhundert alle Winkel des Osmanischen Reichs durchkämmte, widmet ihnen ein ganzes Kapitel in seinem legendären «Buch der Reisen». Die Hamsi-Liebe seiner Landsleute, schreibt Çelebi dort, kenne keine Grenzen. Wenn etwa im Hafen von Trabzon die Fischer mit einem Trompetenstoß signalisierten, dass Sardellen verkauft würden, beende jeder Mann sein Gebet, das Dampfbad oder auch den Liebesakt, um in dem, was er gerade am Leib trage, und sei es nichts, den Fischen entgegenzueilen. «Sogar die Imame und Muezzins unterbrechen ihre Rituale. Gebete sind für immer, sagen sie, aber Hamsi ist nicht für immer ... Die stimulierende Wirkung des Fischs ist derart, dass ein Mann, wenn er ihn sieben Tage isst, zu seiner Frau gehen und siebenmal in jeder Nacht seinen eigenen Fisch verschlingen lassen kann. Hamsi belebt, ist leicht zu verdauen, hinterlässt keinen üblen Geruch und verursacht keine erhöhte Temperatur. Er heilt Typhus. Hat jemand Schlangen und Skorpione im Haus, kann er Hamsi-Köpfe verbrennen und das Haus damit räuchern, denn der Geruch tötet alles Gewürm. Dieser Fisch hat Hunderte von Nutzarten und Heilwirkungen.»

Bis heute werden über den Sardellenhunger der Schwarzmeertürken im ganzen Land Witze gerissen. Aber auch an den übrigen Küsten wird der Fisch geliebt. Im Hafen von Noworossijsk sah ich ein Denkmal für die Sardelle, die silbrige Metallnachbildung eines wimmelnden Fischschwarms. «Gewidmet den Sardellen des Schwarzen Meers von den dankbaren Noworossijskern», stand auf dem Sockel. «In den hungrigen Kriegsjahren halfen uns die Chamsa-Fänge beim Überleben.»

Auch an Bord der «Kolkhi» dauerte es nicht lange, bis wir bei den Sardellen landeten. Alik und die anderen Fischer waren nicht gut auf ihre Kollegen aus der Türkei zu sprechen. Genauer gesagt waren sie nicht gut auf die georgischen Behörden zu sprechen, die den türkischen Fischern die besten Fanglizenzen verkauften, weil sie mehr zahlen konnten als die Georgier. Im Winter kreuzten die Türken mit ihren riesigen Schiffen vor der georgischen Küste auf und grasten das Meer ab. Die «Kolkhi» durfte mit ihrer Lizenz nur sechs Meilen weit hinausfahren, und es kam vor, dass Alik und die anderen aus der Ferne zusehen mussten, wie die Türken weiter draußen reiche Fänge an Bord hievten, während sie selbst mit halbleeren Netzen nach Poti zurückkehrten.

Potswa, die Katze, döste immer noch auf der Brückenbank, als wir die «Kolkhi» verließen. Auf dem Weg in die Stadt kauften wir zwei Flaschen Cognac und schauten bei einem alten Seemann vorbei, der alleine in einem Zimmer am Hafen wohnte. Padri war groß und breit und schüchtern. Er hatte riesige Schaufelhände, von denen er nach siebzig Lebensjahren immer noch nicht wusste, was er außerhalb der Arbeit mit ihnen anstellen sollte. Sie hingen steif neben seinem Körper, wie ausrangierte Werkzeuge.

Padri, der keine Familie hatte, war vor ein paar Jahren in Rente gegangen, aber seine georgische Fischerrente reichte nicht weit. Im Zimmer bröckelte der Putz von der Decke, aus den Löchern ragten rötliche Metallstangen. Die Fischer tranken und sangen georgische Lieder. Je mehr sie tranken, desto lauter sangen sie, und je lauter sie sangen, desto nervöser musterte ich die bröckelnde Decke.

Später unterhielt ich mich mit dem alten Kia. Er erzählte mir, dass er Leichtathlet gewesen war, bevor er angefangen hatte, als Fischer zu arbeiten.

«Ich war der viertschnellste Läufer der Sowjetunion.»

Bei einer Meisterschaft hatte er es 1987 auf den vierten Platz im Hundert-Meter-Lauf gebracht. Vielleicht wäre er noch besser geworden, wenn nicht der Unfall gewesen wäre. Einer seiner Freunde, ein Stabhochspringer, hatte bei einem Wettkampf den allerletzten Platz belegt. Kia wollte ihn aufheitern. Mensch, rief er, das kann ja sogar ich besser! Er schnappte sich den Stab des Freunds und rannte los, ohne irgendwelche Erfahrung im Hochsprung. Vor der Matte rammte er die Stange in den Boden. Sie bog sich, Kias Füße lösten sich vom

Boden, die Stange streckte sich, Kia flog – aber leider in die falsche Richtung. Statt auf der Matte zu landen, schlug er hart auf der Laufbahn auf. Alle lachten, als er vom Platz getragen wurde. Auch Kia erzählte mir die Geschichte grinsend, als sei sie das Komischste, was ihm je passiert war, obwohl sie seine Läuferkarriere abrupt beendet hatte.

Bevor er Fischer geworden war, hatte er eine Weile als Fernfahrer gearbeitet und mit seinem Lkw gegen Ende der Sowjetzeit halb Sibirien durchquert. «Da gibt es Gegenden, wo du in der Dunkelheit tagelang kein Licht siehst. Nirgends! Kein Schwein lebt da! Die Russen haben mehr Erde, als sie bewohnen können, aber uns Georgiern müssen sie noch welche wegnehmen!»

Als sich die Runde zerstreute, nahm Alik, der Kapitän, mich mit nach Hause. Er lebte nördlich des Hafens in einem kleinen, zweistöckigen Haus, das er mit seinem Zwillingsbruder Batscho selbst gebaut hatte. Die obere Etage war noch nicht fertig – ein paar Fenster fehlten, die Außenwände waren unverputzt. Den Brüdern war beim Bauen das Geld ausgegangen. Sie hofften, dass die nächste Sardellensaison genug abwerfen würde, um weitermachen zu können.

Aliks Bruder hatte einen vierzehnjährigen Sohn, der für Real Madrid brannte. Er war mit Aliks sechzehnjährigem Sohn verfeindet, der für Barcelona brannte. Auch die beiden Frauen und die Eltern der Zwillingsbrüder lebten im Haus. Der alte Vater saß mit Kopfhörern vor einem Computer und rauchte selbstgedrehte Zigaretten, die er in ein langes Mundstück steckte. Auch er hatte früher als Fischer gearbeitet, an Bord der «Argo», die ich im Hafen gesehen hatte. Seit seiner Pensionierung verbrachte er seine Tage damit, sich im Internet Amateurvideos von Hochseefischern anzusehen.

Seine Frau erzählte mir von den alten Zeiten in Poti.

«Unter den Sowjets ist hier jeder Zweite zur See gefahren.»

Das war erkennbar lange her. Ihre beiden Enkel interessierten sich nicht für Fische. Abwechselnd versuchten sie, den Großvater vom Computer wegzulocken, um zu Fußballvideos zu wechseln, aber der Großvater blieb stur.

Wir aßen geräucherte Sardellen. Alik brachte mir bei, wie man sie ausnimmt: Man knickt den Kopf ab und setzt das spitze Fischmaul wie ein Messer ein, um der Sardelle mit ihrer eigenen Schnauze den Bauch aufzuschlitzen und ihren Darm zu entfernen. Den Rest isst man komplett, mit Schwanz und Flossen. Es schmeckte himmlisch.

Ein stilles, dreizehnjähriges Mädchen aß mit uns zu Abend, die Tochter einer Nachbarin. Sie wuchs bei ihrer Großmutter auf, weil ihre Mutter in Bologna arbeitete, als Kindermädchen einer italienischen Familie. Viele Georgier waren in den vergangenen Jahren nach Italien gegangen, um Kinder zu hüten, Alte zu pflegen, Haushalte zu führen. Alik hatte eine interessante Theorie, was die Italiener mit den Georgiern verband.

«Sie mögen uns, weil wir gut kochen, viel reden, gerne singen, weil wir warme Herzen haben. Die Italiener sagen, dass die Georgier so sind wie sie selbst, als sie noch arm waren.»

Später am Abend zeigte Alik mir im Obergeschoss das Zimmer, in dem er mir ein Bett gemacht hatte. In einem Regal an der Kopfseite des Raums lag das Fragment einer großen Amphore. Erhalten waren nur das rostfarbene, spitz zulaufende Bodenstück und ein Teil der beiden Henkel, der Rest fehlte.

Alik wusste nicht, wie alt die Amphore war. Er hatte sie an Bord der «Kolkhi» eines Tages aus einem Haufen Sardellen gezogen. Es kam nicht selten vor, dass sich in den Schleppnetzen Fundstücke vom Boden des Schwarzen Meers verhedderten. Fast jeder Fischer in Poti, sagte Alik, habe alte Scherben im Haus.

Schwimmende Bäume

Ein alter Taxifahrer namens Dscheka fuhr mich von Poti ins dreißig Kilometer nördlich gelegene Anaklia. Ich hatte von einem neuen Tiefseehafen gelesen, der auf chinesische Initiative nahe der abchasischen Grenze gebaut wurde. Die meisten Georgier sprechen laut, aber Dscheka schlug sie alle. Aus den Tiefen seines Körpers brüllte er mir jeden seiner Gedanken ins Ohr. Ich tippte auf eine beginnende Schwerhörigkeit, die ihn dazu trieb, gegen den gefühlten Lautstärkeverlust seiner eigenen Stimme anzuschreien.

Bevor er Taxifahrer geworden war, hatte Dscheka eine Kantine betrieben und auf Baustellen gearbeitet, aber im Herzen war er, wie im Grunde alle Georgier, Historiker. Kennengelernt hatten wir uns in Poti unter dem Reiterstandbild des georgischen Fürsten Zotne Dadiani, an dessen Sockel die örtlichen Taxifahrer um Kunden warben. Dscheka hatte den Bieterkampf seiner Kollegen mühelos übertönt, indem er mir die Lebensgeschichte des Fürsten ins Ohr brüllte.

Sein historisches Spezialgebiet waren die Mingrelen, die Bewohner der Schwarzmeerregion rund um Poti. Fast alle wichtigen Georgier, erklärte Dscheka mir am Steuer, seien eigentlich Mingrelen gewesen: Fürst Dadiani, aber auch Lawrentij Beria, Stalins Geheimpolizeichef, und der Rotarmist, der in der Weltkriegsschlacht um Berlin die sowjetische Flagge auf dem Reichstag gehisst hatte. Und natürlich Dscheka selbst.

Der Weg nach Anaklia führte nicht an der Küste entlang, sondern durchs Landesinnere. Unterwegs bog Dscheka plötzlich von der Landstraße in ein Dorf ab.

«Ich muss dir was zeigen! So was hast du noch nicht gesehen!»
In der Mitte des Dorfs hielt er den Wagen an. Am rechten Straßenrand sah ich ein paar Männer in Arbeitskleidung vor einem Baum stehen, einem großen Ahorn.

«Gamar dschoba!»
Dscheka reizte sein Stimmvolumen noch etwas weiter aus als sonst.
«Gamar dschoba!»
Die Arbeiter antworteten im Chor.

Während sich Dscheka mit den Männern auf Mingrelisch unterhielt, sah ich mir den Baum näher an. Er überragte die benachbarten Häuser um das Doppelte. Zu allen Seiten war großflächig die Erde weggebaggert, nur um den Stamm herum hatten die Arbeiter eine Insel stehenlassen, etwa vom Umfang der Baumkrone, eingefasst mit Holzlatten, die das Erdreich und die Wurzeln zusammenhielten. Es sah aus, als stehe der Baum in einem großen, hölzernen Blumentopf.

Hinter mir hörte ich Dschekas dröhnende Stimme.
«Sie graben den Baum aus! Hast du von Iwanischwili gehört?»
Ich nickte. Dem Oligarchen gehörte das halbe Land.
«Der Hundesohn sammelt Bäume. Ein japanischer Wahrsager hat ihm das eingeredet. Wegen seiner Söhne. Die sind albinokrank, und der Japaner sagt, dass sie alte Bäume um sich haben müssen. Iwanischwili lässt einen Park für sie bauen, in Schekweteli, ein Stück die Küste runter. Ganz Mingrelien hat er abgegrast, überall sucht er nach den ältesten Bäumen und lässt sie ausgraben. Er gibt ein Heidengeld dafür aus, aber wen juckt das, wenn man Milliarden verdient?»

Ich starrte den Baum an. Er war mindestens dreißig Meter hoch.
«Hundertfünfzig Jahre alt», sagte einer der Arbeiter.
Er erriet die Frage, die mir durch den Kopf ging.
«Wir heben ihn so weit an, dass wir einen Sattelschlepper druntermanövrieren können. Der bringt den Baum an die Küste. Dann wird er übers Meer nach Schekweteli transportiert.»

Während wir weiterfuhren, bekam ich das Bild des schwimmenden Baums nicht aus dem Kopf.

«Der Hundesohn!»

Dscheka hielt nicht viel von Iwanischwili.

«Wir wissen nicht, wie wir im Winter unser Brennholz bezahlen sollen, und er gibt Millionen aus, um Bäume zu verpflanzen!» Wenig später erreichten wir Anaklia. Vom neuen Tiefseehafen war noch nicht viel zu sehen. Ein paar Bagger ebneten eine Freifläche an der Küste ein – die Bauarbeiten hatten gerade erst angefangen. Dafür entdeckten wir etwas anderes. Neben der Hafenbaustelle parkte ein Sattelschlepper am Ufer. Auf der Ladefläche stand ein gigantischer Baum, dessen Wurzeln in einem Blumentopf aus Holzlatten steckten. Als wir näher kamen, sah ich, dass es ein Eukalyptus war. Die Rinde war fast weiß, die schmalen, länglichen Blätter zitterten im Küstenwind. Der Baum war noch deutlich höher als der Ahorn, den wir unterwegs gesehen hatten – der Sattelschlepper wirkte neben ihm wie ein Spielzeugauto.

Dscheka legte den Kopf in den Nacken, beschattete mit der Hand die Augen und starrte in den Baumwipfel.

«Hundesohn ...»

Der Fahrer des Sattelschleppers war nirgends zu sehen. Einer der Arbeiter von der Hafenbaustelle erzählte uns, dass bis vor wenigen Tagen noch ein zweiter Baum am Ufer gestanden hatte, eine blühende Magnolie, die inzwischen verschifft worden war. Wir tauschten Telefonnummern aus und baten den Mann, uns anzurufen, sobald der Eukalyptus abtransportiert wurde.

Die nächsten zwei Tage verbrachten wir damit, Bäume zu jagen. Wir fingen in Dschekas Heimatdorf an, wo gerade eine zweihundertjährige Linde ausgegraben wurde. Ein paar Straßen weiter hatte sich Dscheka kurz vor seiner Pensionierung ein neues Haus gebaut, für den Lebensabend, den er hier mit seiner Frau verbringen wollte. Noch bevor es fertig war, war die Frau gestorben. Nun stand das Haus leer, Dscheka lebte stattdessen in Poti, in der Stadtwohnung seiner Schwester. Im Dorf hätte er niemanden zum Reden gehabt, und nicht zu reden war für Dscheka keine Option.

Wir fragten uns von Dorf zu Dorf durch. Im weiteren Umkreis von Poti stießen wir auf ein gutes Dutzend Linden, Eichen, Platanen, Magnolien, Ahorn-, Eukalyptus- und Kampferbäume, die auf den Abtransport in Richtung Küste vorbereitet wurden. Die Dorfbewohner nannten uns die unglaublichsten Geldbeträge, die Iwanischwili angeblich den Grundstücksbesitzern für ihre Bäume zahlte. Selbst die konservativeren Schätzungen lagen bei mehreren zehntausend Dollar pro Exemplar. Entsprechend überschwänglich wurden in den Dörfern die Kundschafter des Oligarchen empfangen, von denen man munkelte, dass sie auf der Suche nach alten Bäumen ganz Mingrelien durchkämmt und neu kartographiert hatten. Wenn die Sattelschlepper anrückten, wurden Stromleitungen gekappt, Dächer abgetragen, Zäune und Mauern versetzt, um die Bäume durch die engen Dorfstraßen zu manövrieren. Hunderte von Arbeitern mussten damit beschäftigt sein, Iwanischwilis Park an der Schwarzmeerküste zu bepflanzen.

Über die Gründe für all den Aufwand gingen die Meinungen auseinander. Manche erzählten die gleiche Geschichte wie Dscheka, über Iwanischwilis kränkliche Kinder, denen die Bäume ein langes Leben bescheren sollten. Andere glaubten, dass der Oligarch aus botanischem Interesse Bäume sammele. Wieder andere hielten ihn schlicht für verrückt.

Im Dorf Didi Nedsi war eigens eine neue Straße gebaut worden, um die Eiche des alten Walerjan Dschramaia abtransportieren zu können. Eine tiefe Grube klaffte rings um den Stamm. Die Eiche sei dreimal so alt wie er selbst, sagte Dschramaia, der gerade seinen dreiundachtzigsten Geburtstag gefeiert hatte. Es war ein Baum wie aus einem Märchen, mit knorrigem Stamm und einer weitverzweigten Krone, die den gesamten Garten überschattete. Gepflanzt hatten ihn

Dschramaias Ururgroßeltern, aber es schien ihm nicht viel auszumachen, sich von der Familieneiche zu trennen.

«Wenn ich sie vermisse, kann ich sie ja besuchen.»

Dschramaia, der vier Jahrzehnte lang der Direktor der Dorfschule von Didi Nedse gewesen war, hatte selbst etwas von einer Eiche. Mit seinen gewaltigen Armen schob er mich ins Haus, drückte mich auf die Küchenbank und stellte Schnapsgläser auf den Tisch.

«Danke, ich ...»

«Du kannst nicht gehen, ohne meinen Tschatscha zu probieren.»

«Wirklich, es ist früh ...»

«Es ist nie zu früh für den Beginn einer langen Freundschaft.»

«Wir haben noch einen weiten Weg vor uns ...»

«Ein Grund mehr für eine Stärkung.»

«Aber wirklich nur einen ...»

«Natürlich.»

Fünf Gläser später staunte ich immer noch über die Schlagfertigkeit, mit der Dschramaia meinen Widerstand brach. Alle meine Einwände ahnte er voraus und parierte sie mit entwaffnender Eleganz. Seine Überredungskünste, im Lauf eines langen georgischen Gastgeberlebens bis zur Meisterschaft trainiert, erinnerten mich an die routinierte Hartnäckigkeit, mit der manche Italiener Frauen umgarnen.

Dscheka war als Fahrer mit einem Höflichkeitsschluck davongekommen. Er lachte, als ich im Auto benebelt über die unbesiegbare georgische Gastfreundschaft philosophierte.

«Das war noch gar nichts! Wenn ich dich in mein Haus einlade und die Nachbarn merken, dass ein Ausländer zu Gast ist, lassen die dich drei Tage nicht mehr gehen!»

Bis zum nächsten Nachmittag hatten wir unseren Blick für alte Bäume derart geschärft, dass uns an den Straßenrändern ständig Exemplare auffielen, die ins Beuteschema des Oligarchen passten.

«Da! Die Linde!»

In einem Dorf zwischen Anaklia und Sugdidi bremste Dscheka

neben einem Gartenzaun. Durch die geöffneten Seitenfenster drang der Duft von Lindenblüten. Dscheka winkte einem alten Mann zu, der auf einer Bank vor dem Zaun saß.

«Prächtiger Baum, mein Freund! Der wäre was für Iwanischwili!» Der alte Mann nickte traurig.

«Er war schon hier, Bruder.»

Der Mann hieß Merabi und hatte eine Stimme, die aus dem Inneren eines Weinfasses zu kommen schien – holzig, knarzig, trocken im Abgang. Er erzählte uns, dass sich der Oligarch persönlich die Linde angesehen hatte.

«Er hat große Augen gemacht. Wunderbar, sagte er, fabelhaft! Er nannte seinen Preis, reichte mir die Hand, ich schlug ein, die Sache war geritzt. Dann rückten die Techniker an. Bruder, sagten sie, hier ist nicht genug Platz, der Sattelschlepper passt nicht in deinen Garten. Ich sagte: Wenn mein Haus im Weg ist, reißt es in Gottes Namen ab, zur Hölle mit dem Ding, von dem Geld baue ich mir drei neue! Ich hatte sogar den Nachbarn schon so weit, dass er sein Haus gleich mit abreißen lassen wollte. Aber die Techniker blieben hart. Keine Chance, sagten sie, der Platz reicht nicht. Verdammt, ich hatte das Geld schon halb in der Hand! Ich dachte, ich hätte ausgesorgt!»

Am Morgen des dritten Tags rief Dscheka mich in meinem Hotelzimmer in Poti an. Der Arbeiter von der Hafenbaustelle hatte sich gemeldet – der Eukalyptusbaum war von seinem Parkplatz verschwunden.

Ich lief vom Hotel zur Küste und musste nicht lange suchen. Weit draußen auf dem Meer, ziemlich genau auf der Höhe von Poti, trieb der Baum am Horizont entlang. Ich blinzelte ein paarmal, um mich davon zu überzeugen, dass das bizarre Bild keine Fata Morgana war. Ein Schleppboot zog den aufrecht stehenden Baum auf einer Schwimmplattform hinter sich her. Es sah aus wie die Karikatur einer einsamen Insel: ein winziges Stück Land unter einer riesigen Palme.

Dscheka holte mich mit dem Taxi ab. Die Fahrt nach Schekweteli führte an der Küste entlang. Eine gute halbe Stunde lang sahen wir den Baum parallel zur Straße neben uns herschwimmen, bevor das Meer hinter einem Waldstück verschwand. Wir bogen in einen Feldweg ab und erreichten nach ein paar hundert Metern das Ufer. Auf einem Betonsteg standen ein Dutzend Arbeiter mit schweren Baufahrzeugen, die auf die Ankunft des Baums warteten. Wir parkten das Auto und stellten uns zu ihnen.

Eine gute Stunde lang sahen wir zu, wie der Baum vom Horizont her auf die Küste zutrieb. Im grellen Sonnenlicht zeichneten sich seine Äste als schwarzer Scherenschnitt gegen den Himmel ab. Keiner der Arbeiter rührte sich, alle Blicke waren starr aufs Wasser gerichtet. Ich hatte das deutliche Gefühl, etwas zu sehen, was ich in diesem Leben kein zweites Mal sehen würde. Es war, als kehrten sich auf merkwürdige Weise die Naturgesetze um: Der Baum war in Bewegung, die Menschen erstarrten.

Dann rammte die Schwimmplattform mit einem hohlen Scheppern den Betonsteg. Als der Baum zitternd zum Stehen kam, begannen die Arbeiter, Wasser in die Plattform zu pumpen, um sie millimeterweise auf das Niveau des Stegs abzusenken. Ich begriff, dass es Stunden dauern würde, den Weg für den Baum zu ebnen.

«Der Hundesohn.»

Dscheka deutete auf eine Villa, die ein paar hundert Meter entfernt am Ufer stand.

«Da wohnt er.»

Ich fragte mich, ob der Hausherr hinter der spiegelnden Glasfront seines Anwesens stand, um die Ankunft seiner Schiffe zu verfolgen, ein Admiral der Bäume.

Der Park zog sich vom Ufer aus landeinwärts. Ein hoher Zaun mit gut sichtbaren Videokameras trennte ihn von der Außenwelt ab. Die Wächter am Eingang waren gutmütige Georgier, aber sie schüttelten nur stumm die Köpfe, als ich fragte, ob ich nicht für eine Minute, wenigstens ein paar Meter ...?

Ich lief den kompletten Zaun ab, aber auf allen Seiten versperrten hohe Kiefern den Blick auf die neu gepflanzten Bäume im Inneren. An der Uferseite grenzte der Zaun an den Strand, der nicht sandfarben, sondern dunkel war, fast schwarz. Ich hatte munkeln hören, dass die Farbe von Magnetpartikeln herrührte, denen die Georgier wundersame Heilkräfte zuschrieben. Während ich nach dem richtigen Wort für den Farbton suchte, stolperte ich fast über den Kadaver eines gestrandeten Delfins. Seine Zähne lagen bloß, unter der verrottenden Haut leuchtete orangefarbenes Fleisch.

Vielleicht war es der Delfin, der mich auf schlechte Gedanken brachte. Als ich in der einbrechenden Dunkelheit zusah, wie ein Lkw den Baum von der Plattform zog, hatte ich plötzlich das Gefühl, Zeuge eines alten, unseligen Schwarzmeerrituals zu werden. Irgendetwas an diesem Gewässer schien Menschen auf dumme Ideen zu bringen, schien ihnen einzuflüstern, dass der Wildwuchs an den Ufern eine ordnende Hand brauchte, die Pflanzen wie die Völker. Wieder einmal hatte jemand entschieden, eine Küstenpopulation neu zu sortieren, sie nach eigenen Kriterien umzugruppieren, Zäune zu ziehen, ein Ghetto zu schaffen, ein Volk einzuhegen: die Nation der mingrelischen Baumriesen.

Im Schritttempo rollte der Eukalyptus an Land. Ein verschwommener, fast voller Mond war über dem Meer aufgegangen, vor seinem Umriss trieben schwarze Wolkenfetzen. Im Gegenlicht sah ich die Eukalyptusblätter zittern und bildete mir ein, über das Motorengeräusch hinweg ihr trockenes Rascheln zu hören, was unmöglich stimmen konnte. Langsam manövrierte der Sattelschlepper den Baum durch das Eingangstor des Parks.

«Elender Hundesohn ...»

Dscheka war plötzlich neben mir aufgetaucht. Gemeinsam sahen wir dem Baum nach, bis der Park ihn verschluckte.

Abchasien

Amschyn Eikwa / Амшын Еиқҙа

Inzwischen verbreitete sich überall am Schwarzen Meer
und in den benachbarten Gebieten das Gerücht,
es gäbe an der kaukasischen Küste ein kleines Paradies
mit einem phantastischen Überfluss an Nahrungs-
mitteln und zauberhaftem Klima. Alle wollten in
dieses Paradies, aber es blieb hermetisch verschlossen.
Das Paradies hieß Abchasien.

Konstantin Paustowskij, «Sprung nach dem Süden», 1960

Eine lange Geschichte

«Sind Sie Tourist?»

«Reisender, ja.»

«Warum wollen Sie nach Abchasien?»

«Es soll schön sein, habe ich gehört.»

«Sind Sie zum ersten Mal hier?»

«In Abchasien ja, aber ich war oft in Russland und ein paarmal in Georgien ...»

«In Russland? Wo?»

«In vielen Ecken.»

«Moskau?»

«Klar.»

«Petersburg?»

«Auch.»

«Sibirien?»

«Ja.»

«Wo haben Sie Russisch gelernt?»

«Unterwegs. Beim Reisen.»

«Warum interessieren Sie sich so für Russland?»

«Das ist eine lange Geschichte.»

Der junge Grenzbeamte ließ den Kugelschreiber in seiner Hand ein paarmal klicken. Dann legte er ihn betont langsam auf den Schreibtisch, exakt parallel zu der Kante, vor der ich saß. Er beugte seinen Oberkörper in meine Richtung, stützte die Ellbogen auf die Sperrholzplatte und legte lächelnd das Kinn in die Hände.

«Ich habe Zeit.»

Als die Einreisegenehmigung des abchasischen Außenministeriums endlich eingetroffen war, hatte Dscheka mich bis an den Fuß der Enguri-Brücke gefahren, zum einzigen Übergang, der Georgien noch mit der abtrünnigen Republik verband. Zu Fuß hatte ich die Brücke überquert, zusammen mit einer Gruppe mingrelischer Witwen, die mit schwarzen Kleidern und schwarzen Sonnenschirmen durch die Mittagshitze liefen. Sie lebten im Süden des Separatistengebiets und kehrten von Friedhofsbesuchen auf der anderen Seite zurück. Über ihre Wangen zogen sich schwarze Mascara-Striemen.

In den Containerbauten auf der anderen Seite der Brücke saßen Männer und Frauen, die erkennbar keine Abchasen waren. Ich brauchte einen Moment, um zu verstehen, warum mich ihre blassen Gesichter so überraschten. Dass Russland hier die Fäden zog, war mir klar gewesen, aber die Offenheit, mit der es geschah, traf mich unvorbereitet. Die Grenzer trugen Uniformen des russischen Inlandsgeheimdiensts FSB.

Als sie meinen deutschen Pass sahen, führten sie mich in das Containerbüro eines Vorgesetzten. Eine große russische Flagge hing an der Wand hinter dem Schreibtisch. Der Grenzbeamte trug die Schulterklappen eines Oberleutnants und hatte das ungeformte Gesicht eines Kinds. Er konnte kaum älter als Mitte zwanzig sein und wirkte froh, jemanden gefunden zu haben, der ihm an diesem entlegenen Außenposten die Langeweile vertrieb. Es wurde das längste und seltsamste Verhör, das ich je erlebt habe.

«Bücher also ... über Russland ...»

In seinen Augen leuchtete ehrliche Neugier.

«Erzählen Sie mir, was die Deutschen von Russland halten.»

«Wovon genau?»

«Von unserem Land.»

«Kommt drauf an, wen Sie fragen.»

«Was denkt die Mehrheit?»

«Dass es ein sehr großes Land ist.»

«Was noch?»

«Dass die Winter kalt sind. Dass es die Heimat von Dostojewskij und Tolstoi ist. Dass Russen gerne Wodka trinken. Dass …»

«Was denken die Leute über die Krim?»

«Dass es eine Halbinsel im Schwarzen Meer ist»

«Finden sie es richtig, dass gegen Russland Sanktionen verhängt wurden?»

«Ich?»

«Die Deutschen.»

«Die Deutschen sehen das unterschiedlich.»

«Wie sieht es die Mehrheit?»

«Ehrlich gesagt, glaube ich, dass es der Mehrheit egal ist.»

Er nickte stumm, als suche er innerlich nach weiteren Fragen.

«Nennen Sie mir die Titel Ihrer Bücher.»

«Auf Deutsch?»

«Auf Russisch.»

«Sie sind nicht auf Russisch erschienen, nur auf Deutsch und Englisch.»

«Dann auf Englisch.»

Er tippte einen Titel in die Tastatur seines Computers.

«Was ist das hier?»

Auf seinem Bildschirm öffnete sich die Internetseite einer englischen Tageszeitung.

«Eine Buchrezension.»

«Lobend oder kritisch?»

«Lobend.»

Er las ein paar Sekunden.

«Verstehe ich es richtig, dass Ihre Bücher zum Genre der künstlerischen Literatur gehören?»

«Sie stellen schwierige Fragen. Es sind keine Romane. Meine Literatur ist dokumentarisch.»

«Sind Sie in Deutschland berühmt?»

«Weit davon entfernt.»

«Verdient man gut mit Büchern über Russland?»

«Ich schätze, es gibt Themen, die sich besser verkaufen.»

«Unterhalten Sie Kontakte zu russischen Schriftstellern?»

«Nein. Das heißt doch, einer meiner Moskauer Freunde schreibt Gedichte.»

«Wie heißt der?»

«Der Name wird Ihnen nichts sagen.»

«Veröffentlichen Sie diese Gedichte in Deutschland?»

«Ich? Nein, ich bin kein Verleger.»

«Ich meine, ob Sie diese Gedichte in Ihren Büchern veröffentlichen.»

«In meinen ...? Nein, bisher nicht.»

So ging es eine knappe Stunde. Eine weitere Stunde ließ mich der Grenzer in seinem Büro warten, während seine Vorgesetzten in Moskau über mein Schicksal entschieden. Ich starrte die weiß-blau-rote Trikolore an der Wand an und überlegte, ob ich an irgendeiner Stelle zu viel gesagt hatte oder zu wenig, und ob sich die FSB-Zensoren lobend oder kritisch über meine Bücher beugen würden.

Am Ende gab mir der Oberleutnant meinen Pass zurück und wünschte mir eine gute Reise.

Ein paar Schritte weiter standen ein paar abchasische Grenzer im Schatten eines Baums und rauchten. Sie winkten mich müde weiter, als ich ihnen meinen Pass hinhielt. Es sah aus, als sei ihnen selbst nicht ganz klar, was sie hier eigentlich taten.

Die mingrelischen Witwen waren längst weitergefahren, und im nächsten Grenzbus war ich der einzige Passagier.

«Aus Deutschland?»

Der abchasische Fahrer sah mich im Rückspiegel an.

«Ich verstehe euch Deutsche nicht. Warum lasst ihr all diesen Abschaum in euer Land? Irgendwann werden nur noch Neger bei euch leben. Und Schwule!»

Schweigend ließ ich den vertrauten Monolog über mich ergehen, den ich seit meiner Abreise aus Russland nicht mehr gehört hatte. Es war, als hätte ich unbemerkt eine magische Grenze übersprungen, zurück ins Sendegebiet des russischen Fernsehens.

Über das Armaturenbrett des Busses krabbelten ein paar große Wanzen, deren braun-grün marmorierte Panzer mir schon an der Grenze aufgefallen waren, wo ich sie über die Scheibe zwischen mir und einer ungerührten russischen Zöllnerin hatte kriechen sehen. «Die haben die Georgier hier eingeschleust», sagte der Fahrer. «Um uns in die Knie zu zwingen!»

Ich hatte von der Insekteninvasion gehört, der in Abchasien im vergangenen Jahr mehr als die Hälfte der Haselnuss- und Mandarinenernte zum Opfer gefallen war. *Halymorpha halys* kam aus Ostasien, aber der Wanze gefiel das subtropische Klima der östlichen Schwarzmeerregion, auch weil sie hier kaum Feinde hatte. Seit sie in Massen über die Plantagen der abchasischen und georgischen Küste herfiel, unterstellten sich die ehemaligen Kriegsgegner wechselseitig, die Wanze als biologische Waffe einzusetzen.

Die georgisch-abchasische Feindschaft kreiste im Kern um die Frage, um die Nachbarschaftskonflikte am Schwarzen Meer meistens kreisen: Wer war zuerst hier? Ich hatte es schnell aufgegeben, mich in die Berge aus akademischen Kampfschriften einzulesen, mit denen sich beide Seiten gegenseitig die Vergangenheit absprachen. Ausufernde etymologische Schlachten waren um die Frage geführt worden, ob bestimmte Baum- oder Fischbezeichnungen aus dem Abchasischen ins Georgische oder umgekehrt aus dem Georgischen ins Abchasische eingewandert waren, als fadenscheiniger Beleg dafür, dass das eine Volk lange vor dem anderen Häuser aus den Bäumen gebaut und Suppe aus den Fischen gekocht haben musste.

Der plausiblere Auslöser des Konflikts war – wieder einmal – Stalin. In den Anfangsjahren der Sowjetzeit war das winzige Abchasien eine selbständige Unionsrepublik gewesen, gleichrangig mit Georgien. Erst Stalin hatte die Abchasen 1931 in eine ungleiche Ehe mit ihren Nachbarn getrieben. Ihre zwangsvereinigte Republik wurde fortan von Tbilisi aus regiert. Zeitgleich ließ Stalin abchasische Schulen, Zeitungen, Theater schließen, wie er es in jenen Jahren mit den Einrichtungen vieler sowjetischer Minderheiten tat. Deren Wut richtete sich später meist gegen alles, was Stalins Machtapparat verkörperte: den Kreml, Moskau, die Sowjetunion, ihren Nachfolgestaat Russland. Im Fall der Abchasen aber lag die Sache anders. Für sie war Stalin in erster Linie ein Georgier. Die sowjetischen Repressionen verbanden sie mit dem Nachbarvolk, das nach der Zwangsvereinigung verstärkt nach Abchasien einwanderte. Ende des 19. Jahrhunderts war die Region noch zu rund 85 Prozent von Abchasen bewohnt gewesen. Gegen Ende der Sowjetzeit war der Anteil der Zuzügler so weit gestiegen, dass die Abchasen weniger als 20 Prozent stellten.

Die aufgestauten Kränkungen entluden sich nach dem sowjetischen Zusammenbruch. Innerhalb kürzester Zeit entfremdeten sich Nachbarn, Freunde, Familien, die jahrzehntelang die Straße, das Haus, das Bett geteilt hatten. Gewaltsam entwirrte sich das abchasische Nationalitätengeflecht: Die Georgier wurden vertrieben, mit ihnen flohen Russen, Armenier, Griechen und andere Minderheiten. Als sich der Rauch legte, hatte Abchasien mehr als die Hälfte seiner Einwohner verloren. Zum ersten Mal seit einem Jahrhundert bewohnten die Abchasen ihren Teil der Welt wieder weitgehend alleine.

Sie hatten einen hohen Preis dafür gezahlt. Ich sah eine Landschaft an den Busfenstern vorbeiziehen, der die Spätfolgen des Kriegs immer noch deutlich anzusehen waren. Jedes zweite Haus stand leer. Oft waren die Dächer eingestürzt, die Wände brüchig, von Türen und Fenstern waren nur rußgeschwärzte Rahmen geblieben, die blind ins Nichts starrten wie die Augenhöhlen von Totenschädeln. Im entvölkerten Abchasien gab es nicht genug Hände, um die Häuser instand zu halten, geschweige denn Menschen, um sie zu bewohnen.

Ich stieg in der Hauptstadt Suchum aus und zuckte zusammen, als ich auf dem Weg vom Busbahnhof ins Zentrum stotternde Automatiksalven hörte, die offenbar nicht allzu weit entfernt abgefeuert wurden. Hilfesuchend sah ich mich um, aber der alte Mann, den ich auf die Schüsse ansprach, lachte nur.

«So feiert man bei uns Hochzeiten, junger Mann.»

In den Straßen und Gärten von Suchum wucherten die gleichen eingeschleppten Subtropengewächse, die ich hundert Kilometer nordwestlich in Sotschi gesehen hatte, nur wucherten sie hier üppiger, ungezügelter, wilder. Eukalyptusbäume säumten die Uferpromenade, jeder einzelne von so majestätischen Dimensionen wie das Exemplar, das ich in Georgien übers Meer hatte schwimmen sehen. Palmen, Farne, Sukkulenten und Kakteen füllten die Lücken zwischen den Bäumen, an jede Oberfläche klammerten sich Reben, Ranken, Winden, die ganze Stadt schwamm in Blüten aller Farbschattierungen.

Als die abchasische Schwarzmeerküste zum Ferienparadies der russischen Oberschicht und später des sowjetischen Proletariats ausgebaut wurde, verpasste man der Architektur passend zu den Pflanzen einen importierten Mittelmeerstil, der in Suchum seine phantastischsten Blüten trieb. Römische Säulen und maurische Bögen zierten die Kurhäuser, die Bahnstationen ähnelten italienischen Renaissance-Palazzi. Viele dieser russisch-sowjetischen Kolonialbauten waren inzwischen halbe Ruinen, deren bröckelnde Fassaden mit der Dschungelvegetation verwuchsen. Die politische Guerilla-Atmosphäre tat ihr Übriges, um Abchasien in meinen Augen wie eine verlorene Ecke Lateinamerikas wirken zu lassen. An den Hausfassaden hingen überlebensgroße Porträts der Separatistenführer: alternde, salutierende Kriegsveteranen mit harten Gesichtern, die ¡No pasarán! zu sagen schienen. Selbst die grün-weiß-rote Landesflagge mit der warnend erhobenen Handfläche in der Mitte sah vage südamerikanisch aus.

Im «Museum des Kriegsruhms» zeigte mir eine Führerin stolz die

Liste der Länder, die Abchasiens Unabhängigkeit anerkannt hatten. Außer Russland waren es Nicaragua, Venezuela und die beiden pazifischen Inselnationen Nauru und Vanuata. Ich fragte die Museumsführerin, ob sie vor der Anerkennung je von Nauru und Vanuata gehört hatte. Mit feindselig zusammengekniffenen Augen schüttelte sie den Kopf.

Auf der küstenabgewandten Seite der Stadt schlängelte sich ein lianenüberhangener Fußweg steil in die Berge. Ich sah die Dächer von Suchum unter mir zurückbleiben und stieg durch den dichter werdenden Dschungel bergauf, bis ich die Schreie hörte, auf die ich gewartet hatte.

Die Affen von Suchum

Am 1. Juli 1927 bricht an der afrikanischen Westküste ein Dampfschiff in Richtung Europa auf. Einer der Passagiere, ein älterer, graubärtiger Herr, ist Russe. Dass er an Bord auffällt, liegt nicht an seiner Nationalität, sondern an seinem Gepäck: Ilja Iwanowitsch Iwanow besteigt das Schiff zusammen mit einem Dutzend Schimpansen und zwei Pavianen.

Dreien dieser Affen gilt Iwanows besondere Fürsorge. Sie heißen «Babette», «Syvette» und «Tschjornaja». Die Schimpansenweibchen sind Teil eines Experiments, von dem keiner der anderen Passagiere etwas ahnt. Es ist wenige Wochen her, dass Iwanow den Äffinnen auf einer Forschungsstation in Guineas Hauptstadt Conakry menschliches Sperma injiziert hat.

Den Affen bekommt die Überfahrt nach Norden nicht gut. Besonders die Schimpansen leiden unter den fallenden Temperaturen.

«Tschjornaja» stirbt im Hafen von Marseille.

«Syvette» überlebt die Weiterfahrt ins Schwarze Meer nicht. Kurz nach der Ankunft in Suchum verendet «Babette». Alle drei Äffinnen werden obduziert. Die Diagnose ist zu Iwanows großer Enttäuschung stets die gleiche: nicht schwanger.

Eine russische Exilzeitung beschreibt den damals 56-Jährigen als «ehrwürdigen älteren Herrn mit langem grauen Bart und Kneifer auf der Nase – ein typischer russischer Professor der guten alten Zeit». Weder typisch noch im engeren Sinne ehrwürdig sind Iwanows Forschungen. Schon 1910 bei einem Kongress in Graz hat der Biologe, der sich mit Tierzüchtungen beschäftigt, einiges Aufsehen mit der Ankündigung erregt, dass er Kreuzungen zwischen Primaten und Menschen für möglich hält. Iwanow wirbt in den folgenden Jahren beharrlich für seine These und findet Unterstützer am Pariser Pasteur-Institut, die ihm den Forschungsaufenthalt in Westafrika ermöglichen.

Der Fehlschlag mit den Schimpansinnen entmutigt ihn nur vorübergehend. Auf sein Drängen wird in den späten zwanziger Jahren an der abchasischen Schwarzmeerküste, dem einzigen klimatisch geeigneten Ort in der Sowjetunion, eine Affenforschungsstation aufgebaut. Iwanow hofft, seine Experimente in Suchum fortsetzen zu können, diesmal mit umgekehrten Vorzeichen: Anstatt Affenweibchen mit menschlichem Sperma zu befruchten, will er Sowjetbürgerinnen mit Primaten paaren. Als die Presse über seine Pläne berichtet, erhält das Institut in Suchum mehrere an Iwanow gerichtete Briefe, in denen sich junge Frauen als Freiwillige melden.

«Ich wage es, mich mit einem Angebot an Sie zu wenden», schreibt eine von ihnen im März 1928. «Meine Bitte: Nehmen Sie mich als Versuchsperson. Ich bitte Sie inständigst, schlagen Sie es mir nicht ab. Mit Vergnügen unterwerfe ich mich allen Bedingungen, die das Experiment erfordert. Ich glaube fest an die Möglichkeit einer Befruchtung.»

«Gnädige Frau», antwortet Iwanow umgehend. «Ich teile Ihnen eiligst mit, dass ich Ihren Brief erhalten und Ihr Angebot zur Kenntnis genommen habe. Sobald es nötig und möglich ist, werde ich mich an Sie wenden ... Die Versuche werden ohne Zweifel in Suchum stattfinden.»

Etwa anderthalb Jahre bleibt Iwanow mit der Dame in Kontakt. Er scheint sogar schon einen Affen als Paarungspartner für sie ausgewählt zu haben, bevor er sich im August 1929 überraschend mit einem Telegramm meldet.

«Der Orang-Utan ist verendet. Wir suchen Ersatz.»

Doch dazu kommt es nicht mehr. Am 13. Oktober 1930 wird Iwanow verhaftet. Stalins Terror ist in vollem Gange, die sowjetische Wissenschaft wird ideologisch gesäubert. Ältere Herren, die nach «Professoren der guten alten Zeit» aussehen, haben schlechte Karten. Es heißt, dass ein ehrgeiziger Jungwissenschaftler den Kollegen bei den Behörden angeschwärzt hat, um seine eigene Karriere zu befördern. Unter dem Standardvorwurf der «Mitgliedschaft in einer konterrevolutionären Organisation» wird Iwanow für fünf Jahre nach Kasachstan verbannt, wo er am 20. März 1932, ein paar Monate vor seinem zweiundsechzigsten Geburtstag, an einem Schlaganfall stirbt.

Zusammen mit Iwanow geraten auch seine Ideen in Misskredit. Die Kreuzungsexperimente werden nicht fortgesetzt, von den paarungswilligen Damen hört man nie wieder.

Die Affen aber blieben.

Als ich mich dem alten Forschungsgelände näherte, vorbei an verfallenden, von Schlingpflanzen überwucherten Institutsgebäuden, hörte ich ihr Kreischen im Dschungel. Es schwoll in explosionsartigen Schüben an, wurde zum vielstimmigen Chor, verebbte langsam, verstummte, bevor es von neuem einsetzte.

Nach einer letzten Biegung des Fußwegs tauchten die Käfige vor mir auf. Ein paar hundert Affen hockten hinter langen Reihen aus Gitterstäben, überwiegend Rhesus- und Kapuzineraffen, dazwischen ein paar Paviane und Meerkatzen. Zwei abchasische Familien mit kleinen Kindern fütterten die Tiere mit Mandarinen und Salatblättern – sie waren es, die mit ihrem Spaziergang von Käfig zu Käfig das Kreischen der Affen auslösten.

Ein Mann mit einem karierten Flanellhemd rollte eine Schubkarre über das Gelände. Er nickte wissend, als ich ihn nach Iwanows Experimenten fragte.

«Stalin wollte, dass er den perfekten Arbeiter züchtet. Stark wie ein Gorilla, stumpf wie ein Roboter.»

Iwanows Forschungen waren in der Sowjetzeit unter Verschluss gehalten worden. Als sensationshungrige Boulevardjournalisten die alten Berichte in der Perestroika-Ära aus den Giftschränken zogen, hatten sich schnell die wildesten Gerüchte verbreitet. Iwanow hatte mit seinen Experimenten lediglich Darwins Theorie von der evolutionären Verwandtschaft zwischen Primaten und Menschen belegen wollen, doch sechzig Jahre später schrieben die Zeitungen über einen «roten Frankenstein», der im Auftrag der Partei eine neue Rasse hatte züchten sollen: den sozialistischen Übermenschen, den Superproletarier, den *Homo sovieticus*.

«Alles Mythen», knurrte Surab Jasonowitsch Mikwabija.

Das Büro des Institutsleiters lag in einem alten Plattenbau etwas abseits der Käfige. In der Betonfassade klafften Einschusslöcher aus dem Bürgerkrieg. Durchs dunkle Treppenhaus war ich in den dritten Stock gestiegen und hatte an die Tür geklopft, die mir der Mann mit der Schubkarre beschrieben hatte. Eine dunkle Stimme, die von sehr weit her zu kommen schien, brüllte «Herein». Als ich eintrat, sah ich am hintersten Ende eines schlauchförmigen Raums Pfeifenrauch wabern. Inmitten der Dunstwolke saß Surab Mikwabija, ein Mann in einem weißen Laborkittel, Ende sechzig, mit einem ergrauten Walrossschnauzbart und traurigen Bernhardineraugen.

«Nichts als Mythen.»

Er hasste die alten Geschichten. Iwanow, erklärte er mir, habe das Institut nur ein einziges Mal besucht, und weder vor noch nach seinem bedauerlichen Tod seien in Suchum Affen mit Menschen gekreuzt worden. Nicht als obskure Übermenschenfabrik sei das Institut ins Leben gerufen worden, sondern als medizinisches Forschungslabor, als erste Affenversuchsanstalt der Welt. Und genau das, erklärte Mikwabija, sei sie über alle Umbrüche und Kriege hinweg geblieben: Seit mehr als neunzig Jahren wurden in Suchum Präparate und Behandlungsmethoden an Primaten getestet.

Mikwabija hatte eine Bassstimme, die den ganzen Raum vibrieren ließ, und aus seinen Sätzen klang der Stolz des Überlebenden. Vor knapp drei Jahrzehnten, als sein Schnauzbart noch schwarz gewesen war, hatte er im Bürgerkrieg mitgekämpft. Zweimal in Folge hatte sich die Front damals durch das Forschungsgelände geschoben: erst beim Einmarsch der Georgier in Suchum, dann noch einmal bei der Rückeroberung der Stadt durch die Abchasen, in deren Reihen Mikwabija gekämpft hatte. Mehr als zweieinhalbtausend Affen hatten vor dem Krieg die Käfige und ein nahegelegenes Freiluftgelände bevölkert. Als der Krieg endete, waren keine hundertfünfzig mehr übrig. Die meisten waren während der Kämpfe aus den zerstörten Institutsanlagen geflohen und hatten in der Wildnis keine geeignete Nahrung gefunden. Noch Jahre nach dem Krieg waren Wanderer in den abchasischen Bergen über die Knochen verhungerter Primaten gestolpert.

Es hatte lange gedauert, die Affenpopulation von Suchum wieder aufzubauen. In den ersten Nachkriegsjahren, als selbst Russland die Separatistenrepublik nicht anerkannte und ihre wirtschaftlich isolierten Bewohner allein von dem lebten, was sie selbst produzieren konnten, waren die verbliebenen Affen reihenweise an Mangelernährung gestorben. Erst später, als man im Kreml begann, Abchasien als außenpolitisches Druckmittel gegen Georgien einzusetzen, besserte sich die Versorgungslage. Nur ein paar Dutzend Affen waren zu diesem Zeitpunkt übrig. Die Institutsforscher paarten sie mit neu eingeführten Primaten aus Vietnam und Mauritius, ins Land geschmuggelt übers Schwarze Meer, unter Umgehung der internationalen Handelsblockaden.

Inzwischen lebten wieder etwa sechshundert Affen in Suchum. Zähneknirschend hatten Mikwabija und seine Kollegen das Forschungsgelände für Privatbesucher geöffnet, deren Eintrittsgelder einen Teil der Institutskosten deckten. Es gab nicht viele Freizeitattraktionen im kriegsversehrten Suchum – entsprechend gut frequentiert war der Primatenzoo. Die Besucher schien es nicht zu stören, dass die Affen, denen ihre Kinder Salatblätter durch die Gitterstäbe reichten, mit einiger Wahrscheinlichkeit bei medizinischen Tierversuchen ums Leben kommen würden. Mikwabijas Kunden waren überwiegend russische Pharmafirmen, in deren Auftrag sein Institut in den vergangenen Jahren unter anderem Grippeimpfungen und Krebspräparate getestet hatte.

Im Lauf des Nachmittags stellte Mikwabija mir ein paar seiner Kollegen vor, von denen einige noch deutlich älter waren als er selbst. Staunend sah ich zu, wie ein neunzigjähriger Forschungsveteran dem Institutsleiter mit zittriger Hand die Wange tätschelte.

«Surab Jasonowitsch», krächzte er, «bei Ihnen ist das Institut in den richtigen Händen. Es ist gut, dass nun die junge Generation das Ruder übernimmt.»

Nicht nur der Krieg schien die gut zweihundert Mitarbeiter zusammengeschweißt zu haben. Viele hier waren schon so lange Teil der Belegschaft, dass sie noch die Sternstunde des Instituts miterlebt hatten: die Zeit, als in Suchum Affen auf Weltraumflüge vorbereitet worden waren.

Eine greise Forscherin ließ mich durch ihre Dissertation blättern. Sie hatte die sechs Rhesusaffen trainiert, die in den achtziger Jahren an Bord sowjetischer Raketen ins All geflogen waren. Ich sah Schwarz-Weiß-Fotos von Äffchen in wärmenden Kinderstrampelanzügen, die Bäuche mit eisernen Klemmen an den Sitzen ihrer Raumkapseln fixiert, Elektroden an den kahlrasierten Köpfen, mit neugierig aufgerissenen Knopfaugen. Jeweils paarweise hatte man die Tiere ins All geschickt, damit sie einander während des Flugs beruhigen konnten. Man hatte ihnen Namen gegeben, deren Anfangsbuchstaben dem kyrillischen Alphabet folgten.

«Abrek» und «Bion» waren am 21. Dezember 1983 gestartet.

«Wernyj» und «Gordyj» folgten am 17. Juli 1985.

«Drjoma» und «Jeroscha» brachen am 12. Oktober 1987 auf.

Alle sechs Rhesusaffen waren wohlbehalten zur Erde zurückgekehrt. Nach der Landung hatte man sie zu medizinischen Untersuchungen nach Moskau gebracht, wo fünf von ihnen geblieben waren. Nur «Wernyj» war wieder in Suchum gelandet und hatte bis zum Ausbruch des Kriegs auf dem Institutsgelände gelebt. Danach hatte sich seine Spur verloren. Vielleicht hatte ihn eine Kugel erwischt. Vielleicht war er verhungert. Vielleicht, dachte ich, hatte er es auch irgendwie geschafft, sich in den Wäldern durchzuschlagen, vielleicht hatten die abchasischen Mandarinen ihm das Leben gerettet, vielleicht ...

«Wahrscheinlich haben die Georgier ihn als Kriegstrophäe mitgenommen.»

Surab Mikwabijas Bassstimme riss mich aus meinen optimistischen Gedanken.

«Die georgische Armee hat bei ihrem Rückzug das halbe Land geplündert. Wir haben gehört, dass viele Affen später als Haustiere in die Türkei verkauft wurden.»

Immer, wenn Mikwabija über die Georgier sprach, wurde seine Bassstimme noch dunkler als sonst. Bevor wir uns am Ende des Tags voneinander verabschiedeten, hielt er mir in seinem Büro einen langen, patriotischen Vortrag über das Recht der Abchasen auf Selbstbestimmung, über die Erbfeindschaft zwischen ihnen und ihren Nachbarn, über die jahrtausendealte abchasische Zivilisation und die ebenso alte Barbarei der Georgier.

Ich sah stumm den Rauchschlieren zu, die Mikwabija beim Gestikulieren mit seiner Pfeife in die Luft malte. Der Monolog war deprimierend. Die Abchasen hatten sich zur Geisel Russlands machen lassen, ihre Selbstbestimmung war so stabil wie eine Seifenblase. Das Land war arm, kaputt und perspektivlos, und dass es nicht vorwärtskam, lag auch am Hass der Kriegsveteranen, der den Nachgeborenen die Zukunft verbaute.

Vorsichtig versuchte ich, Mikwabijas Blick nach vorne zu lenken. «Vielleicht muss Zeit vergehen, Surab Jasonowitsch. Vielleicht werden Ihre Kinder und Enkel einen Weg der Versöhnung finden, vielleicht werden in ein paar Generationen die Abchasen und Georgier ...»

«... normale Nachbarn sein», unterbrach er mich. «Das sicher. Aber mehr nicht. Zu Georgien werden wir nie wieder gehören. Nicht nach allem, was sie uns angetan haben. Auch meine Kinder werden das nie vergessen, obwohl sie im Krieg noch klein waren.»

«Dann hoffe ich, dass Abchasien einen anderen Weg aus dieser unglücklichen Isolation findet ...»

Mikwabija zuckte gleichgültig mit den Schultern.

«Auch Israel wurde lange nicht anerkannt.»

Bevor ich ging, sah ich mir das kleine Museum des Instituts an. Die Vitrinen waren gefüllt mit bleichen Affenschädeln und Schwarz-Weiß-Fotos von Affenforschern. In einer Ecke des Raums stand ein ausrangiertes Lenin-Denkmal, in der gegenüberliegenden Ecke ein Affenskelett. Die Museumsführerin erklärte mir, dass es das Skelett eines Orang-Utans sei – des einzigen Orang-Utans, der je in Suchum gelebt habe. Ich fragte mich, ob es der Affe war, den Iwanow als Bräutigam für die paarungswillige Dame ausgesucht hatte, aber niemand im Museum konnte es mir sagen.

Der knöcherne Orang-Utan hatte sehr lange Arme. Obwohl er fast aufrecht stand, berührten seine bleichen Fingerknöchel den Parkettboden. Aus großen, leeren Augenhöhlen starrte er Lenin an. Aus zusammengekniffenen Bronzeaugen starrte Lenin zurück.

Die Rückkehr der Tscherkessen

Durch die Kaukasusgemälde der russischen Romantik sieht man oft eine wiederkehrende Figur reiten: einen Krieger im schwarzen Filzmantel, mit gekreuzten Patronengurten vor der Brust, hinter dem Rücken ein schräghängendes Gewehr, im Gürtel ein Dolch und ein Säbel, der Mund ein unbarmherziger Strich, die Augen unter der tiefsitzenden Fellmütze stolz, hart, glühend.

Unter den zahlreichen Bergvölkern, gegen die das Zarenreich im 19. Jahrhundert einen opferreichen Eroberungskrieg führte, waren es in erster Linie die Tscherkessen, die in der russischen Vorstellung das Bild des Kaukasiers prägten. Mehr als eine halbe Million von ihnen lebten damals in den Bergdörfern nördlich und westlich des Hauptgebirgskamms, was sie im dortigen Ethniengewirr zum zahlenstärksten Volk machte. Als Russland, immer noch siegestrunken von Katharinas Eroberung der Schwarzmeerküste, ab dem späten 18. Jahrhundert weiter nach Süden in den Kaukasus vordrang, stellten sich die Tscherkessen ihrem Vormarsch am ausdauerndsten entgegen. Zusammen mit anderen Bergvölkern, darunter den weitläufig mit ihnen verwandten Abchasen, verstrickten sie die Truppen des Zaren in einen zermürbenden, mehrere Generationen währenden Guerillakrieg.

Drei Teilrepubliken im russischen Kaukasus sind heute nach den Tscherkessen und ihren ethnischen Untergruppen benannt: Karatschai-Tscherkessien, Kabardino-Balkarien und Adygeja. Rund siebenhunderttausend Menschen bezeichneten sich dort bei den letzten Volkszählungen als Tscherkessen.

Weit größer aber ist die Zahl der Tscherkessen, die nicht mehr im Kaukasus leben.

Als Russland Mitte des 19. Jahrhunderts den vorerst letzten Widerstand der Bergvölker brach, war der Heerführung klar, dass der Krieg jederzeit wieder aufflammen konnte, solange sich die Tscherkessen in ihren unzugänglichen Bergdörfern verschanzten. Es reifte ein Plan, der in Offizierskreisen mit dem unverblümten Wort «otschischtschenie» umschrieben wurde: Säuberung.

Man stellte den Tscherkessen ein Ultimatum: Sie hatten die Wahl, sich in das leichter zu kontrollierende Bergvorland auf der Nordseite des Kaukasus umsiedeln zu lassen – oder das Russische Reich, das nunmehr über den Gebirgskamm hinausreichte, zu verlassen. Emissäre des Zaren reisten nach Istanbul und setzten die kurz zuvor in einem weiteren russisch-türkischen Krieg unterlegenen Osmanen unter Druck, ihr Reich für tscherkessische «Auswanderer» zu öffnen. Wie viele Kaukasusbewohner um das Schicksalsjahr 1864 herum in die Emigration gezwungen wurden, ist umstritten. Die russische Heeresführung sprach von gut vierhunderttausend Menschen. Manche sagen, es seien zwei- oder dreimal so viele gewesen.

Genau so umstritten ist, wie viele die Deportation nicht überlebten. Mindestens fünfzigtausend, vielleicht auch mehr als doppelt so viele Menschen kamen um, während sich die tscherkessischen Dörfer leerten und die Häuser der Vertriebenen zerstört wurden. Manche starben an Hunger, andere überstanden die Gewaltmärsche ins Osmanische Reich nicht. Wieder andere wurden auf überfüllte Flüchtlingsschiffe gezwängt, von denen manche nie die türkischen Küsten erreichten. Weil kaum ein Volk so zahlreich im Schwarzen Meer ertrank wie die Tscherkessen, trifft man an seinen Küsten bis heute Menschen, die aus Prinzip keine Meeresfrüchte anrühren – sie weigern sich, Fische zu essen, deren Vorfahren an den Leichen ihrer Ahnen genagt haben.

Die Tscherkessen, die im Osmanischen Reich ankamen, wurden überwiegend in den Grenzen der heutigen Türkei angesiedelt, wo nach unterschiedlichen Schätzungen anderthalb bis zweieinhalb

Millionen ihrer Nachfahren leben. Andere zogen weiter. Rund hunderttausend Tscherkessen gibt es in Syrien, etwa halb so viele in Jordanien, wo sie in ihrer traditionellen Kriegerkluft bis heute die Leibgarde des Königs stellen. Ein paar tausend leben in Israel, Europa und den USA, ein paar hundert in Ägypten.

«Mein Großvater hat noch Tscherkessisch mit mir gesprochen.»

Bassel schaltete einen Gang hoch.

«Damals, zu Hause, in Damaskus.»

In seinem Auto fuhren wir von Suchum aus Richtung Süden. Es war kurz nach sechs, die Abendsonne stand tief über dem Meer, die Palmen warfen lange Querschatten über die Uferstraße. Ein südliches Licht drang durch die Seitenfenster und färbte Bassels Brillengläser rot. Aus den Ärmeln seines Karohemds ragten Unterarme, die dünn wie die eines Teenagers waren, obwohl Bassel auf die dreißig zuging. Er hatte ein introvertiertes Gesicht, bei dem ich manchmal nicht sicher war, ob sein Lächeln der Außen- oder Innenwelt galt.

Fünf Jahre waren vergangen, seit Bassel aus Syrien geflohen war. Als der Bürgerkrieg angefangen hatte, war er gerade mit dem Informatikstudium fertig gewesen. Wäre er länger geblieben, hätte die Armee ihn eingezogen.

«Manche hier fragen mich, warum ich nicht kämpfen wollte.»

Er wandte mir sein Gesicht zu.

«Wenn Syrien angegriffen worden wäre, dann vielleicht. Aber die eigenen Leute umbringen? Bruder gegen Bruder?»

Mit einem stummen Kopfschütteln konzentrierte er sich wieder auf den Verkehr. Mein Blick streifte seine Handgelenke, die damals, kurz nach seinem dreiundzwanzigsten Geburtstag, noch schmaler gewesen sein mussten als heute. Ich war froh, dass er nicht an der Front gelandet war. Sondern in Abchasien. So seltsam das auch war, als Syrer in Abchasien zu landen.

Bassel aber war nicht der einzige. Zwanzig Kilometer südlich von Suchum bogen wir von der Landstraße ab und durchquerten einen kleinen Ort namens Dranda, an dessen Rand ein paar neunstöckige Plattenbauten standen. Vor dem georgisch-abchasischen Krieg hatten hier die Arbeiter einer Zitruskolchose gewohnt. Jetzt standen die meisten Wohnblöcke leer, bis auf den einen, in dem ein paar hundert syrische Kriegsflüchtlinge lebten. Alle hatten tscherkessische Wurzeln. Anderthalb Jahrhunderte nach der Vertreibung ihrer Vorfahren aus dem Kaukasus waren sie unerwartet zurückgekehrt – unerwartet für den Kaukasus, aber noch viel unerwarteter für sie selbst.

Durch das kahle Treppenhaus führte Bassel mich in eine Wohnung im vierten Stock. Fadja, seine Mutter, die überraschend jung aussah, bat uns ins Wohnzimmer. Sie hatte tscherkessische Teigtaschen gebacken, gefüllt mit weißem Käse. Ich versank in den Tiefen eines sowjetischen Polstersessels. Auf dem Sofa neben mir saßen Sami, Bassels jüngerer Bruder, und Mohammad, ein Nachbar, der um die siebzig war. Bassels Vater, der sonst zusammen mit dem Rest der Familie hier lebte, war für ein paar Wochen nach Syrien zurückgekehrt, um nach Verwandten zu sehen.

In Damaskus hatten sie das Durchschnittsleben einer Mittelschichtfamilie geführt. Fadja war technische Zeichnerin, ihr Mann hatte eine Fabrik für Türen und Fenster geleitet. Kurz nach Kriegsbeginn war in Damaskus ein Entsandter der abchasischen Separatistenregierung aufgetaucht, der unter den syrischen Tscherkessen für die Rückkehr in ihre historische Heimat warb. Er versprach allen Umsiedlern Wohnungen und staatliche Unterstützung. Es war kein ganz uneigennütziges Angebot: Leerstehende Häuser gab es in Abchasien im Überfluss, und nichts konnte die entvölkerte Region besser brauchen als neue, dem Separatistenregime zu Dank und politischer Loyalität verpflichtete Einwohner.

Bassel, für den die Zeit drängte, ging als Erster. Er war nie zuvor im Kaukasus oder auch nur in der Nähe gewesen. Im Flugzeug nach Moskau lernte er das kyrillische Alphabet auswendig, auf der Weiterfahrt im Bus nach Abchasien googelte er sich die wenigen Informationen zusammen, die er auf Arabisch über seine neue Heimat finden konnte. Sein jüngerer Bruder, dem ebenfalls die Einberufung drohte, folgte kurz vor seinem achtzehnten Geburtstag. Wenig später, als in den Straßen von Damaskus bereits geschossen wurde, reisten ihnen die Eltern nach.

In zögerndem Englisch erzählten Bassel, Sami, Fadja und Mohammad von der Zeit vor dem Krieg. Der Teil der Tscherkessen, der nach der Deportation im 19. Jahrhundert in Syrien gelandet war, hatte sich ursprünglich in den Golanhöhen niedergelassen. Der alte Mohammad, der sich an das dortige Leben noch erinnerte, zählte ein Dutzend tscherkessischer Siedlungen an seinen Fingern ab. Erst im Sechstagekrieg von 1967, als Israel die Golanhöhen besetzt hatte, waren die syrischen Tscherkessen mehr oder weniger geschlossen nach Damaskus geflohen. Obwohl sie in der Metropole nicht mehr das abgegrenzte Leben einer Diasporagemeinde führten, sahen sie sich weiter als Tscherkessen.

«Es gibt kleine Unterschiede zwischen uns und den Arabern.»

Bassel wollte weitersprechen, aber Mohammad unterbrach ihn.

«Kleine?»

Er breitete die Arme aus, als wolle er zeigen, wie groß die Unterschiede wirklich waren.

«Riesige! Bei den Tscherkessen teilen Frauen und Männer das Leben. Sie sitzen nicht getrennt in ihren Häusern wie die Araber.»

Bassel nickte.

«Aber die jüngeren Syrer haben das auch nicht mehr getan. Das ganze Land wurde langsam liberaler. Bis der Krieg anfing.»

Bassel und Sami erinnerten sich an das tscherkessische Kulturzentrum in Damaskus, in das ihre Eltern sie wöchentlich geschickt hatten. Man hatte man ihnen dort die Sprache und Lieder ihrer Vorfahren beigebracht. Auch die Trauertänze, mit denen die Tscherkessen die Erinnerung an ihre Vertreibung wachhielten, hatten die Brüder gelernt, Bassel mit etwas mehr, Sami mit etwas weniger Ehrgeiz.

Entscheidender aber waren für beide die Erzählungen ihres Großvaters gewesen: Fadjas Vater, der Kaukasus-Patriot der Familie. Seine eigenen Großeltern hatten den Exodus der Tscherkessen im 19. Jahrhundert noch selbst miterlebt, und was sie ihm in seiner Kindheit davon erzählt hatten, hatte der Großvater an seine Enkel weitergegeben. Die Liebe des Großvaters war so weit gegangen, dass er kurz nach dem Fall des Eisernen Vorhangs, der die Exiltscherkessen siebzig Jahre lang vom Kaukasus abgeschnitten hatte, zum ersten Mal Abchasien besucht hatte, die Heimat seiner Vorfahren. In den Jahren bis zu seinem Tod war er trotz der abchasischen Nachkriegswirren regelmäßig in Suchum gewesen, und wenn er heimkehrte, hatte er dem Rest der Familie ohne Pause von seinem wiederentdeckten kaukasischen Paradies vorgeschwärmt. Fadja und ihre Söhne hatten still den abchasischen Honig gelöffelt, den der Großvater aus Suchum mitbrachte, aber so geduldig sie ihm auch zugehört hatten, der Kaukasus war ihren Herzen fern geblieben.

«Und heute sitzen wir hier.»

Fadjas Lächeln sprang auf die Gesichter ihrer Söhne über. Keine fünf Jahre nach dem Tod des Großvaters waren sie alle in Abchasien gelandet. Es war ein Witz, der sich tief in die Familienmythologie eingegraben hatte.

Bassel war unter den Bewohnern des Plattenbaus von Dranda einer der wenigen, die in Abchasien Arbeit gefunden hatten. Ein Mobilfunkanbieter hatte ihn kurz nach seiner Ankunft als IT-Techniker eingestellt, obwohl Bassel damals kaum Russisch gesprochen hatte und sich im Betriebssystem des Unternehmens nur an der Form der Symbole orientieren konnte. Inzwischen sprach er es, wenn auch weniger fließend als sein jüngerer Bruder, der in Suchum Tourismus studierte. Wenn die beiden Söhne tagsüber unterwegs waren, saß Fadja oft alleine in der Wohnung und schaltete zwischen russischen, abchasischen und georgischen Fernsehsendern hin und her, von deren Sprachen sie wenig verstand.

Am schwersten war es für Mohammad, der zu alt war, um noch Russisch zu lernen. Er war ein Künstlertyp mit träumerischen Augen, der in Damaskus als Schriftsteller und Journalist gearbeitet hatte. In poetisch irrlichterndem Englisch erzählte er mir von einem seiner Gedichte, das er kurz nach der Ankunft in Abchasien geschrieben hatte.

«Ich habe einen Traum. Ich träume, dass ich ein Boot male. Das Boot löst sich vom Papier und trägt mich um die Welt. Ich besuche den Louvre und sehe die Bilder der Impressionisten. Ich gehe ins Bolschoi-Theater und höre Beethoven. Ich sitze in Kuba unter Zuckerrohrpalmen. Mein Boot ist klein, die Welt ist groß. Dann erwache ich. Das Boot ist verschwunden, meine Welt ist wieder klein. Ich seufze und sage zu mir selbst: Du bist ein Gefangener der Geographie.»

Keiner der vier hätte sich Abchasien als Zufluchtsort ausgesucht, wenn sie die Wahl gehabt hätten. Aber alle wussten sie, dass es auch schlechter hätte kommen können. Bassel und Sami waren dem Bürgerkrieg entgangen. Sie waren nicht im Mittelmeer ertrunken, sie saßen nicht in einem Flüchtlingslager fest, sie hatten zu essen und konnten nachts in Betten schlafen, auch wenn es sowjetische Sperrholzbetten waren. Es schien ihnen in Abchasien sogar besser zu gehen als den Tscherkessen, die aus Syrien in den russischen Teil des Kaukasus geflohen waren. Bassel hatte gehört, dass die Russen den Flüchtlingen nicht immer freundlich begegneten, was mich nach den Erfahrungen der letzten Wochen nicht überraschte.

Wie es weitergehen würde, wusste keiner von ihnen. Während wir sprachen, sah ich manchmal Fadjas Blicke zu ihren beiden Söhnen wandern und bildete mir ein, in ihren Augen unausgesprochene Sorgen zu lesen. Bassel und Sami waren unverheiratet. Was wäre, wenn sie sich hier verliebten? Würden sie je nach Syrien zurückkehren? Und wurde es nicht mit jedem Tag in Abchasien wahrscheinlicher, dass sie ihr Herz hier verloren?

Später, als Bassel mich über die dunkle Uferstraße zurück nach Suchum fuhr, fragte ich ihn, ob die Tscherkessen in Syrien untereinander heirateten.

Er nickte.

«Es wird nicht gerne gesehen, wenn sich tscherkessische Mädchen mit Arabern einlassen.»

«Und umgekehrt?»

Er sah mich verwundert an.

«Umgekehrt? Du meinst, tscherkessische Männer mit arabischen Frauen?»

«Ja.»

Bassel grinste, wie man nur über naive Menschen grinst.

«Warum sollte ein Tscherkesse das tun? Die Tscherkessinnen sind tausendmal schöner, alle Frauen in Syrien beneiden sie.»

Ein paar Tage später, am letzten Abend vor meiner Abreise aus Abchasien, traf ich mich noch einmal mit Bassel. Wir liefen die Uferpromenade auf und ab, wie es an Sommerabenden die halbe Stadt tat. Ab und zu begegneten wir anderen jungen Tscherkessen aus Syrien, Bekannten von Bassel, die so ziellos unterwegs waren wie wir. Wir liefen eine Weile nebeneinanderher, unterhielten uns auf Russisch und knackten die Sonnenblumenkerne, die uns Bassels Freunde aus ihren Papiertüten anboten. Im Gespräch sah ich, wie die Blicke der Tscherkessen jungen Abchasinnen folgten, die in der Gegenrichtung an uns vorbeiflanierten.

Am späten Abend liefen wir einem älteren Mann über den Weg, den Bassel kannte, weil er für eine Behörde der Separatistenregierung arbeitete. Der Mann hatte ein hartes, misstrauisches Gesicht. Er gehörte zu einer früheren Generation syrischer Tscherkessen, die als Kriegsfreiwillige in den Kaukasus ausgewandert waren, um gemeinsam mit den Abchasen gegen die Georgier zu kämpfen.

Der Mann fragte mich, von wo ich nach Abchasien eingereist war. Ich hörte die Frage nicht zum ersten Mal, aber erst jetzt ging mir auf, dass sie nicht in erster Linie aus Neugier, sondern aus ideologischen Gründen gestellt wurde – für manche hier machte man sich verdächtig, wenn man von Georgien aus einreiste.

«Warum nicht aus Russland?»

«Ich ...»

«Schriftsteller, ja? Was heißt das? Bist du hier, um uns auszuhorchen?»

«Nein, ich ...»

«Arbeitest du für die Georgier?»

«Nein ...»

«Warum steht in euren Zeitungen immer, das Leben in Abchasien sei schlecht? Warum schreibt ihr nicht, dass Georgien ein Land der Verbrecher und Junkies ist?»

«Wie ...»

«Erklär mir, warum sich die Georgier nicht mit der abchasischen Unabhängigkeit abfinden wollen, obwohl sie den Krieg verloren haben! Ihr Deutschen musstet doch auch damit leben, dass euer Land geteilt wurde!»

«Wegen der Vertriebenen.»

Dieses eine Mal schaffte ich es, eine Antwort einzuwerfen.

«Wegen der Georgier, die aus Abchasien fliehen mussten. Wie sollen sie sich damit abfinden, dass sie nicht in ihre Heimat zurückkehren können?»

Er schnaubte verächtlich.

«Abchasien war nie ihre Heimat! Egal, wie lange sie hier gelebt haben! So wie Syrien niemals meine Heimat war!»

Als sich der Mann am Ende seines Wutmonologs von uns verabschiedete, sahen Bassel und ich ihm lange hinterher.

«Einmal Krieger, immer Krieger», sagte Bassel entschuldigend. «Diese Veteranen können nicht aus ihrer Haut.»

Ich nickte stumm. Wieder war ich froh, dass Bassel nicht an der Front gelandet war. Ich schwor mir an jenem Abend, nie zu vergessen, dass es sich mit dem Stigma des Deserteurs im Zweifel besser lebt als mit den Seelenschäden des Siegers.

«Besuch mich in Berlin», sagte ich, als unser Spaziergang vor Bassels Auto endete.

Wir lächelten bitter, als wir uns die Hände schüttelten, weil uns beiden klar war, dass Bassel für Besuche in Berlin die denkbar schlechteste Kombination von Reisedokumenten hatte: einen syrischen Terrorpass und einen abchasischen Spielzeugpass. Er saß auf unabsehbare Zeit hier fest, in der Heimat ferner Vorfahren, mit denen ihn in Syrien kaum noch etwas verbunden hatte, bevor eine Laune des Schicksals die Vergangenheit zu Bassels Zukunft gemacht hatte.

Ich musste an Bassel denken, als sich wenige Wochen später überraschend ein sechstes Land in die Reihe der Staaten gesellte, die Abchasiens Unabhängigkeit anerkannten. Die Motive waren durchsichtig: Der Kreml hatte einen Kriegsverbündeten auf seine Seite gezogen.

Es war Syrien.

Türkei

Karadeniz

Ich selbst habe keinen Glauben,
und manchmal wünschte ich,
alle Religionen lägen auf dem Meeresgrund.

Mustafa Kemal Atatürk, Interview mit der
britischen Journalistin Grace Ellison, ca. 1926

Fırtana, der Falke

Manche nennen die georgische Stadt Batumi das Las Vegas des Schwarzen Meers. Das ist schmeichelhafter als der ältere Spitzname, den französische Matrosen einst der regenreichen Küste des georgisch-türkischen Grenzgebiets verpassten: «le pissoir de la mer noire». Batumi lag im Lauf seiner Geschichte nie lange auf derselben Seite der Grenze. Die Stadt war georgisch, osmanisch, russisch-imperial, türkisch-republikanisch und sowjetisch, bevor sie zuletzt wieder georgisch wurde. In den Jahren seit der Unabhängigkeit hat sie sich zur neonblinkenden Casino-Metropole entwickelt, daher ihr heutiger Spitzname. Touristen aus der Türkei überqueren die nahe Grenze zum Spielen und zum Trinken. Von weiter her kommen die arabischen Männergruppen, die man im Schatten neugebauter Bürotürme um Thai-Massage-Salons schleichen sieht. In den Bars der Altstadt trifft sich eine kleine Exilgemeinde junger, oppositioneller Russen, die nach Süden gezogen sind, um unter Palmen den Putin-Winter auszusitzen.

Das türkische Erbe hat Batumi nie ganz abgeschüttelt. Präsent ist es in den Moscheen und Kebabgrills der Innenstadt, vor allem aber auf dem riesigen Basar, der die Gänge des Busbahnhofs und die umliegenden Straßenzüge füllt, ein Labyrinth aus Ständen voller türkischer Importwaren. Das einzige georgische Produkt, das ich hier sah, war der Tabak, der in den umliegenden Bergdörfern angebaut und auf dem Markt von Bauern mit gelb gefärbten Nikotinfingern verkauft wurde. Auf allen anderen Ständen türmten sich Waren, die fliegende Händler aus der Türkei anlieferten: Socken, Mützen, Büstenhalter, Babystrampler, Gummistiefel, Gartenhandschuhe, blinkende Plastikschwerter und Spielzeuggewehre, Teppiche, Lederjacken, Gewürze.

Die Haltebuchten des Bahnhofs glichen Verladerampen. Aus den Sammeltaxis, mit denen die Händler über die nahe Grenze gefahren kamen, wuchteten sie ihre Kisten. Als ich mich mit meinem Rucksack in einen der Kleinbusse setzte, um in die Gegenrichtung aufzubrechen, geriet ich in eine georgische Schmugglerbande. Plastiktüten voller Schnapsflaschen und Zigarettenstangen blockierten die vorderen Sitzreihen. Als der Bus losfuhr, begannen zehn Männer, die Waren hektisch auf Sporttaschen mit gefälschten Markenlogos zu verteilen. Ihr Anführer, ein grünäugiger, adlernasiger Schauspielertyp, dem in einem reicheren Land sicher andere Karrierewege offengestanden hätten, musterte meinen Rucksack und fragte mich etwas auf Georgisch. Ich versuchte es auf Russisch, auf Englisch, schließlich mit meinem lückenhaften Türkisch, aber nichts verfing. Am Ende drückte mir der Mann wortlos zwei Stangen Zigaretten und eine Flasche ukrainischen Wodka in die Hand. Schulterzuckend stopfte ich sie in meinen Rucksack.

Die Fahrt bis zur Grenze dauerte keine halbe Stunde. Als wir sie erreichten, mussten wir den Bus verlassen, der ohne Passagiere durch den Zollkorridor fuhr. Der Fußweg führte unmittelbar am Meer entlang, nur ein Zaun trennte uns von der felsigen Küste. Das Wasser war blassgrau an jenem Tag und verschwamm am Horizont nahezu übergangslos mit der Wolkendecke, aber niemand außer mir hatte Augen dafür. Dicht gedrängt standen ein paar hundert schwer bepackte Grenzgänger Schlange vor den Zollcontainern, die Blicke starr geradeaus gerichtet. Ich wurde seitwärts abgedrängt und verlor die Schmuggler für einen Moment aus den Augen, aber eine plötzliche Hand auf meiner Schulter machte mir klar, dass die Männer ihren frisch rekrutierten Kurier im Blick behielten. Dann kam plötzlich Bewegung in die Wartenden, wie auf Kommando wogte die gesamte Menschenmasse vorwärts. Wir passierten den georgischen, dann den türkischen Zoll. Niemand interessierte sich für unser Gepäck, obwohl die Sporttaschen der Schmuggler erkennbar bis zum Bersten vollgestopft waren.

Auf der türkischen Seite stürzten die Berge steil ins Meer. Eine kleine Moschee klammerte sich an den Hang, darunter schlug die Brandung krachend gegen die Felsen. Während wir auf den Bus warteten, warfen die Schmuggler ihr Gepäck auf einen Haufen und signalisierten mir, meinen Rucksack dazuzulegen. Sie schoben mich in Richtung Moschee, in ein flaches Nebengebäude mit Toiletten. Als wir es wieder verließen, blieben die Georgier vor dem Moscheebrunnen stehen, einer kleinen Wasserquelle für die Waschungen vor dem Gebet. Zwei der Schmuggler drehten die Hähne auf, hielten ihre gefalteten Hände unter den Strahl und begannen zu trinken.

Aus dem Inneren der Moschee tauchte ein alter Mann auf, der uns offenbar beobachtet hatte. Zeternd lief er auf die Georgier zu und verscheuchte sie von den Wasserhähnen. Ich verstand nicht, was er schrie, aber seine Körpersprache war eindeutig. Dies war kein Brunnen für Ungläubige. Selten hatte ich so deutlich das Gefühl gehabt, eine Grenze überquert zu haben.

Als wir weiterfuhren, setzte ein warmer Juniregen ein, mit schweren Tropfen, die das Meer hinter den Busfenstern verschwimmen ließen. Ich gab den Schmugglern ihre Zigaretten und den Wodka zurück und versuchte herauszufinden, wohin sie unterwegs waren, aber sie deuteten nur stumm geradeaus, die Uferstraße entlang.

Noch wusste ich nicht, dass diese vierspurige, unmittelbar an der Küste entlang gebaute Trasse von der georgischen Grenze mehr oder weniger durchgehend bis nach Istanbul führt – und dass sie auf dem Weg dorthin fast alle Städte und Dörfer brutal vom Ufer abschneidet. Aber schon bei jener regnerischen Busfahrt spürte ich, dass das Schwarze Meer in der Türkei einen anderen Stellenwert hat als in den nördlichen Anrainerländern. Es fühlte sich plötzlich nicht mehr wie das warme, südliche Sehnsuchtsmeer an, das es für Russen und

Ukrainer ist, sondern wie ein drittklassiges Binnengewässer, das hinter dem Mittelmeer und der Ägäis verblasst. Unter den türkischen Meeren ist es das kühlste, trübste und für Touristen unattraktivste, ein Nord- und Nutzmeer, gut zum Fischen, nicht zum Baden. Jede Siedlung, an der wir vorbeifuhren, hatte auf der Wasserseite der Straße einen betonierten Fischereihafen, aber nirgends sah ich einen Strand, eine Marina oder auch nur ein Ufercafé. Es war, als sei das Meer hier allein von beruflichem Interesse.

«Die Schwarzmeertürken wissen nicht, wie man Spaß hat.»

Yaşa dagegen wusste ziemlich genau, wie man Spaß hat. Ich lernte ihn in Ardeşen kennen, einer 40000-Einwohner-Stadt kurz hinter der Grenze, in der ich ausgestiegen war, nachdem ich mich von den Schmugglern verabschiedet hatte. Yaşa war der Inhaber eines Grillrestaurants, ein langhaariger, fließend Englisch sprechender Surfer-Typ, der in Ardeşen fehl am Platz wirkte. Die glücklicheren zwei Jahrzehnte seiner Vergangenheit hatte er in Bodrum verbracht, an der türkischen Ägäisküste, wo die Istanbuler Schickeria ihre Sommerhäuser und Segelboote hat. Vor drei Jahren war Yaşa in seine Heimatstadt am Schwarzen Meer zurückgekehrt. Seitdem bereute er es jeden Tag. Er vermisste die Strandbars, die Diskos, die ungehemmten Blicke der Frauen, er vermisste das Bier, das weder in seinem noch in irgendeinem anderen Restaurant in Ardeşen auf der Karte stand.

Fragend sah ich ihn an.

«Die Schwarzmeertürken trinken nicht?»

Er nickte traurig.

«Nur heimlich. Wenn sie sich Nutten bestellen. Aber ...»

Einen Moment lang suchte er nach den richtigen Worten.

«Aber das sind keine guten Partys, glaub mir.»

Ich fragte ihn, warum er zurückgekehrt war. Er überlegte einen Moment, als wisse er es selbst nicht mehr genau. Dann zuckte er mit den Schultern.

«Es ist meine Heimat. Ich bin Lase.»

Die Lasen – alle Türken in Berlin hatten mir von ihnen erzählt. Sie galten als verschrobene, hinterwäldlerische Sonderlinge, als türkische Ostfriesen, über die man sich im ganzen Land Witze erzählte. Die Lasen-Witze drehten sich meistens um zwei Männer namens Temel und Dursun, die für ein einfaches Problem eine möglichst komplizierte Lösung finden. Je beliebter die Temel-und-Dursun-Witze in der Türkei geworden waren, desto unbeliebter waren am Schwarzen Meer die Namen Temel und Dursun geworden. Kein Lase wollte seine Söhne zum Gespött der Nation machen.

Wenn Türken von Lasen reden, meinen sie in der Regel die gesamte Bevölkerung der östlichen Küstenregion, die sich erkennbar mit den benachbarten Kaukasusvölkern gemischt hat – überall sah ich blonde und rothaarige, blau- und grünäugige Schwarzmeertürken. Die eigentlichen Lasen aber, deren Name zum Synonym der ganzen Region geworden ist, sind eine ethnische Minderheit, die nur in ein paar Städten und Dörfern rund um Ardeşen lebt. Es sind entfernte Verwandte der georgischen Mingrelen, die unter osmanischem Einfluss den Islam angenommen haben. Wenig unterscheidet die lasischen Türken auf den ersten Blick von den türkischen Türken – wenig außer den Falken.

Barış, ein Freund von Yaşa, kam später am Abend mit einem seiner Vögel im Restaurant vorbei. Der Falke saß auf seiner rechten Schulter, majestätisch ruhig, mit gelben, pulsierenden Augen und einem irritierend reglosen Kopf. Wenn Barış seine Schulter hob oder senkte, folgte nur der Körper des Falken der Bewegung, nicht der Kopf, der immer an derselben Stelle des Raums zu schweben schien. Es sah aus, als bewege nicht die Schulter den Falken, sondern der Falke die Schulter.

Barış, der seinen testosterongeladenen Athletenkörper mit einer früh beginnenden Halbglatze bezahlte, hatte den Falken vor drei Monaten aus dem Nest geholt. Es war eine von zwei Methoden, mit denen die Lasen Falken fingen. Die andere war die Netzmethode: Man bindet einen Spatz an einen gut platzierten Zweig und spannt vor dem Baum ein feines, kaum sichtbares Netz auf. Dann legt man sich auf die Lauer und wartet, bis sich ein Falke auf den Spatz stürzt. Sobald er im Netz zappelt, packt man ihn. Barış hielt mehr von der Nestmethode als von der Netzmethode, weil Babyfalken leichter an Menschen zu gewöhnen sind als erwachsene Vögel. Er spürte die Nester auf, indem er mit einer Kameradrohne die Felshänge rund um Ardeşen abflog. Sobald die Jungen schlüpften, seilte er sich ab und stahl eins der Babys aus dem Nest – immer nur eins, Falkner-Ehrensache.

Warum die Lasen Falken liebten, wusste Barış nicht, aber auch sein Bruder, sein Vater und sein Großvater waren Falkner gewesen. Noch weiter zurück in der Familiengeschichte hatten die Lasen Falken dressiert, um mit ihnen zu jagen, was sie heute zwar immer noch taten, aber nur aus Spaß, nicht aus Not.

Fırtına, der Falke auf seiner Schulter, sei der beste Jäger, den er je gehabt hatte, sagte Barış.

«Agresif! Çok agresif!»

Barış setzte Fırtına gerne auf Hühner an. Mit einem Kennerlächeln ließ er den rechten Daumen über seinen Hals gleiten – so sah es aus, wenn Fırtına den Hühnern die Kehle aufriss.

«Valla agresif!»

Der Falke ließ seine Pupillen schwellen und schrumpfen, während wir Tee tranken, Tee aus winzigen Teegläsern, Tee mit Würfelzucker, Tee, wie ich ihn in den kommenden Wochen literweise trinken würde, bernsteinfarbenen Schwarzmeertee, der an den Berghängen rund um Ardeşen angebaut wurde.

Im Lauf des Abends setzte sich Mithat zu uns, ein Stammgast und Freund von Yaşa. Später, als die Küche schloss, stieß Ömer dazu, der Koch. Die vier unterhielten sich auf Türkisch. Aus den Gesprächsfetzen, die ich verstand, und aus denen, die Yaşa mir übersetzte, reimte ich mir erst nach einer Weile zusammen, wie typisch für die Schwarzmeerregion diese zusammengewürfelte Runde war. Yaşa und Barış waren Lasen. Mithat gehörte zu den Hemşinli, einer anderen, mit den Armeniern verwandten Minderheit der Region. Und Ömer ... Yaşa hieb seinem Koch mit der flachen Hand auf den Rücken.

«Ömer ist Kurde. Einer von den Bösen.»

Alle lachten. Barış lachte so laut, dass seine Schultern bebten, und wieder sah es aus, als steuere nicht er selbst, sondern der stillstehende Falkenkopf seine Körperbewegungen. Nur Ömer lachte ein bisschen leiser als die anderen.

«Und Türken?», fragte ich. «Gibt es in Ardeşen keine Türken?»

Das Lachen verstummte abrupt.

«Türken», sagte Yaşa ernst, «sind wir alle.»

Ich musste oft an die Restaurantrunde in Ardeşen zurückdenken, während ich mich in den folgenden Wochen westwärts die Küste entlangtreiben ließ. Meine Erfahrungen hatten mich gelehrt, dem Zusammenhalt der Schwarzmeervölker zu misstrauen. In Abchasien hatte ich gesehen, dass Nachbarn, die sich jahrzehntelang Restauranttische teilen, einander sehr plötzlich fremd werden können, dass aus schulterklopfendem Gefrotzel schnell reale Aggression wird, wenn der politische Wind dreht.

Auch die türkische Schwarzmeerküste hatte solche Wetterwechsel erlebt. Von der alten Völkervielfalt der osmanischen Epoche war wenig übrig geblieben, seit das Reich im Ersten Weltkrieg erst kollabiert, dann drastisch geschrumpft und schließlich mit Gewalt zur Nation umgeschmiedet worden war. Den Neuanfang unter Mustafa Kemal Atatürk hatten nicht alle Völker schadlos überstanden. Es traf die Kurden, die zurück zum abgeschafften Kalifat wollten, die Armenier, die einen eigenen Staat forderten, und die pontischen Griechen, die mit den Expansionsplänen ihrer hellenischen Verwandten liebäugelten, weshalb ihnen widerfuhr, was die Vertriebenen bis heute mit dem griechischen Wort *Katastrofe* bezeichnen. Im Schicksalsjahr

1923 verständigte sich Atatürk mit dem Regime in Athen auf einen erzwungenen Bevölkerungsaustausch. Eine halbe Million Muslime wurden aus Griechenland in die Türkei abgeschoben, mehr als eine Million Pontier ins griechische Kernland deportiert.

Die wenigen pontischen Griechen, die bis heute im Nordostteil der Türkei leben, sind muslimisch, turksprachig und komplett assimiliert. Wie die Lasen, die Hemşinli, die Armenier und all die anderen Minderheiten haben sie verinnerlicht, was Atatürk zum Motto seines Staats machte: «Glücklich ist, wer sagen kann: Ich bin Türke.»

Eine Ikone fällt vom Himmel

Auf dem Weg nach Westen schlug ich ein paar Haken nach Süden, durch die Pontischen Alpen. Bald begann ich zu verstehen, warum das Meer die Menschen hier offenbar so wenig beeindruckte: Es lag in jeder Hinsicht im Schatten der Berge.

Schon die Lasen in Ardeşen hatten mir das wichtigste Wort der Schwarzmeertürken beigebracht: «Yayla». Alm, Bergweide, Hochland. Das Wort schien sowohl die Landschaft selbst zu bezeichnen als auch die Gefühle, die sie in den Herzen ihrer Bewohner auslöste. Immer wenn ich es hörte, wurde es mit Glanz in den Augen und Schmelz in der Stimme gesagt: «Yaaayla ...»

Die Gebirgskette flankiert fast die gesamte türkische Küste. Vom Ufer aus steigt sie schnell auf zweitausend, dreitausend, im Ostteil viertausend Meter Höhe auf. Der stetige Regen, der vom Meer her auf sie zutreibt – «le pissoir de la mer noire» –, hält ihre Nordflanke feucht, an deren unteren, terrassierten Hängen Tee wächst, in Plantagen von so ausgedehnten Dimensionen, dass sie den gewaltigen Teedurst der gesamten Türkei stillen. Ich sah die kniehohen Büschel kilometerweit in alle Richtungen reichen, unterbrochen nur von kleinen Familienfriedhöfen, deren weiße, surenverzierte Steine aus den leuchtend grünen Feldern ragten. Frauen mit Kopftüchern knieten zwischen den Pflanzen, um die erste Ernte einzubringen. Das Schnipp-schnipp-schnipp-Geräusch ihrer Beutelscheren gab meinen Schritten den Rhythmus.

Weiter oben, näher an den noch schneebedeckten Gipfeln, begann die eigentliche Yayla-Landschaft, das Hochweideland, das mehr nach der Schweiz aussah als nach allem, was ich je mit der Türkei in Verbindung gebracht hatte. Das Gedengel von Kuhglocken hallte über die Bergwiesen. Dichter Nadelwald zog sich von Gipfel zu Gipfel, unterbrochen von breiten Blütenteppichen aus gelbem und violettem Rhododendron. Greifvögel kreisten über den Berghängen, Hinweisschilder warnten Wanderer vor Bären und Luchsen, und wären die Atatürk-Porträts an den Giebeln der hölzernen Almhütten nicht gewesen, hätte ich mich nie in der Türkei gewähnt.

Ich sah Bienenschwärme um Imkerkästen kreisen und musste an die Geschichten denken, die ich über den halluzinogenen Honig des Schwarzen Meers gelesen hatte, gewonnen aus den Blüten einer bestimmten Rhododendronart, die kleine Mengen eines Nervengifts enthält. Die ersten Berichte stammten aus der Antike: Xenophon beschreibt, wie beim Rückmarsch von seinem Feldzug in Persien das halbe Heer in einen Kollektivrausch fiel, nachdem die Soldaten in einem Bergdorf Honigwaben gegessen hatten. Strabon erzählt, dass römische Legionäre hier mit Honig kampfunfähig gemacht und ermordet wurden. Alle Türken, die ich im Hochland nach «deli bal» fragte, nach «irrem Honig», nickten wissend. Manche wollten um ein paar Ecken jemanden kennen, dem der Rhododendronhonig den Verstand geraubt hatte. Aber tatsächlich probiert hatte ihn niemand, und als ich in Lebensmittelläden danach fragte, erntete ich nur entsetztes Kopfschütteln.

Mitten in dieser von Bienen und Legenden umschwirrten Märchenwaldwelt fiel im Jahr 385 nach Christus eine Ikone vom Himmel. Es war ein Bildnis der Gottesmutter, der Legende nach ein Werk des Evangelisten Lukas, das kurz zuvor mysteriöserweise aus einer Kirche in Athen verschwunden war. Zwei griechischen Mönchen namens Barnabas und Sophronios war die Jungfrau in der Nacht ihres Verschwindens im Traum erschienen, um zu verkünden, dass sie den heidnischen Irrglauben der Athener satthabe, weshalb sie ihre Ikone von Engeln ostwärts tragen lassen werde, in die pontischen Berge. Die Mönche machten sich auf die Suche und fanden das Bildnis in einer Höhle wieder, dreißig Kilometer landeinwärts von der Küste, inmitten schwarzer Felswände, wo es ohne menschliches Zutun gelandet zu sein schien. Barnabas und Sophronios errichteten einen Höhlenschrein für die «Panaya tou Melas», die Jungfrau des schwarzen Felsens. Aus dem Schrein wurde ein Kloster, das im pontischen Dialekt «Soumela» genannt wurde. Bis heute klammern sich die Klosterbauten an eine nahezu senkrechte Felswand in den Bergen südlich von Trabzon. Die letzten Ordensleute wurden 1923 gemeinsam mit dem Rest der pontischen Griechen aus der Türkei vertrieben. Es dauerte fast ein Jahrhundert, bis die ersten Pilger aus Griechenland zögerlich nach Soumela zurückkehrten, um am 15. August, zu Mariä Himmelfahrt, Messen für die wichtigste Ikone der Pontier zu singen. Zum Zeitpunkt meiner Reise aber war das Kloster wegen Renovierungen geschlossen, schon das dritte Jahr in Folge. Manche munkelten, dass nicht jeder in der Türkei die anschwellenden griechischen Pilgerströme gerne gesehen hatte.

Vom Kloster aus windet sich eine schmale Straße durch Gebirgsschluchten, über denen sich der Himmel zu einem blauen, fransigen Band verengt. Ein Kleinbus folgte den Serpentinen nordwärts bis an die Küste und brachte mich nach Trabzon, ins alte Herz der pontosgriechischen Welt, das 1923 abrupt zu schlagen aufgehört hatte.

Es war nicht das erste Ende, das die Stadt erlebte. Ein paar Jahrhunderte zuvor war hier, an der Schwarzmeerküste, weitgehend unbemerkt vom Rest der Welt der letzte Außenposten des Römischen Reichs untergegangen. Kaiser Konstantin hatte den Sitz des Imperiums im 4. Jahrhundert an den Bosporus verlegt, er hatte aus Rom, dem Rom der Antike, Konstantinopel gemacht. Das zweite Rom überdauerte den Niedergang des ersten, und das byzantinische Reich, nunmehr griechisch geprägt, aber von seinen Bewohnern nach wie vor «Romania» genannt, überdauerte bis ins Mittelalter.

Ein altes pontisches Volkslied erzählt, wie 1453, als die Osmanen Konstantinopel einnahmen, die Kunde vom Fall der byzantinischen Hauptstadt in Trabzon ankam.

> *Ein Vogel, ein guter Vogel, ist aus der Stadt entflohen,*
> *Hat nicht in Weinbergen noch Obstgärten Rast gemacht,*
> *Hat sich auf der Sonnenfestung niedergelassen,*
> *Hat einen blutgetränkten Flügel geschüttelt,*
> *Hat aus dem anderen einen Brief gezogen,*
> *Nun liest er, weint er, schlägt seine Brust:*
> *«Wehe uns, wehe uns, Romania ist gefallen!»*

Trabzon aber wurde seit dem 13. Jahrhundert von einem Nebenzweig der byzantinischen Herrscherdynastie regiert, von den Komnenen, die nun, nach dem Fall Konstantinopels, ihr kleines Schwarzmeerimperium als letzte Bastion des alten Roms betrachteten. Für acht kurze Jahre war Trabzon das Zentrum eines dramatisch geschrumpften Weltreichs, bevor 1461 auch hier die Osmanen einmarschierten.

Als ich in Trabzon ankam, hatte der Hochsommer begonnen. Das feuchte Meerklima verwandelte die Stadt in ein großes Dampfbad. Ich hatte das Gefühl, mehr Wasser als Luft einzuatmen, und obwohl die Temperatur noch unter dreißig Grad lag, schien sie gefühlt die vierzig zu übersteigen. Jeder Schritt durch die bergigen Straßen trieb mir den Schweiß auf die Stirn.

Die Stadt war unsentimental über die Ruinen des alten Komnenenreichs hinweggewachsen. In die Lücken zwischen den eingestürzten Teilen der riesigen Mittelalterfestung hatte man neue Häuser gequetscht, niedrige, schlichte Konstruktionen, mit Wänden, die teilweise aus Bruchstücken der alten Mauern zusammengemörtelt waren. An den besser erhaltenen Festungsteilen hingen Satellitenschüsseln und Wäscheleinen, dazwischen grasten Ziegen in Gemüsegärten.

Der einzige kühle Ort in Trabzon war der Innenraum der Neuen Freitagsmoschee, einer von vielen byzantinischen Kirchen, die nach der osmanischen Eroberung in muslimische Gotteshäuser umgewandelt worden waren. Sultan Mehmed II. hatte hier 1461 demonstrativ das erste Freitagsgebet abgehalten und der ehemaligen Heilig-Eugenios-Kirche damit ihren neuen Namen gegeben. Ich hockte mich im Schneidersitz auf den Boden, spürte die Kälte aus dem steinernen Untergrund aufsteigen und ließ mich von den Teppichmustern hypnotisieren, bis ich halb einnickte.

Ein lautes Heulen riss mein Kinn von der Brust.

«Allaaaaaaaaaaaaaaaaaaaaaaaaaaaaaaaaaaaaahu ekber ...»

Benommen sah ich zu, wie sich die Moschee mit Gläubigen füllte. Irgendetwas an der Art, wie sie auf dem Teppich Platz nahmen, kam mir seltsam vor, aber was es war, begriff ich erst, als das Nachmittagsgebet begann. Die Männer verneigten sich nicht zur Stirnseite des länglichen Moscheeraums, sondern quer zur Seitenwand. Ich war der Einzige, der sich intuitiv in Ost-West-Richtung auf den Teppich gesetzt hatte, der Logik des alten Kirchenschiffs folgend, nicht der Lage Mekkas.

Einst hatten Fresken orthodoxer Heiliger und Porträts der Komnenenherrscher die Kirchenwände bedeckt. Die Bilder waren vermutlich immer noch da, aber seit einem halben Jahrtausend bedeckte eine Schicht Putz ihre Augen. Ich las davon in einem alten amerikanischen Reiseführer, dessen Autor durchblicken ließ, dass er den türkischen Umgang mit christlichen Kirchen barbarisch fand. Ich musste lachen, als ich ein paar Seiten weiter las, wie Sankt Eugenios von Trabzon, der ehemalige Namensgeber der Kirche, zum Heiligen und Märtyrer geworden war. Als früher Christ war er im dritten Jahrhundert von den damals noch heidnischen Machthabern der Stadt hingerichtet worden, weil er aus religiösem Eifer eine Statue des Sonnengottes Mithras zerstört hatte.

Als die Osmanen im 15. Jahrhundert Trabzon einnahmen, endete damit die römisch-imperiale, aber nicht die griechische Tradition der Stadt. Die Pontier stellten weiter den Großteil der Bevölkerung, und bis ins frühe 20. Jahrhundert hinein prägten sie in Trabzon das öffentliche Leben. Manche von ihnen träumten von einer Wiedergeburt des griechischen Schwarzmeerimperiums, als im Ersten Weltkrieg das Osmanische Reich unterging. Der Traum endete 1923. Trabzons griechische Zeitungsredaktionen, die Schulen, die Banken, die Lebensmittelläden, die Bordelle und Kneipen leerten sich auf einen Schlag, als die Pontier die paar Habseligkeiten, die sie tragen konnten, zum Hafen schleppten und an Bord der Deportationsschiffe verstauten.

Manche ihrer Nachkommen singen heute in Griechenland noch immer das alte pontische Volkslied vom Fall Konstantinopels.

Die Kirchen trauern, die Klöster weinen,
Und Sankt Johannes Chrysostomos weint, er schlägt seine Brust,
Weine nicht, weine nicht, heiliger Johannes, schlage nicht deine Brust,
Romania ist gestorben, Romania ist gefallen,
Doch auch wenn Romania gestorben ist –
Es wird wieder erblühen und Früchte tragen.

Die Liebesgeschichte von Gabi und Yusuf

Unsere Blicke trafen sich zufällig, aber irgendetwas in seinen Augen ließ meine Schritte langsamer werden. Auch er schien innerlich aufzumerken – es war, als spürten wir beide, dass ein Gespräch auf uns wartete. Mit einem Teeglas in der Hand saß er in einer schattigen Straßenecke, ein Mann mit weißem, hinter die Ohren gestrichenem Haar und den wasserblauen Augen eines Schwarzmeertürken. Nachdem wir uns einen Moment lang stumm gemustert hatten, sprach er mich an, in fließendem Englisch, was ungewöhnlich war, nicht nur für sein Alter, sondern auch für die Region – seit Tagen war mir niemand mehr begegnet, mit dem ich etwas anderes als mein stockendes Türkisch hätte sprechen können.

Yusuf Ziya Çakır war, wie sich herausstellte, der Inhaber einer kleinen Familienreederei am Hafen von Trabzon, vor deren Eingang er seinen Klappstuhl aufgestellt hatte. Sein Englisch hatte er im Gespräch mit ausländischen Schiffsbesatzungen gelernt, genau wie sein Russisch, das er zu meiner Überraschung nicht weniger gut sprach. Am Tag vor unserer Zufallsbegegnung hatte er seinen siebenundsechzigsten Geburtstag gefeiert.

Er zeigte mir das Innere seiner Reederei, deren Wände mit Gemälden und Fotografien alter Schiffe bedeckt waren: Segel- und Dampfschiffe, Passagier- und Frachtschiffe, Kriegsschiffe, Kranschiffe, Fischerboote. Der Laden laufe gut, sagte Yusuf, auch wenn der Hafen von Trabzon bessere Zeiten gesehen hatte. Seit vor gut zehn Jahren die neue Ufertrasse nach Istanbul gebaut worden war, hatte sich der Transport der beiden wichtigsten pontischen Exportgüter, Tee und Haselnüsse, von der See überwiegend auf die Straße verlagert.

Als wir später draußen Tee tranken und ich von meiner Reise erzählte, sah ich in Yusufs Augen plötzlich etwas aufblitzen. Es war, als tauche aus den Tiefen seines Gedächtnisses eine Erinnerung in ihm auf, die nach außen drängte. Er stellte sein Teeglas auf den Asphalt und lehnte sich in seinem Klappstuhl zurück.

«Ich erzähle dir eine Geschichte. Du wirst sie mögen.»

Die Geschichte lag vier Jahrzehnte zurück. Am 3. November 1978, Yusuf war siebenundzwanzig Jahre alt, war im Hafen von Trabzon ein Frachtschiff vor Anker gegangen. Die Flagge am Heck symbolisierte das sozialistische Miteinander von Arbeitern, Intelligenzlern und Bauern: Hammer, Zirkel und Ährenkranz auf schwarz-rot-goldenem Grund. Die «Rosenort» kam aus der DDR.

Yusuf ging an Bord, um mit dem ostdeutschen Kapitän über die 2850 Tonnen Haselnüsse zu verhandeln, die das Schiff in Trabzon aufladen und nach Rostock transportieren sollte, in den Heimathafen der «Rosenort». In der Bordkantine setzten sich die beiden Männer an einen Tisch. Eine junge Schiffsstewardess brachte ihnen Kaffee. Die Stewardess hieß Gabi. Sie war achtzehn Jahre alt. Als Yusuf ihr in die Augen sah, flogen Funken.

In den acht Tagen, die Gabis Schiff in Trabzon vor Anker lag, lernte Yusuf den einen deutschen Satz, der ihm bis heute fließend von der Zunge ging: Ich liebe dich.

Gabi und Yusuf wussten, dass ihre Liebe politisch heikel war. Während des Kalten Kriegs, erzählte mir Yusuf, hatten alle Schiffe aus dem Ostblock einen Parteiwachmann an Bord, der aufpasste, dass sich keine Besatzungsmitglieder ins Ausland absetzten. So auch die «Rosenort». Eines Abends füllten Gabi und Yusuf den Parteimann mit Rakı ab. Als er schnarchend mit dem Kopf auf der Tischplatte lag, gingen sie heimlich an Land, ins Kino. Noch in derselben Nacht entschied Gabi, weder auf ihr Schiff noch in ihre Heimatstadt Rostock noch in die DDR zurückzukehren.

Der Parteimann schrie, der Parteimann drohte, der Parteimann bettelte. Gabi aber ließ sich weder einschüchtern noch erweichen. Als die «Rosenort» am 11. November ablegte, hatte sie Haselnüsse, aber keine Stewardess mehr an Bord. Kaum eine Woche später heirateten Gabi und Yusuf in Trabzon.

Yusuf stand von seinem Klappstuhl auf, verschwand im Inneren der Reederei und kehrte mit einer abgegriffenen Kladde zurück, in der alle seine Kunden aus den siebziger Jahren verzeichnet waren. Als er mir meinen Stift aus der Hand nahm und die Details zum Hafenaufenthalt der «Rosenort» in mein Notizbuch übertrug, fiel mir auf, dass er sie damals selbst in die Kladde eingetragen haben musste – es waren die gleichen, leicht linksgeneigten Großbuchstaben.

«Deine Augen sind größer geworden», sagte Yusuf, während er schrieb. «Dir gefällt die Geschichte.»

«Sehr.»

«Sie geht noch weiter.»

Gabi und Yusuf waren acht Monate verheiratet, als ein paar Verwandte aus Trabzon geschäftlich nach Ankara reisten. Gabi beschloss mitzufahren – sie wollte sich die Hauptstadt ansehen. Yusuf brachte seine Frau zum Bus. Ihre winkende Hand hinter dem Fenster war das Letzte, was er von ihr sah.

Ein paar Tage später riefen die Verwandten aufgeregt aus Ankara an. Gabi, sagten sie, habe am Vorabend wortlos das Hotel verlassen. Sie hatten sie draußen auf der Straße in ein fremdes Auto steigen sehen. Seitdem war sie nicht wieder aufgetaucht.

Gabi tauchte auch am nächsten und am übernächsten Tag nicht auf. Als die Verwandten nach Trabzon zurückkehrten, war sie immer noch verschwunden. Es muss ein Missverständnis sein, dachte Yusuf – es muss eine Erklärung geben.

Erst ein paar Wochen später kam ein Brief, abgeschickt in Rostock. Gabi bat Yusuf um Verzeihung. Ihre Eltern, schrieb sie, hätten den Druck nicht ausgehalten. Die Stasi hatte ihnen wegen der Republikflucht ihrer Tochter das Leben zur Hölle gemacht. Sie hatten verzweifelte Briefe nach Trabzon geschickt, hatten die Tochter angefleht heimzukehren. Irgendwann hatte Gabi es nicht mehr ausgehalten. Sie hatte den Eltern geschrieben, dass sie bereit war, sich zurück in die DDR schleusen zu lassen. Das Auto in Ankara hatte ihr die ostdeutsche Botschaft geschickt. Ich weiß, schrieb Gabi, was ich dir antue, Yusuf, aber ich konnte nicht anders.

«Ich habe ihr zurückgeschrieben», sagte Yusuf. «Aber ich weiß nicht, ob mein Brief je bei ihr angekommen ist.»

Das alles lag vier Jahrzehnte zurück, aber einen Moment lang versagte Yusufs Stimme, und seine Augen schimmerten. Er hatte nie wieder etwas von Gabi gehört.

Die Geschichte hatte ein prosaisches Ende. Ein paar Monate nach Gabis Brief war in Trabzon ein Frachtschiff aus Vancouver angekommen. Als sich Yusuf mit dem Kapitän zusammensetzte, servierte ihnen eine junge kanadische Stewardess den Kaffee.

«Der einzige Weg, um eine Frau zu vergessen», sagte Yusuf, «ist eine andere Frau.»

Inzwischen war er seit vielen Jahren mit einer Türkin verheiratet.

Insel der Amazonen

Hundert Kilometer westlich von Trabzon ragt eine bergige Landzunge ins Meer. An ihrer Spitze, hoch über der Hafenstadt Giresun, steht die Ruine einer byzantinischen Festung. Über die Erde zwischen den Mauerresten ist Gras gewachsen. Die Stadtverwaltung hat in der sanften Hügellandschaft kleine Feuerschalen aus Beton aufgestellt, beschriftet mit dem Wort «Barbekü». Ich erreichte den Grillplatz kurz nach Sonnenuntergang, und als ich um Punkt Viertel vor acht auf die Uhr sah, geschahen mehrere Dinge gleichzeitig.

Ein Kanonenschuss zerriss die Stille.

Die Straßenlaternen sprangen an und tauchten die Ruinenlandschaft in ein warmes Orange.

Am Fuß des Bergs setzten Gebetsrufe ein, um Sekunden gegeneinander versetzt, ein blechernes Echogewitter aus arabischen Silben.

Die türkischen Familien auf ihren Picknickdecken begannen alle im selben Moment zu essen.

Es waren die letzten Tage des Ramadans. Still lief ich über den Grillplatz und beobachtete das kollektive Fastenbrechen. Ich muss so hungrig ausgesehen haben wie die bettelnden Katzen und Möwen, die zusammen mit mir zwischen den Ruinen umherschlichen, denn plötzlich winkte mich einer der türkischen Patriarchen an den Klapptisch seiner Familie. Ein Stuhl wurde mir untergeschoben, ein Teller vor mir platziert, ein Teeglas in meine Hand gedrückt, neun Augenpaare badeten mich in warmen Blicken. Ich zählte vier Generationen: Die Greisin am Kopfende musste die Mutter des Patriarchen sein, die jüngeren Frauen seine Töchter, die Kleinkinder seine Enkel. Ich bedankte mich gestenreich, nannte meinen Namen, erzählte stammelnd, woher ich kam, wohin ich unterwegs war.

«Almanya?»

Der Patriarch entblößte grinsend einen Goldzahn und zog sein Telefon aus der Tasche.

«Almanya!»

Er rief jemanden an, schrie dem Videobild ein paar türkische Sätze entgegen und reichte mir das Telefon. Ich sah einen Mann, der dem Patriarchen nicht unähnlich war, und hinter seinem Rücken eine Grillgesellschaft, die der unseren glich.

«Hallo», sagte der zweite Patriarch, «hier ist Nürnberg.»

Der Mann war ein Cousin des ersten, ausgewandert von Giresun nach Deutschland. Er und seine Gäste saßen auf einem Neubaubalkon mit gestreifter Markise, deren westdeutsche Vorstadt-Anmutung mir auf Anhieb vertraut war. Wir tauschten ein paar verblüffte

Sätze aus. Am Ende nahm mir der erste Patriarch das Telefon aus der Hand und startete den nächsten Anruf. Ich sprach mit zwei weiteren Familienvätern, die das Fasten in Hanau und in Dresden brachen. Wir aßen, wir sprachen, wir lachten über meine Fehler, wir aßen. Irgendwann, als mein Teller leer war und mein Türkisch ausgeschöpft, sah ich nur noch stumm den anderen beim Sprechen zu, ohne mich dabei fremd zu fühlen. Ich tauschte schweigende Blicke mit der Mutter des Patriarchen aus, die noch weniger sprach als ich, vielleicht, weil sie zahnlos war, und versank in der Umarmung eines Familienkörpers, dessen Glieder bis in Deutschlands Vorstädte reichten.

Am nächsten Morgen ging ich zum Hafen. Das grünliche Wasser war voller Lungenquallen. Wie in Zeitlupe schleppten sich ihre pilzförmigen Körper durch die Wellen, unendlich langsam und ohne erkennbares Ziel. Als unser Schiff ablegte, bildete sich im Kielwasser ein taumelnder Quallenstrudel.

Das Schiff hieß «Altın Post», Goldenes Vlies. Ich teilte mir das Oberdeck mit etwa hundert Touristen, von denen die meisten Arabisch sprachen. Sie kamen aus der Golfregion, aus Katar, aus Bahrain, aus den Emiraten.

Links von mir saß ein Saudi, der begeistert in die bewaldeten Berghänge am Ufer zeigte.

«Bei uns gibt es das nicht! Bei uns gibt es nur Wüste!»

Die Landschaft aber war nicht der einzige Grund, warum er mit seinen drei Söhnen, schlaksigen Jungen im Akne-Alter, Urlaub an der Schwarzmeerküste machte.

«Die Türken respektieren uns, sie haben den gleichen Gott wie wir. Die Europäer glauben nur an ihre Freiheit. Ich will nicht schief angesehen werden, weil meine Frau den Niqab trägt.»

Erst jetzt nahm ich die Frau wahr, die hinter den drei Söhnen saß. Der schwarze Schleier bedeckte ihren ganzen Körper, nur ein Schlitz ließ die Augen frei. Als ich ihr zulächelte, bildete ich mir ein, dass ihre Augen zurücklächelten, aber sicher war ich nicht.

Viele Frauen an Bord trugen Niqabs. Die Schleier machten es schwer, ihr Alter oder das Verhältnis zu den Männern an ihrer Seite zu erraten: Waren es ihre Söhne, Väter, Brüder, Ehemänner? In allen Städten am Fuß der pontischen Berge waren mir diese arabischen Touristengruppen aufgefallen, aber ich war nicht sicher, ob sie den Türken wirklich so willkommen waren, wie der Saudi glaubte. Wenige Tage zuvor hatte ich in Trabzon einen jungen Flugzeugingenieur aus Istanbul kennengelernt. Beim Teetrinken hatte er düster die Touristinnen angestarrt, die an den Nebentischen Strohhalme unter ihre Niqabs schoben.

«Sieh sie dir an», zischte er. «Was wollen diese Pinguine hier? Seit Erdoğan an der Macht ist, tauchen überall reiche Araber auf, sie kaufen Häuser, Hotels, ganze Dörfer. Am Ende werden sie das Land übernehmen und uns ihre Regeln aufzwingen. Ich will nicht in einem Gefängnis leben!»

Auf dem Schiff saß rechts von mir ein Paar aus Jordanien. Der Mann sprach Englisch und erzählte mir, dass sein Sohn in Dortmund Medizin studierte. Er und seine Frau waren zum ersten Mal am Schwarzen Meer. Als vor uns die Insel auftauchte, die das Ziel der Bootsfahrt war, fragte ich den Jordanier, was er über sie gehört hatte.

«Nichts», sagte er. «Außer, dass es eine Insel ist. Gibt es denn etwas zu hören?»

Erwartungsvoll sah er mich an.

Es gab eine Menge zu hören. Ich wusste nicht, wo ich anfangen sollte.

Glaubt man den antiken Erzählungen der Griechen, dann gehörte die Insel einst dem seltsamsten und befremdlichsten, dem barbarischsten aller Barbarenvölker: den Amazonen. Frauen, die sich keinen Männern unterwarfen. Die ohne Männer lebten, die Männer weder brauchten noch achteten, die gegen Männer Kriege führten, die

Männer töteten, Frauen, die kalt und grausam und mitleidlos waren wie … nun ja, Männer.

Jason und seine Argonauten gingen den Amazonen auf ihrer Fahrt entlang der südlichen Schwarzmeerküste ängstlich aus dem Weg – sie mieden das Ufer. Nur auf der Giresun-Insel machten sie halt, weil es ihnen der blinde Seher Phineus aufgetragen hatte. Sie entdeckten einen Altar aus schwarzem Stein, «wo einst die Amazonen gemeinsam beteten». Die Kriegerinnen, schreibt Apollonius, hätten sich hier versammelt, um «nicht Schafe und Rinder im Feuer zu opfern, nein, sie schlachteten Pferde aus ihren unzähligen Herden».

Als berittene Schreckensgestalten galoppieren die Amazonen durch die griechische Mythenwelt. Es heißt, dass sie sich mit den Männern benachbarter Völker nur einließen, um Kinder zu zeugen, und dass sie die Kinder verstießen, wenn es Jungen waren. Ihren Töchtern sollen sie mit glühenden Eisen die rechte Brust ausgebrannt haben, damit sie im Sattel ungehindert die Bogensehne spannen konnten. Mit diesem Brauch erklärten sich die Griechen auch ihren Namen: «a-mazos», die Brustlosen.

All das muss schwer zu verdauen gewesen sein für die Griechen, die ihren eigenen Frauen in der Epoche der Schwarzmeerkolonisierung nicht viele Freiheiten ließen. Man sieht den allgegenwärtigen Amazonendarstellungen jener Zeit förmlich an, welche zwiespältigen Gefühle die Vorstellung einer Kaste selbstgenügsamer Kriegerinnen ausgelöst haben muss. Auf Vasenmalereien und Wandreliefen ringen die Amazonen in halb erotischen, halb furchteinflößenden Posen mit den männlichen Helden der Antike: mit Herakles, der nach zähem Kampf die Amazonenkönigin Hippolyte tötet, um ihren Gürtel zu rauben; mit Theseus, der in einer anderen Version des Mythos Hippolyte raubt, worauf die Amazonen aus Rache Athen überfallen; mit Achill, der im Trojanischen Krieg unwissentlich Penthesilea erschlägt und sich, als er den Helm vom Gesicht der sterbenden Amazone nimmt, in sie verliebt.

In den Mythen wirken die Amazonen wie ausgedachte Figuren, aber für die Griechen waren sie keine Fabelwesen. Ihre Geschichtsschreiber porträtierten sie als reales, wenn auch der Vergangenheit angehörendes Volk, das einst im weiteren Umkreis des Schwarzen Meers gelebt haben soll. Strabon verortet ihre untergegangene Hauptstadt Themiskyra an der Mündung des Flusses Thermodon, keine hundertfünfzig Kilometer westlich der Giresun-Insel. Andere Schreiber berichten von Amazonensiedlungen an der östlichen Ägäisküste, in Ägypten, im nördlichen Kaukasus. Die komplexeste Version stammt wie immer von Herodot, der beschreibt, wie die Amazonen nach einem missglückten Sturm auf Athen in griechische Gefangenschaft gerieten, an Bord von Häftlingsschiffen ihre Wächter überwältigten, mangels nautischer Kenntnisse orientierungslos durchs Schwarze Meer trieben und schließlich am Kimmerischen Bosporus strandeten, von wo aus sie landeinwärts marschierten und sich nordöstlich des Asowschen Meers niederließen. Hier sollen sie den Skythen begegnet sein, mit denen sie eine seltsame Symbiose eingingen. Sie gründeten eine gleichberechtigte Kriegergesellschaft, in der Frauen und Männer Seite an Seite Kinder aufzogen und kämpften. Unter den dortigen Amazonen, schreibt Herodot, sei es Sitte gewesen, dass eine Frau erst heiraten durfte, sobald sie im Kampf einen Mann getötet hatte.

In der späteren abendländischen Geschichtsschreibung hielt man das alles lange für offensichtlichen Unsinn, für naive Märchen, für den durchschaubaren Versuch, einen Mythos nachträglich in der Realität zu verankern. Die Amazonen, hieß es bis weit ins 19. Jahrhundert hinein, seien Ausgeburten der griechischen Phantasie, erdacht nicht zuletzt, um dem ungleichen Geschlechterverhältnis der Antike eine Begründung zu geben – schließlich zeigte sich an der barbarisch verdrehten Welt der Amazonen, wohin es führen würde, wenn die Macht nicht bei den Männern läge, sondern bei den Frauen.

Dann aber geschah etwas Unerwartetes. Eine Generation russischer Archäologen, die etwas besser in Anatomie geschult war als ihre Vorgänger, sah sich im 19. Jahrhundert die Skelette genauer an, die im nördlichen Küstenvorland des Schwarzen Meers unter den Kurganen gefunden wurden, den Grabhügeln der alten Steppenvölker. Alle diese Kriegergräber hatte man zuvor intuitiv für die Gräber von Männern gehalten – warum sonst sollten sie mit Waffen beigesetzt worden sein, mit Streitäxten und Schwertern, mit Bögen und Pfeilköchern, mit ihren Pferden? Zum Erstaunen der Archäologen aber tauchten nun erste Kriegerskelette auf, die eindeutig weiblich waren. Manchmal lagen quer zu ihren Füßen andere, männliche Skelette, in der typischen Opferhaltung, die den Archäologen aus anderen Gräbern vertraut war. Hingerichtete Männer als Grabbeigabe für Frauen: Der Befund klang schwer glaublich, aber bald wurde aus den ersten Entdeckungen dieser Art ein Muster. Heute schätzt man, dass unter jedem fünften, vielleicht sogar jedem vierten Kurgan der nördlichen Schwarzmeerregion kein Krieger, sondern eine Kriegerin beigesetzt wurde.

Die Amazonen haben existiert. Vielleicht nicht in der griechischen Version aus den Mythen, aber es gab sie. Eine Gesellschaft berittener Kriegerinnen lebte einst an den Ufern des Schwarzen Meers, und den Griechen, die von ihnen hörten, die ihnen vielleicht sogar im Kampf begegneten, müssen sie einen gewaltigen Schrecken eingejagt haben.

Die Version, die ich dem Jordanier auf dem Touristenboot erzählte, fiel etwas kürzer aus. Die Amazonen, sagte ich, seien Kriegerinnen gewesen, die gegen Männer in den Kampf gezogen waren, die Männer getötet und ihre Gefallenen mit geopferten Männern bestattet hatten.

Der Jordanier sah mich mit einem Gesichtsausdruck an, der gespieltes Entsetzen ausdrücken sollte, aber mehr nach echtem Entsetzen aussah.

«Ich hoffe, die leben nicht mehr?»

Die Insel war winzig. Etwa anderthalb Kilometer vom Ufer entfernt stieg eine graue Felsenkette aus dem Meer auf, in der Mitte überwölbt von einer grünen Waldkuppe aus Lorbeerbäumen und Robinien. Wo die Bäume am dichtesten waren, standen Mauerreste eines byzantinischen Klosters. Eine ältere Ruine stammte aus der Antike, aber die Tempelfragmente waren so verwittert, dass niemand sagen konnte, zu welchen Göttern hier gebetet worden war. Es dauerte keine halbe Stunde, die gesamte Insel zu Fuß zu umrunden. Weißer Vogeldreck verkrustete die Felsen, die Bäume, die Ruinen. Auf toten Ästen über den Inselrändern kauerten Hunderte von Kormoranen, schwarze, fledermausartige Vögel, die ihre ausgebreiteten Flügel in der Sonne trockneten. Ich musste an die Argonautensage denken, an die Vögel, die Jason und seine Schiffsbesatzung aus der Luft attackiert hatten, als sie sich der Insel näherten, mit scharfen Federkielen, die sie wie Pfeile auf die Argo niederregnen ließen.

Die Touristen umrundeten die Insel in zwei Gruppen. Der Führer der größeren Gruppe sprach Arabisch, der andere Türkisch. Keiner sprach Englisch. Ich hätte meine rechte Brust dafür gegeben, zu verstehen, was die beiden Männer den verschleierten Frauen über die Amazonen erzählten.

In der Klosterruine wartete eine Kriegerin. Auf einem hölzernen, grob aus Latten zusammengenagelten Thron saß eine junge Türkin, kostümiert als Amazone. Ihr Ledermieder fiel ihr in Fransen in den Schritt, die nackten Beine waren bis zu den Knien mit Sandalenriemen umwickelt. Sie hielt einen Speer in der linken Hand und starrte uns aus ernsten, unbewegten Augen an, steif wie eine Schaufensterpuppe. Ein Seil versperrte den Zugang zu ihrer Mauernische und hielt die Besucher auf Abstand. Der Reihe nach traten die Touristen an die Absperrung und fotografierten die Kriegerin. Fasziniert sah ich zu, wie arabische Frauen Selfie-Sticks aus den Falten ihrer Niqabs zogen und Selbstporträts aufnahmen, mit der halb entblößten Amazone im Hintergrund.

Auf der Rückfahrt fragte ich den Jordanier, was der arabische Führer über die Amazonen erzählt hatte.

«Dasselbe wie du. Dass sie Männer töten.»

Ich hakte nach – hatte er die Amazonen als gute oder als schlechte Menschen porträtiert?

«Als schlechte natürlich. Sie töten Männer!»

Ich bat den Jordanier, die Frage seiner Frau zu übersetzen, die kein Englisch sprach. Sie trug ein rotes, eng an den Wangen anliegendes Kopftuch, und in ihren Augen blitzte beißender Spott. Sie hörte sich die Frage an und antwortete mit einem heiseren Lachen.

«Die Amazonen sind gut», übersetzte ihr Mann. «Sie töten Männer.»

Während das Schiff zurück nach Giresun fuhr, sah ich die Araberinnen in ihren Niqabs am Bug stehen. In Titanic-Pose schossen sie Selfies. Ich fragte mich, ob sie unter ihren Schleiern lächelten, ob die Lippen spitzten und die Wangen schmal machten wie die Frauen ohne Schleier – oder ob sie eine andere, auf die Augen beschränkte Selfie-Sprache hatten, die Außenstehende wie ich nicht lesen konnten.

Abends in Giresun entdeckte ich in einer dunklen Ecke des Stadtzentrums eine Kneipe namens «Amazon». Es war die erste Kneipe, die mir an der türkischen Küste begegnete – seit ich Georgien hinter mir gelassen hatte, hatte ich keinen Alkohol mehr getrunken. Dankbar setzte ich mich an einen der dunklen Holztische, bestellte ein Efes, verfolgte mit einem Auge das Pferderennen im Kneipenfernseher und mit dem anderen die Mimik der Gäste.

Es dauerte eine ganze Weile, bis mir auffiel, dass die Amazonenkneipe komplett amazonenfrei war. Unter den Gästen war keine einzige Frau.

Atatürks Augen

Die «Bandırma» war einundvierzig Jahre alt, als sie ihren Auftritt in der Weltgeschichte hatte. Als Frachtdampfer war sie 1878 gebaut worden, in Paisley, an der schottischen Westküste, wo sie unter ihrem ursprünglichen Namen «Trocadero» fünf Jahre lang die Häfen der Nordsee abklapperte. Sie ging durch die Hände zweier griechischer Besitzer, bevor sie 1894 von einer osmanischen Schifffahrtsgesellschaft übernommen und unter neuem Namen im Marmarameer eingesetzt wurde. Die «Bandırma» machte einiges mit. Sie kenterte bei einem Unfall und konnte nur mit Mühe wieder flottgemacht werden, im Ersten Weltkrieg riss ihr ein U-Boot die Flanke auf, später steckte sie einen Torpedotreffer ein. Sie war ein altes, lädiertes, nur leidlich fahrbereites Schiff, als sie am 19. Mai 1919 im türkischen Schwarzmeerhafen Samsun landete.

Hinter ihr lag eine raue, viertägige Fahrt, die fast ihre letzte geworden wäre, weil auf dem Weg von Konstantinopel durchs Schwarze Meer ihr Kompass den Geist aufgegeben hatte. Die Matrosen müssen froh gewesen sein, als sie ihre Passagiere heil an Land gehen sahen: vier Dutzend türkische Offiziere und Soldaten, ein paar Verwaltungsbeamte und den Befehlshaber der Truppe, einen Armeeinspektor, der mit dem Auftrag entsandt worden war, in Anatolien die Reste des besiegten türkischen Heers aufzulösen, so wie es die Entente-Mächte dem unterlegenen Osmanischen Reich nach dem Ersten Weltkrieg diktiert hatten.

Der Inspektor hatte nicht vor, den Befehl zu befolgen. Mustafa Kemal Paşa, zum Zeitpunkt seiner Landung in Samsun achtunddreißig Jahre alt, hatte andere Pläne. Er zog durch Anatolien, sammelte die

Reste des aufgeriebenen Heers um sich, ignorierte die Telegramme, mit denen man ihn nach Konstantinopel zurückpfeifen wollte, rief eine Gegenregierung aus, wurde von seinen Befehlshabern in Abwesenheit zum Tode verurteilt, führte Krieg gegen die Griechen, die mit dem Einverständnis der Siegermächte den Westteil des untergehenden Osmanenreichs annektieren wollten, drängte ihre Truppen aus dem Land, riss die Staatsführung an sich, zwang den Sultan zur Abdankung, entmachtete den Kalifen, gründete eine Republik, wurde ihr Präsident, schmiedete das Imperium zur Nation um, erzog seine Untertanen zu Bürgern, stellte Bildung über Religion, Wahlen über Thronfolgen, Hüte über Feze, den Sonntag über den Freitag, das Schweizer Zivilrecht über die Scharia, das lateinische über das arabische Alphabet, die christliche über die islamische Zeitrechnung und ließ schließlich die Türken, als er sie nach seinem Bild geformt hatte, Familiennamen nach westlichem Muster annehmen. Sie revanchierten sich mit dem Ehrentitel, unter dem Mustafa Kemal in die Geschichte einging: Atatürk, Vater der Türken.

«Sollte ich eines Tages großen Einfluss oder Macht besitzen», hatte Atatürk ein Jahr vor der Landung in Samsun in einem Tagebucheintrag notiert, «halte ich es für das Beste, unsere Gesellschaft schlagartig – sofort und in kürzester Zeit – zu verändern. Denn im Gegensatz zu anderen glaube ich nicht, dass sich diese Veränderung erreichen lässt, indem die Ungebildeten nur schrittweise auf ein höheres Niveau geführt werden ... Nicht ich darf mich ihnen, sondern sie müssen sich mir annähern.»

Ähnlich wie es zwei Jahrhunderte vor ihm Peter der Große mit Russland getan hatte und wie Lenin es nach der Oktoberrevolution mit der Sowjetunion tat, krempelte Atatürk sein Land komplett um. Was ihn mit den beiden russischen Reformern verband, über alle ideologischen und historischen Unterschiede hinweg, war eine Art Umkehr des alten Spiegelspiels von Zivilisation und Barbarei. Peter der Große modernisierte Russland, indem er sein Reich gewaltsam europäisierte. Lenin zerstörte das zaristische System und ersetzte es durch einen importierten Marxismus. Atatürk brach mit dem orientalischen Erbe und schuf einen Nationalstaat nach westlichem Vorbild. Alle drei suchten die Zivilisation in der Ferne – und betrachteten ihr eigenes Volk als Barbaren, die radikal umerzogen werden mussten, notfalls gegen ihren Willen.

Als Atatürk 1927 vor den Mitgliedern seiner Partei die Jahre der großen Barbarenaustreibung resümierte, tat er es mit einer sechsunddreißigstündigen Marathonrede, die sich über mehrere Tage zog. Ihr allererster Satz war kurz.

«Am 19. Mai landete ich in Samsun.»

Der Tag seiner Ankunft an Bord der «Bandırma» ist in der Türkei bis heute ein nationaler Feiertag, und Atatürk, der sein genaues Geburtsdatum nicht kannte, erklärte sich später symbolisch zu einem Kind des 19. Mai.

Auch für das Schwarze Meer war jener Tag ein Einschnitt. Vom späten 15. bis ins frühe 19. Jahrhundert hinein hatte das Osmanische Reich mit seinen Vasallenstaaten mehr oder weniger das gesamte Gewässer umschlossen, vom Kaukasus im Osten über Anatolien im Süden, vom Balkan im Westen bis zur Krim und den Steppen des Nordens. Erst Katharina die Große und ihre Nachfolger drängten das Sultanat nach und nach von den Küsten zurück, bis das geschwächte Osmanenreich nach seiner Niederlage im Ersten Weltkrieg nicht nur vom Schwarzen Meer, sondern komplett von der Landkarte zu verschwinden drohte. Bevor sich Atatürk an die Spitze der türkischen Befreiungsbewegung setzte, träumte ihr dominanterer Teil von einer Rückeroberung des verlorenen Reichs, einer Wiederbelebung des Imperiums. Atatürk setzte seine Vision einer nationalstaatlichen, auf ihre heutigen Dimensionen beschränkten Republik durch, womit er die Türkei vor dem Untergang bewahrt haben dürfte. Gleichzeitig kehrten sich damit endgültig die Kräfteverhältnisse am Schwarzen Meer um. Als bestimmende Macht wurde das Osmanische Reich von der Sowjetunion abgelöst, die ihren Einfluss nach Stalins Sieg im Zweiten Weltkrieg auch auf die nunmehr sozialistischen Balkanstaaten am Westufer ausdehnte. Für ein halbes Jahrhundert färbten sich die Schwarzmeerküsten rot.

Die «Bandırma», mit deren Landung in Samsun diese Verschiebungen ihren Lauf genommen hatten, war zum Zeitpunkt von Atatürks Parteitagsrede bereits Geschichte. Ein paar Jahre nach dem 19. Mai war das altersschwache Schiff aus dem Verkehr gezogen worden. Seine Reste wurden 1925 in einer Werft am Goldenen Horn von Istanbul abgewrackt.

Südlich des Stadtzentrums von Samsun, etwa an der Stelle, wo Atatürk 1919 an Land ging, liegt heute eine maßstabsgetreue Replik des Schiffs am Ufer. Ihr schwarz gestrichener Rumpf kontrastiert mit der Unschwärze des Meers, das am Tag meiner Ankunft von einem metallischen Blau war. An Bord des nachgebauten Frachters posierten türkische Familien für Erinnerungsfotos. Ich stieg die Eisentreppe zur Brücke hinauf und sah Atatürk im Kreis seiner engsten Vertrauten sitzen: Puppenoffiziere mit wächsernen Gesichtern, gekleidet in Felduniformen mit roten Lampassen und goldenen Achselschnüren. Atatürk thronte an der Längsseite der Planungstafel, das abgeschnallte Pistolenhalfter vor ihm auf der Tischplatte. Sein vertrautes Gesicht stach aus der Runde heraus: die hohe Stirn, das streng zurückgekämmte Haar, der harte Mund, die stechenden, schwarzmeerblauen Augen.

Auf Schritt und Tritt hatten mich diese Augen verfolgt, seitdem ich die georgisch-türkische Grenze überquert hatte. Betrat ich ein Hotel, starrte mich Atatürk von der Wand hinter dem Rezeptionstresen an. Bezahlte ich mein Zimmer, begegnete mir sein Blick auf allen Lira-Scheinen und Münzen. In jedem Restaurant, jedem Café, jedem Lebensmittelladen hing mindestens eins seiner kanonischen Porträtfotos. Ich sah sein Konterfei als Anstecker an den Revers älterer Herren, als Aufkleber auf Autos und Motorrädern, als Büste vor

Behörden, Bibliotheken und Krankenhäusern, als Tätowierung auf den Oberarmen junger Kellner.

In Samsun war das alte Verwaltungsgebäude, in dem Atatürk 1919 Quartier bezogen hatte, zum Museum umgewidmet worden. In den Vitrinen lagen Hüte, Hemden und Handschuhe, die Atatürk getragen hatte, seine Schuhe, Manschettenknöpfe, Krawatten, Hosenträger und Spazierstöcke, Teetassen, die seine Lippen berührt hatten. Selbst an der Wand neben dem Klo war eine goldene Plakette angebracht, beschriftet auf Türkisch und Englisch.

ATATÜRK'ÜN KULLANDIĞI BANYO
RESTROOM USED BY ATATÜRK

Oft hatte ich mich gefragt, ob den Türken der allgegenwärtige Atatürk nicht langsam auf die Nerven ging. Im Bus von Giresun nach Samsun hatte ich die Frage vorsichtig meinem Sitznachbarn gestellt, einem Ingenieur mittleren Alters, der die Hälfte seines Lebens in Zürich verbracht hatte. In fließendem Schwyzerdütsch erzählte er mir, dass in seinen Studentenjahren in Ankara eine zaghafte Debatte über Atatürks Fehler eingesetzt hatte, über seine autoritären Züge, sein Umspringen mit Minderheiten und Andersdenkenden, den Kult um seine Person. Aber dann ...

«Du weißt, was dann passiert ist.»

Er warf einen prüfenden Blick auf die benachbarten Sitzbänke, und obwohl keiner der anderen Passagiere zuzuhören schien, formte er die Silben lautlos mit den Lippen.

«Er-do-ğan.»

Seitdem der neue Autokrat angefangen hatte, die demokratischen Reformen des Gründungsvaters zurückzudrehen, war Atatürk zur Symbolfigur der Opposition geworden, wie er es meistens wurde, wenn die eine Seele der Türkei mit der anderen im Clinch lag. Es war nicht der richtige Zeitpunkt, um über seine Fehler zu diskutieren. Wer den starken Mann der Gegenwart nicht mochte, hielt sich instinktiv an den starken Mann der Vergangenheit, und dazwischen war wenig Spielraum.

Ich konnte nachvollziehen, dass liberalen Türken der Atatürk-Staat lieber war als der Erdoğan-Staat. Mir war klar, dass das Land in seiner heutigen Form ohne Atatürk kaum denkbar war, dass er die Türkei in ihrer dunkelsten Stunde am Schopf aus dem Sumpf gezogen hatte. Ich wusste, dass es formal nach wie vor strafbar war, das Andenken des Gründungsvaters zu beleidigen. Trotzdem ertappte ich mich immer wieder bei dem Gedanken, dass die Türkei erst an jenem fernen Tag wirklich frei sein würde, wenn zusammen mit den Religionen, die sich Atatürk einmal lautstark auf den Meeresgrund gewünscht hatte, auch seine Porträts dort lägen.

In der Kielspur der Argo

Westlich von Samsun wurden die pontischen Berge flacher. Noch immer schirmten sie als mehr oder weniger durchgehender Gebirgszug die Küste vom anatolischen Hinterland ab, aber ihre Gipfel waren nicht mehr schneebedeckt, ihre Hänge weniger steil als im Osten, das flache Küstenvorland breiter, und während das schwüle Gewächshausklima allmählich einer trockeneren Hochsommerhitze wich, verschwanden auch die allgegenwärtigen Teeplantagen. Je mehr die Berge in den Hintergrund traten, desto präsenter wurde das Meer. Erste Badestrände und Ufercafés tauchten auf. In den Städten nahm die Kneipendichte zu und die Kopftuchquote ab. Etwa ab Sinop, auf halber Strecke der türkischen Küste, sah ich in den Fischrestaurants vereinzelt sogar Frauen Rakı trinken. Mehr als der Anblick selbst überraschte mich, dass ich überrascht war.

Es war die Zeit der Sommerferien, und auf dem Weg nach Westen liefen mir nun immer öfter Deutschtürken über den Weg, die ihren Urlaub in der zweiten Heimat verbrachten, oder der ersten, je nachdem, wie man zählte.

Ali war 1972 von Giresun nach Mönchengladbach gezogen, wo er in der Textilindustrie gearbeitet hatte, bis die Textilindustrie den Bach runterging. Als er seinen Job verlor, zog er nach Gladbeck um und arbeitete unter Tage, bis sein Rücken ebenfalls den Bach runterging. Zu dem Zeitpunkt, als er seinen Schwerbehindertenausweis bekam, war längst auch die Kohleindustrie den Bach runtergegangen, und Ali hatte sich frühverrenten lassen. Jetzt verbrachte er die Sommerhälfte des Jahres in Giresun und die Winterhälfte in Gladbeck. Wir begegneten uns am Busbahnhof von Samsun, wo Ali auf einen Bus nach Osten und ich auf einen nach Westen wartete. Er erzählte mir, dass seine Kinder ihn selten in Giresun besuchten, weil sie in Deutschland so viel arbeiteten wie die Deutschen, und wenn sie Urlaub hatten, fuhren sie lieber nach Antalya, ans Mittelmeer, wo die Sonne zuverlässiger schien als an der Schwarzmeerküste. Ali zeigte mir ein Foto des Gladbecker Schrebergartens seiner Familie. In der Mitte stand ein kleiner Kirschbaum. Alle Kirschbäume der Welt, sagte Ali, stammten ursprünglich aus Giresun, oder aus Kerasos, wie die Stadt zu griechischen Zeiten geheißen hatte, ein Name, aus dem das deutsche Wort «Kirsche», das türkische Wort «kiraz», das englische Wort «cherry» und noch viele andere Kirschenbezeichnungen hervorgegangen seien. Ich hatte von der Kirschentheorie gehört, aber ich war ins Zweifeln geraten, weil mir in Giresun nicht viele Kirschbäume begegnet waren. Richtig, sagte Ali nickend, die Kirschen von Giresun seien vor langer Zeit eingegangen, niemand wisse, warum. Er zoomte mit zwei Fingern in seinen Schrebergarten, bis der Gladbecker Kirschbaum den gesamten Bildschirm füllte. Mit zärtlichen, fast verliebten Blicken musterte er ihn. Ali und die Kirsche: zwei Gewächse aus Giresun.

Şevki begegnete mir in einer Hafenkneipe in Sinop, wo er mir auffiel, weil er auf Deutsch telefonierte, mit hörbar kölschem Akzent. Sein Vater war 1963 als Teil der ersten Gastarbeiterwelle in Stuttgart gelandet, wo er als Rangierhelfer bei der Bahn gearbeitet hatte. Erst später, als er nach Köln umzog, hatte er seine Frau und die Kinder nachgeholt. Şevki, der damals schon erwachsen war und in der Türkei als Buchhalter gearbeitet hatte, fand in Köln nur einen Aushilfsjob in einer Kosmetikfabrik, wo er seine Frau kennenlernte, ebenfalls ein Gastarbeiterkind. Zusammen hatten die beiden später einen Kiosk am rechten Rheinufer betrieben. Jetzt sehnte Şevki den Renteneintritt herbei. Seinen Lebensabend wollte er in Sinop verbringen, seiner Geburtsstadt, wo zweieinhalb Jahrtausende vor ihm Diogenes zur Welt gekommen war, der wunschlos glückliche Philosoph, der in einer Tonne gehaust und Alexander den Großen gebeten hatte, ihm aus der Sonne zu gehen. Sein Denkmal stand am Ortseingang, ein zottelbärtiger Marmorgrieche auf einem voluminösen Holzfass, in seiner linken Hand die Laterne, mit der er am helllichten Tag den Marktbesuchern von Athen ins Gesicht geleuchtet haben soll, auf der vergeblichen Suche «nach einem Menschen». Sinop, erzählte mir Şevki, sei vor ein paar Jahren in einer landesweiten Umfrage zur türkischen Stadt mit den zufriedensten Bewohnern gewählt worden. Şevki kam seit zwanzig Jahren jeden Sommer hierher, um in der Hafenkneipe sein Bier zu trinken – «mein Bierschen», wie er sagte. Vor ein paar Jahren war der alte Inhaber der Kneipe gestorben, ein Biker-Typ mit Kinnbart und Sonnenbrille, dessen Foto an der Wand über dem Tresen hing. Şevki hatte die Söhne des Inhabers gefragt, ob sie ihm die Kneipe verkaufen würden – er hätte sich vorstellen können, sie zu übernehmen. Die Söhne aber wollten den Laden lieber in der Familie halten. Inzwischen war Şevki froh über die Absage. Er hatte das genügsame Lächeln eines Philosophen, der verinnerlicht hat, dass sich ein Bierglas leichter hebt als ein Bierfass.

Hinter Sinop fuhren die Busse nicht mehr an der Küste entlang, sondern folgten einer besser ausgebauten Trasse auf der Südseite der Berge. Weil ich das Meer nicht aus den Augen verlieren wollte, stellte ich mich an die Uferstraße und hob den Daumen. Ich wurde nie sehr weit mitgenommen, weil die meisten Autofahrer nur von einem Dorf ins andere unterwegs waren, aber auf die nächste Mitfahrgelegenheit musste ich selten länger als fünf Minuten warten. Zwei Tage lang wechselte ich von Beifahrersitz zu Beifahrersitz.

Ich traf Erol und Birol, zwei Brüder, die in Istanbul T-Shirts herstellten und sie nach Russland exportierten. Sie waren bei ihren Eltern in İnebolu zu Besuch, aber am zweiten Familientag war ihnen so langweilig geworden, dass sie sich abgeseilt hatten und mit ihrem Kleinbus nun unterwegs zum Strand waren. Zu dritt saßen wir nebeneinander auf der Vorderbank, alle in kurzen Hosen. Erol, der in der Mitte saß, ließ bei jedem seiner Sätze zur Bekräftigung seine Hände auf unsere nackten Oberschenkel klatschen, rechts auf meinen, links auf den seines Bruders. Auf Englisch erzählte er von seinen Kindern. Seine Frau hatte nur eins gewollt, aber eins fand Erol zu wenig, er hatte gehört, dass alle Einzelkinder psychische Schäden hatten. Sie hatten ein zweites gemacht, aber mehr wollten sie beide nicht, vor allem nicht die Frau, die selber sechs Schwestern hatte. Die Türken, sagte Erol, lernten erst langsam, dass mehr Kinder nicht mehr Wohlstand bedeuteten.

Ich traf einen zweiten Erol, der fünfzig Hühner, fünfundzwanzig Kühe und einen Onkel in Berlin hatte. Er nahm mich auf seinem Traktor mit und gab mir unterwegs an einer Tankstelle einen Tee aus. Die Türken, sagte ich auf Türkisch, trinken viel Tee, die Deutschen trinken viel Bier. Erol legte seinen ausgestreckten Zeigefinger in den Schritt und ließ ihn vor meinen Augen erschlaffen, bis er traurig gekrümmt nach unten hing. Das, sagte sein Grinsen, passiert mit Männern, die Bier trinken. So also, dachte ich, schafft man es, Männern das Biertrinken auszureden.

Ich traf zwei wortkarge Jungs, die hektisch fuhren und beim Fahren hektisch rauchten, obwohl sie für beides deutlich zu jung aussahen.

Ich traf einen Frachtkapitän auf Heimaturlaub, der Englisch sprach, aber alle meine Fragen nach dem Schwarzen Meer mit schillernden Erzählungen über die Weltmeere beantwortete. Die Berge rückten nach Westen hin wieder dichter an die Küste. In engen Serpentinen wand sich die Straße an Felswänden entlang, die rechts der Fahrbahn steil ins Meer stürzten oder in Klippen ausliefen, an die sich Koniferen klammerten. Schauminseln trieben im unruhigen Uferwasser. Wenn sich die Wellen an den Felsen brachen, sah ich Gischtfontänen wie in Zeitlupe himmelwärts schießen, in der Luft verharren, in sich zusammenstürzen.

Überall in den Küstendörfern wurde auf improvisierten Märkten Vieh verkauft. Kurban Bayramı näherte sich, das Opferfest. In grob zusammengezimmerten, mit Sägemehl ausgestreuten Holzverschlägen drückten sich Rinder und Schafe ängstlich in die Ecken, als wüssten sie, was ihnen blühte.

Am Tag der Schlachtung kam ich in Çakraz an, einem felsenumringten Zweihundert-Einwohner-Dorf auf halber Strecke zwischen Sinop und Istanbul. Auf der Marktwiese waren an jenem Morgen zehn Kühe gestorben. Der Metzger hatte ihnen kurz nach Sonnenaufgang die Halsschlagadern geöffnet, und als ich nachmittags um drei die Schlachtstätte erreichte, waren die Einwohner von Çakraz immer noch dabei, die Rinder zu zerlegen. In weitem Kreis lagen die Kadaver auf der Wiese. Von den meisten waren nur der fliegenumschwirrte Kopf, das Fell, die Eingeweide und eine Blutlache im Gras übrig. Die Mägen lagen aufgebläht in der Sonne, riesige, grünliche Blasen, durch deren transparente Haut die Sonne schien.

Mustafa, der Metzger, war ein Berg von einem Mann. Unter seinem blutgetränkten Unterhemd wölbte sich ein kolossaler, einmal komplett um seinen Körper reichender Bauch. Der Schweiß rann ihm aus allen Poren seines massigen Kopfs, aufgefangen von einem

Handtuch, das um seinen Stiernacken hing. Es war Mustafas großer Tag, und er genoss ihn. Mit heisergeschriener Stimme dirigierte er die Schlachtung, sprang von einem Helfer zum nächsten, brüllte die Männer an, die mit einer Motorsäge die letzten Kuhkadaver zerteilten, befahl der Frau am Fleischwolf mit wirbelnden Gesten, schneller zu kurbeln, riss einem Mann das Messer aus der Hand, um ihm zu zeigen, wie das Fleisch von den hängenden Rinderhälften zu schaben war. Er schrie, scheuchte, stampfte, ließ seine speckumkränzten Augen rollen, verfiel manchmal in eine Art Tanz, bei dem er die massigen Arme – krebsrot an der Oberseite, weiß unter den Achseln – in die Luft riss und mit kreisenden Hüftbewegungen seinen Bauch in Wallung brachte. Er war kein Metzger, er war ein bluttrunkener Maestro.

Lange sah ich zu, wie aus den Kühen immer kleinere Stücke wurden. Niemand störte sich an meiner Neugier. Einer der Männer reichte mir ein Messer und deutete grinsend auf das Gerüst mit den Rinderhälften. Ich schabte, so gut ich konnte.

Am Ende des Tages türmten sich auf einer ausgebreiteten Plastikplane die letzten noch unverteilten Fleischstapel. Die Frau des Metzgers, ähnlich gebaut wie ihr Mann, zerteilte mit einem langen Messer die Innereien und ließ von jedem Herz, jeder Leber, Lunge und Niere ein grobes Stück auf jeden Haufen klatschen. In Plastikwannen schleppten die Dorfbewohner ihr Opferfleisch heim.

Kurz bevor ich ging, sah ich, wie sich der Metzger plötzlich an den Hals fasste und hinter einer Hauswand verschwand. Er hustete, er würgte und keuchte, es klang erbärmlich. Ich wollte ihm hinterherlaufen, aber einer der Dörfler hielt mich lächelnd zurück. Nach zwei Minuten tauchte der Metzger wieder auf, bleich im Gesicht, aber so energiegeladen wie vorher, als sei nichts geschehen. Ich fand nicht heraus, was mit ihm passiert war. Vielleicht war er im Herzen Vegetarier.

«Barbarisch!»

Zafer Türkmen war nicht begeistert, als ich ihm von der Schlachtung in Çakraz erzählte. Er hielt nicht viel vom Opferfest. «Warum sollte Allah wollen, dass wir ihm Tiere opfern? Mohammed hätte den Muslimen besser auftragen sollen, zu Gottes Ehre Bäume zu pflanzen!»

Zafer war Arzt, Anästhesist, der Chef einer Istanbuler Augenklinik, ein Erfolgstyp in den Sechzigern und die Art von Türke, bei dem man nicht lange rätseln muss, welche der beiden Landesseelen ihm näher ist. In erster Linie aber war er, wie er mir auf Englisch versicherte, ein «Yachtsman».

Wir saßen im Fischereihafen der Kleinstadt Amasra, ein Stück westlich von Çakraz, auf einem der Segelboote, die mir sofort ins Auge gesprungen waren, weil ich während meiner Reise sonst kaum Segelboote gesehen hatte. Die reichen Russen fuhren lieber Motoryachten, die Georgier hatten kein Geld, die türkischen Segler bevorzugten das Mittelmeer, und für die Yachtsmen des Westens lag das Schwarze Meer immer noch am Rand der Welt.

Zafers Ziel war es, das zu ändern. Er träumte davon, das Schwarze Meer mit weißen Segeln zu füllen. Um Boote an die türkische Küste zu locken, hatte er einen Törn auf den Spuren der Argonauten organisiert. Vor fast zwei Monaten war er zusammen mit fünfzig anderen Seglern in der Ägäis aufgebrochen. Gemeinsam hatten sie den Bosporus durchquert und waren dicht an der Südküste entlang bis nach Georgien gefahren, wie einst Jason. In Poti hatten sie kehrtgemacht, nun waren sie auf dem Rückweg nach Istanbul.

Als ich die Yachten im Hafen entdeckt hatte, war ich die Kaimauer entlanggelaufen, bis ich auf einem der Boote zufällig jemanden auf Deutsch telefonieren hörte. Suat, der vom Bodensee kam, hatte mir Zafer vorgestellt, auf dessen Boot wir nun zu dritt saßen. Als ich meine alte deutsche Ausgabe der Argonautensage aus dem Rucksack zog, gewann ich Zafers Herz. Begeistert ging er mit mir die Route durch: War ich nicht auch überzeugt, dass die Argo in Amasra halt-gemacht haben musste, wo es doch weit und breit keine andere natür-liche Bucht gab? War mir aufgefallen, wie genau die Landschaftsbe-schreibungen der Sage mit dem tatsächlichen Küstenverlauf überein-stimmten, wie exakt Apollonios das Meer porträtierte? Zafer las die Argo-Erzählung nicht als Legende, sondern als Reisebericht, obwohl er wusste, dass ihr Autor kein Yachtsman der Antike gewesen war, sondern seine Kenntnisse aus Büchern zusammengetragen hatte.

«Der Ursprung der Wissenschaft ist die Philosophie», philoso-phierte Zafer. «Und der Ursprung aller Reisen sind Mythen.»

Am nächsten Morgen stand ich nach einer kurzen Hotelnacht auf und trug meinen Rucksack in den noch dunklen Hafen. Die Segler wollten früh in Richtung Bosporus aufbrechen, und Suat, der Mann vom Bodensee, hatte mir angeboten, mich auf seinem Boot mitzu-nehmen, einer Yacht namens «Mandolin Wind».

Wir schwenkten aus dem Hafen ins offene Meer, als zwischen Wasser und Himmel gerade die Sonne auftauchte. Während sie stieg, verschob sich der Farbton des Meers von Anthrazit über Violett zu Tiefblau. Suat steuerte das Boot ein paar hundert Meter nach Nor-den und ging dann auf Parallelkurs zur felsigen Küste. Ein Dutzend Schiffe fuhr uns voraus, ein Dutzend folgte uns. Als über Funk das Signal kam, setzten alle gleichzeitig die Segel. Ein milder Seitenwind trieb die Argonauten voran.

Suat war Anfang sechzig und hatte das ruhige, nach innen gekehr-te Gesicht eines Mannes, der lieber zu wenig sagt als zu viel. Er war mit acht Jahren aus der Türkei nach Deutschland gekommen und hatte den Großteil seines Lebens in derselben badischen Kleinstadt verbracht. Marga, die stille Frau, mit der er das Leben und das Boot teilte, hatte er dort kennengelernt. Seit beide in Rente waren, ver-brachten sie mehr Zeit auf dem Wasser als an Land.

Suats Mutter hatte sich in der Türkei früh von ihrem Mann ge-trennt. Alleinstehende Frauen, so hatte sie es später ihren Kindern erklärt, wurden von türkischen Männern in den sechziger Jahren quasi als Freiwild betrachtet, weshalb sie mit Suat und ihren drei älteren Töchtern nach Deutschland ausgewandert war. Ein paar Jahre lang hatte sie in einer Textilfabrik Herrenanzüge genäht, später wechselte sie in ein Werk für Toilettenspülkästen. Ihren vier Kindern, die sie alleine großzog, verbot sie den Umgang mit anderen türkischen Kindern – sie sollten Deutsch lernen.

Suat, der ein fließendes Badisch sprach, hatte als Handelsvertreter für Chemieprodukte gearbeitet. Das Geschäft war gut genug gelaufen, um ihm das Boot und einen frühen Renteneintritt zu finanzieren. Er hatte zwei Pässe, die er ausgiebig nutzte. Wie die anderen Deutschtürken, die mir unterwegs begegnet waren, lebte er in zwei Welten, aber bei ihm schien zwischen beiden eine größere Kluft zu liegen – vielleicht, weil seine Mutter ihn dazu erzogen hatte, vielleicht wegen seiner deutschen Frau, vielleicht, weil seine eigenen Kinder, wie er mir erzählte, nie richtig Türkisch gelernt hatten. Am Morgen, im Gespräch mit den anderen türkischen Seglern, war es mir vorgekommen, als werde Suat hier als Türke wahrgenommen, aber er verriet mir, dass das nicht ganz stimmte. Die anderen nannten ihn «Almancı», den «Deutschländer», einen, der so lange drüben gelebt hat, dass mehr von drüben in ihm steckt als von hier. Suat mochte das Wort nicht, so wenig, wie er es mochte, wenn man ihn in Deutschland als Türken bezeichnete.

Ich musste an Skyles denken, den Skythenkönig, den seine Mutter so gründlich in den Traditionen der Griechen erzogen hatte, dass er, wie Herodot erzählt, halb zum Griechen wurde, ein Grenzgänger zwischen den Kulturen, der Griechisch sprach, eine Griechin zur Frau nahm und kostümiert als Grieche in den Schwarzmeerkolonien ein und aus ging, ohne als Barbar erkannt zu werden. Am Ende aber hassten ihn beide Seiten, die Skythen, weil er kein Skythe mehr war, und die Griechen, weil er die Grenze zwischen ihnen und den Barbaren verwischte.

Ich musste an all die Türken in Berlin denken, an die Fäden, die auch die zweite und dritte Einwanderergeneration noch mit der Türkei verbanden, Fäden, die den Deutschen meist verborgen blieben. Und ich musste an den Admiral meiner Kindheit denken, den Auswanderer, der in meiner Vorstellung sein Schiff zu seiner Heimat gemacht hatte.

So wie Suat.

Lexikon des Schwarzen Meers, Eintrag 3: *Bosporus*

Die Segler setzten mich in Zonguldak ab, wo sie die Nacht verbrachten. Mit einem Bus fuhr ich weiter die Küste entlang. Ich übernachtete in Ereğli, wo ich die Höhle sah, aus der Herakles einst den Höllenhund Cerberus gezerrt haben soll, stieg in den nächsten Bus, sah Küstendörfer an mir vorbeiziehen, in deren Gärten geerntete Haselnüsse in der Spätsommersonne trockneten, übernachtete in Şile, nahm einen dritten Bus, spürte, wie die Straßen zunehmend von der Küste wegstrebten und südwestwärts ins Spinnennetz des Istanbuler Millionenverkehrs gesogen wurden, und stand nach ein paar weiteren Busfahrten schließlich an der Nordmündung des Bosporus.

Frachter warteten rings um die Meerenge auf das Signal zur Durchfahrt. Vom Horizont her folgten ihnen weitere Schiffe, trichterförmig schwenkte der gesamte Schwarzmeerverkehr in den schmalen «İstanbul boğazı» ein, den Schlund von Istanbul. Zwei Leuchttürme markierten das Ost- und das Westufer der Mündung, Anadolu Feneri und Rumeli Feneri, das Licht auf der anatolischen und auf der «römischen» Seite. Nirgends sind Asien und Europa so theatralisch getrennt wie hier, nirgends stehen sich die zwei Seelen der Türkei so symbolisch gegenüber.

Ein Hippie-Paar aus Istanbul hatte auf den Felsen über der Ostseite ein kleines Café eröffnet, Aussteiger aus dem Musikgeschäft, die lange eine Konzertbühne im Stadtzentrum betrieben hatten, auf der anderen, der europäischen Seite. Istanbul, sagten beide, habe sie ausgelaugt – die Staus, der Smog, das Chaos, die stetig zuströmenden Menschen, von denen niemand mehr genau sagen konnte, wie viele es inzwischen waren, ob fünfzehn Millionen, siebzehn oder mehr. Als ihre Tochter zur Welt gekommen war, hatten die beiden der Stadt den Rücken gekehrt. Evsun, deren Name Magie bedeutete, krabbelte in Windeln durch das Café, das ihre Eltern «Evsunlu bahçe» genannt hatten, den magischen Garten. Ich saß unter Traumfängern und sah aufs Meer hinaus, bis die Sonne unterging und auf beiden Seiten der Mündung die Leuchttürme angingen.

Eine Legende erzählt, dass Herakleios, Kaiser von Byzanz, im siebten Jahrhundert einen seiner Feinde köpfen und in den Bosporus werfen ließ. Der Körper, heißt es, trieb mit der Strömung südwärts, in Richtung Marmarameer, während der Kopf sofort versank. Der blankgefressene Schädel aber soll Monate später nördlich des Bosporus angeschwemmt worden sein, an einem Strand des Schwarzen Meers.

Die Geschichte klingt ausgedacht, aber sie legt nahe, dass die Griechen spätestens zu byzantinischen Zeiten, vermutlich aber schon früher die Lösung eines Rätsels kannten, die sich die Europäer der Neuzeit erst mühsam wieder erarbeiten mussten. Wenn, so lautete das Rätsel, das Salzwasser des Schwarzen Meers durch den Bosporus ins Mittelmeer abfließt und gleichzeitig Dutzende von Flüssen das Meer mit Süßwasser speisen – warum bleibt es dann ein Meer? Müsste sein Salzgehalt nicht stetig sinken, bis es irgendwann nur noch ein See wäre?

Die wissenschaftliche Lösung des Rätsels fand im Jahr 1640 ein damals gerade einundzwanzigjähriger Italiener namens Luigi Fernando Marsigli, der sein Boot in die Mitte des Bosporus steuerte und es dort verankerte. Er ließ eine lange, bleibeschwerte, in regelmäßigen Abständen mit weißen Korkstücken markierte Leine über Bord gleiten. Marsigli sah zu, wie die Leine mit der Strömung nach Süden trieb, in Richtung Marmarameer. Während die Bleibeschwerungen das entfernte Ende langsam in die Tiefe zogen, geschah das, worauf Marsigli gewartet hatte: Er beobachtete, wie die Korkmarkierungen ein paar Meter unter der Wasseroberfläche die Fließrichtung wechselten. Bogenförmig krümmte sich das Ende der Leine von Süden zurück nach Norden, auf Marsiglis Boot zu, bis der italienische Forscher weit unten in der Tiefe die ersten Korkstücke unter seinem Kiel leuchten sah.

Damit war bestätigt, was Marsigli von den Fischern des Bosporus gehört hatte, die das Phänomen seit langer Zeit an ihren Netzen beobachtet hatten, ohne es in wissenschaftliche Worte fassen zu können. Nicht eine, sondern zwei einander entgegengesetzte Strömungen liefen durch die Meerenge. An der Oberfläche floss Wasser aus dem Schwarzen Meer nach Süden ab, ins Marmarameer, durch die Dardanellen und weiter ins Mittelmeer. Gleichzeitig aber trieb durch die tieferen Lagen des Bosporus mediterranes Wasser nach Norden, ins Schwarze Meer. Getrennt wurden die beiden Strömungen von ihren unterschiedlichen Salzgehalten: Das leichtere, salzarme Flusswassergemisch des Schwarzen Meers trieb an der Oberfläche, das schwerere Salzwasser des Mittelmeers floss am Bosporusboden entlang.

Marsigli ahnte noch nichts von der These, dass die Meerenge vor rund achttausend Jahren infolge eines sintflutartigen Wasserdurchbruchs entstanden ist. Zu diesem Zeitpunkt dürfte auch ihre zweischichtige Strömungsmechanik entstanden sein. Seitdem füllt und entleert sich das Schwarze Meer durch den Bosporus, beides gleichzeitig, beides unaufhörlich.

Nicht nur das Wasser strömt in beide Richtungen, auch für die

Migrationsbewegungen zwischen Mittelmeer- und Schwarzmeerraum wurde der Bosporus zum Nadelöhr. Als die Griechen mit ihren Kriegs- und Handelsschiffen nach Norden vordrangen, mussten sie an der Wasseroberfläche gegen die Strömung anrudern, ähnlich wie die Argonauten, von deren mühsamer Fahrt durch den Bosporus Apollonius erzählt. Andere invasive Arten hatten es leichter – sie konnten sich einfach von der Unterströmung treiben lassen, wie all die Fische, Krebse, Schnecken, Quallen und Planktonarten, die im Lauf der Jahrtausende von Süden aus ins Schwarze Meer eingewandert sind. Wieder andere Passagiere durchquerten den Bosporus auf subtileren, strömungsunabhängigen Wegen. Als im späten 10. Jahrhundert Wladimir von Kiew, Herrscher des heidnischen Reichs der Rus, nach einer zeitgemäßen Religion für sein Fürstentum nördlich des Schwarzen Meers suchte, ließ er Botschafter ausschwärmen, um sich berichten zu lassen, wie es die umliegenden Völker mit dem Glauben hielten. Den Islam der Wolgabulgaren verwarf der Fürst sofort, als seine Kundschafter ihm von der Abstinenz der Muslime erzählten. «Das Trinken ist die Freude der Rus!», donnerte Wladimir. «Ohne das können wir nicht sein!» Am Judentum der Chasaren störten ihn die Beschneidung und das Nomadenleben, die katholischen Kirchen der Europäer wurden ihm als öd und freudlos beschrieben. Das orthodoxe Byzanz dagegen, den Sitz des griechischen Patriarchen am Bosporus, priesen Wladimirs Kundschafter in höchsten Tönen. Die Wahl des Fürsten fiel am Ende auf den Christengott vom anderen Ufer des Schwarzen Meers. Wladimir selbst ließ sich auf der Krim taufen, seine Untertanen wurden wenig später bei einem Massenbad im Kiewer Dnjepr zwangsbekehrt.

Durch den Bosporus wanderte das orthodoxe Christentum in die heutige Ukraine ein und breitete sich von Kiew aus in späteren Jahrhunderten im gesamten Russischen Reich aus. Byzanz eroberten derweil die Osmanen, die den Bosporus zum Exportkanal ihrer eigenen

Religion machten. Imame, Koranlehrer und Baumaterial für Moscheen wurden nordwärts verschifft, während sich an den Schwarzmeerküsten der Islam ausbreitete.

Dass der Bosporus nach wie vor Strandgut aller Art ins Schwarze Meer schwemmte, erlebte ich während meiner Reise gleich zweimal. Ein paar Tage nach meiner Ankunft in Istanbul lief ich am Goldenen Horn entlang, jenem schmalen Wasserblinddarm, der sich vom Westufer der Meerenge landeinwärts zieht. Auf seiner südlichen Seite, im Bezirk Fener, hat bis heute das griechische Patriarchat seinen Sitz, das formelle Zentrum der Christlich-Orthodoxen Weltkirchen. Es hat dem Bevölkerungsaustausch von 1923 standgehalten und auch das Istanbuler Pogrom von 1955 überdauert, in dessen Folge die meisten verbliebenen Griechen der Türkei den Rücken gekehrt haben.

Es war ein Sonntagmorgen. Im goldglänzenden Innenraum der Georgskathedrale saßen ein paar Dutzend Betende, die meisten von ihnen Pilger und Touristen aus Griechenland. Mehrstimmiger Gesang setzte ein, ein graubärtiger Priester schritt durch die Altartür, in der Rechten ein Zepter in Form einer zweiköpfigen Schlange, an seiner Seite Schleppenträger, die die Enden seines Gewands vom Boden fernhielten – es sah aus, als werde eine Braut zur Vermählung geführt. Zwei Stunden lang hörte ich der orthodoxen Liturgie zu, die hier seit Jahrtausenden nahezu unverändert gesungen wurde.

Noch während ich mich in Istanbul aufhielt, muss im Patriarchensitz neben der Georgskirche an jenem Dokument gefeilt worden sein, das wenige Monate später die christliche Welt nördlich des Schwarzen Meers in Aufruhr versetzte. Zwischen Russland und der Ukraine hatte sich seit der Annexion der Krim und dem Krieg im Donbass auch die kirchliche Spaltung vertieft. Der orthodoxe Klerus in Kiew unterstand formal noch immer dem Patriarchat von Moskau, aber je erbitterter die Feindseligkeiten geworden waren, desto beharrlicher hatten die Ukrainer ihre kirchliche Unabhängigkeit gefordert – bis ihnen der Patriarch in Istanbul den Wunsch schließlich erfüllte. Im

Januar 2019 überquerte ein Flugzeug das Schwarze Meer, in dem sich das «Tomos» befand, ein Dekret, mit dem die ukrainische Orthodoxie von der russischen getrennt wurde – zum immensen Ärger des Kremls.

Ebenfalls während meines Aufenthalts in Istanbul hörte ich, dass ein türkischer Schwarzmeerfischer in jenem Sommer erstmals einen Kugelfisch in seinen Netzen gefunden hatte. Eine tropische Fischart im Schwarzen Meer: Was bis vor nicht allzu langer Zeit jeder Ozeanologe für einen Witz gehalten hätte, klang inzwischen wie der plausible Anfang eines Horrorszenarios. Lange war die geringere Temperatur des Schwarzen Meers eine der wichtigsten Barrieren gewesen, die Eindringlingen aus dem Mittelmeer den Weg durch den Bosporus versperrte. In den vergangenen dreieinhalb Jahrzehnten aber hatte sich das Meer im Schnitt um gut zwei Grad erwärmt, und Forscher erwarteten, dass seine Oberflächentemperatur bis zum Ende des Jahrhunderts um weitere fünf Grad steigen könnte. Der Klimawandel hatte dem Kugelfisch den Weg gebahnt.

Tagelang fuhr ich mit den Istanbuler Fähren von einem Bosporusufer zum anderen, von Kontinent zu Kontinent, von Asien nach Europa und zurück, immer wieder darüber staunend, dass außer mir niemand staunte. Erst nach ein paar Tagen begriff ich, dass nur Touristen vom «asiatischen» Ufer sprachen – die Istanbuler nannten es anatolisch. Für die Menschen hier war eine Fährfahrt über den Bosporus keine Interkontinentalreise, sondern ein banaler Arbeitsweg.

Trotzdem bekam ich das Grinsen nicht aus dem Gesicht, wenn ich am Bug der Fähren stand und die Möwen mit Sesamkringeln fütterte. Es war ein halbes Jahr her, dass ich am Kimmerischen Bosporus gestanden hatte, auf der gegenüberliegenden Seite des Meers, an der Wasserstraße zwischen Russland und der Krim, wo die asiatische Hälfte meiner Reise begonnen hatte. Hier endete sie. Der Rest des Wegs führte durch Europa. Was auch immer das bedeutete.

Bulgarien

Tscherno more / Черно море

Wenn der Teufel es sich in den Kopf gesetzt hat,
uns schnell ins Schwarze Meer zu bringen,
dann tut er's, ob wir wollen oder nicht.

Bram Stoker, «Dracula», 1897

Die Umbenannten

Als ich Istanbul hinter mir ließ, hatte der Herbst begonnen. Westlich des Bosporus, in Trakya, dem winzigen europäischen Zipfel der Türkei, roch die Luft nach Pilzen. Überall in den Wäldern sah ich Menschen mit Körben durchs Unterholz kriechen. An den Straßenrändern warteten junge Männer mit Lieferwagen, die den Sammlern ihre Pilze abkauften, für einen Gemüseexporteur in der Nähe der bulgarischen Grenze. Riesige, pralle, intensiv duftende Steinpilze füllten die Ladeflächen – nie im Leben hatte ich so viele Steinpilze auf einem Haufen gesehen.

Zwei Kilometer vor der Grenze lag ein windiges Küstendorf namens Beğendik, das aus hundert Häusern, einer Moschee und einem Teehaus bestand. In den Straßen sah ich mehr streunende Hunde als Menschen. Das karge Teehaus war leer bis auf einen glühenden Holzofen, ein paar Stühle und das obligatorische Atatürk-Porträt an der Wand. Der Inhaber war ein zahnloser alter Mann, dessen Großeltern 1935 aus Bulgarien in die Türkei vertrieben worden waren, wie die Großeltern von fast allen hier, außer denen, deren Großeltern bereits 1927 oder erst 1954 vertrieben worden waren – der alte Mann nannte die Jahreszahlen flüssig, ohne nachzudenken, wie eingebrannte Details einer langen Leidensgeschichte.

Als nach dem Ersten Weltkrieg das Völkergeflecht des Osmanischen Reichs gewaltsam entwirrt wurde, hatten sich im thrakischen Dreiländereck die Regierungen Bulgariens, Griechenlands und der Türkei gegenseitig ihre Minderheiten zugeschoben. Aus den Dörfern auf der türkischen Seite der Grenze verschwanden die Griechen und Bulgaren, in deren leerstehende Häuser die Türken einzogen, die zeitgleich aus Bulgarien und Griechenland vertrieben wurden. Auch die Albaner, Bosniaken, Mazedonier und Armenier der Region mussten beim großen Stühlerücken mitmachen.

Die härteste Nuss für die Völkerverschieber waren die Pomaken, slawische Muslime, von denen kein Mensch wusste, wohin man sie vertreiben sollte, weil sie den Bulgaren zu türkisch, den Türken zu bulgarisch und den Griechen in jeder Hinsicht ungriechisch vorkamen. Ein paar Kilometer landeinwärts von Beğendik, in einem noch kleineren Grenzdorf namens Sislioba, fand ich eine Frau, deren Vorfahren Pomakisch gesprochen hatten, aber das war lange her, und die Pomaken in Atatürks Türkei waren klug genug gewesen, ihre slawische Sprache möglichst schnell zu vergessen, so wie die Pomaken im sozialistischen Bulgarien klug genug gewesen waren, ihre Korane nicht vor sich herzutragen.

Die Frau mit den pomakischen Vorfahren saß mit ihrem Sohn auf dem menschenleeren Dorfplatz, vor einem Stand voller Honig, Marmeladen und Blütentees. Es sah aus, als warteten die beiden auf Touristen, die hier unmöglich auftauchen konnten – das Dorf lag im tiefsten thrakischen Wald, dicht an der nördlich verlaufenden EU-Außengrenze, deren nächstgelegener Übergang Dutzende von Kilometern entfernt war.

Die Honigverkäuferin hatte ein lachendes Gesicht, gerahmt von einem grünen Kopftuch. Sie wusste nicht genau, auf welcher Seite der Grenze ihre pomakischen Vorfahren gelebt hatten, aber sie wusste eine Menge über die Menschen, die in den letzten Jahren auf dem Weg zur Grenze durch Sislioba geschlichen waren – Menschen mit verstörten Augen und flüsternden Stimmen, ohne Pass und ohne Geld, mit zu dünnen Jacken und zu wenig Gepäck. Eine Weile war der ganze thrakische Wald voll von ihnen gewesen, bis vor zwei Jahren die türkische Armee den Grenzzaun verstärkt und Patrouillen in die Wälder geschickt hatte. Seitdem tauchten nur noch selten Flüchtlinge in Sislioba auf.

Der Sohn der Honigverkäuferin, der um die dreißig sein musste, war groß und schwer und etwas langsam. Er hatte sanfte, schwarze Mädchenaugen, die aussahen, als könnten sie jeden Moment in Tränen ausbrechen, und wenn er sprach, zitterte seine Unterlippe.

Seine Mutter fragte lächelnd, ob ich dem Sohn nicht eine Frau in Deutschland finden könnte.

«Dann bin ich den Kerl endlich los.»

Sie zog den Kopf des Sohns an ihre Schulter und tätschelte seine Wange.

Der Sohn sah mich an. Seine Unterlippe zitterte.

«Kannst du eine Frau für mich finden? In Deutschland?»

«Ich werd's versuchen. Aber gibt es in Sislioba keine Frauen?»

Die Augen des Sohns verschwammen.

«Die sind alle mit mir verwandt. Kannst du eine in Deutschland finden? Bitte, in Deutschland.»

Die Mutter erzählte von einer Gruppe Syrer, die vor ein paar Jahren in Sislioba aufgetaucht war.

«Sdrawejte!», hatten die Syrer den Türken zugerufen. «Sdrawejte!»

Die Türken verstanden genug Bulgarisch, um zu begreifen, dass sich die Syrer auf der falschen Seite der Grenze wähnten. Als sie ihnen klar machten, dass sie in der Türkei waren, brachen die Flüchtlinge in Tränen aus. Ihre Schlepper hatten sie tagelang durch den Wald geführt, um ihnen am Ende zu versichern, dass die EU-Grenze nun hinter ihnen liege. Dann waren sie verschwunden. Die Syrer hatten sich von den Schleppern ihr ganzes Geld abnehmen lassen.

Die Türken gaben den weinenden Syrern Essen, wie Türken es meistens tun, wenn jemand weint. Dann war die Polizei gekommen und hatte die Flüchtlinge in ein Lager abtransportiert. Die Mutter wusste nicht, was aus den Syrern geworden war. In Sislioba waren sie nie wieder aufgetaucht.

Der Sohn redete immer noch von der deutschen Frau, als wir uns verabschiedeten.

«Schreib meine Nummer auf, dann kannst du mich anrufen, wenn du sie findest ...»

Ich hoffe, er wartet nicht immer noch auf den Anruf aus Deutschland.

Mit einem Reisebus voller rotäugiger Frühaufsteher fuhr ich an einem bleiernen Herbstmorgen in Richtung Bulgarien. Der Weg zum Grenzübergang führte nicht am Meer entlang, sondern in weitem Bogen durchs Inland. Unterwegs blies der Fahrtwind den Regen in horizontalen Schlieren über die Seitenfenster. Unter einem bleiernen Oktoberhimmel zogen V-förmige Vogelschwärme nach Süden.

Auf dem Sitz neben mir saß ein Mann, der mich erst auf Bulgarisch und auf Türkisch ansprach, bevor wir uns auf Russisch einigten. Er hieß Gürcan Güneş und war unterwegs nach Bulgarien, um Verwandte zu besuchen. Sein türkischer Nachname bedeutete «Sonne». Von allen Namen, die Gürcan im Lauf seines fünfzigjährigen Lebens getragen hatte, war ihm der Sonnenname der liebste. Sonst hätte er ihn sich auch nicht ausgesucht.

Gürcan hatte schmale, schlaue, flinke Augen und kleidete sich wie ein Mann, der sich nicht für Kleidung interessiert. Unter den Karos seines Kurzarmhemds wölbte sich der Brustkorb eines Athleten – er erzählte, dass er in seiner Jugend Fußball gespielt hatte und auf bestem Weg zur Profikarriere gewesen war, bevor ihm eine Knieverletzung dazwischengekommen war. Stattdessen war er Ingenieur geworden. Inzwischen vertrieb Gürcan für einen türkischen Maschinenbauer Metallschläuche und hatte sich nebenbei ein Geschäft mit Satellitenempfängern aufgebaut – ein paar hundert Kunden, überschaubare Margen, aber in der Masse rentierte es sich. In Istanbul gehörte ihm ein fünfstöckiges Haus, in dem er mit seiner Frau, den beiden Kindern und seinen alten Eltern wohnte.

Die zweite Hälfte seines Lebens hatte Gürcan in der Türkei verbracht, die erste in Bulgarien, wo er 1969 geboren worden war, als einer von knapp achthunderttausend Türken, deren Vorfahren den Vertreibungen des frühen 20. Jahrhunderts entgangen waren. Auch später noch, in der sozialistischen Ära, fremdelte Bulgarien mit seinen muslimischen Minderheiten, aber Vertreibungen waren aus zynischen Gründen nicht mehr das politische Mittel der Wahl: Die türkisch-bulgarische Landesgrenze hatte sich im Kalten Krieg zum Eisernen Vorhang verhärtet, dessen erklärter Zweck es war, die Werktätigen im Land zu halten. Genau wie die Bulgaren selbst waren nun auch die bulgarischen Türken Gefangene des Ostblocks.

Weiterhin aber waren sie dem Regime in Sofia ein Dorn im Auge. Die Jahrhunderte der osmanischen Dominanz auf dem Balkan waren nicht vergessen, die schiere Anwesenheit der Minderheit rührte an alte Ängste. Fast jeder zehnte Einwohner des sozialistischen Bulgariens war Türke, mit leicht steigender Tendenz, weil die Muslime mehr Kinder bekamen als der Rest der Bevölkerung. Wohl aus diesem Grund reifte Mitte der achtziger Jahre ein perfider Plan. Loswerden konnte man die Türken nicht, aber man konnte sie verschwinden lassen, sie unsichtbar machen, indem man ihre Identität zerstörte.

Gürcan war sechzehn, als in seinem Heimatort Krkarija eines Tages Soldaten auftauchten. Sie zogen durch die Betriebe, die Kolchosen, die Schulen und nahmen überall die Türken beiseite. Die Soldaten hatten eine simple Bitte: Die Türken sollten sich neue Namen aussuchen. Bulgarische Namen.

Gürcans Vater, der sein Leben lang Enwer Sülejmanow geheißen hatte, hieß nach der Umbenennungskampagne Entscho Stanischew. In Gürcans neuem Ausweis stand der Name Genscho Stanischew.

Gürcan war damals noch zur Schule gegangen. Seinen bulgarischen Lehrern, sagte er, sei die Kampagne erkennbar peinlich gewesen.

«Von einem Tag auf den anderen mussten sie uns mit den neuen Namen ansprechen. Man merkte, dass sie sich schämten, aber keiner traute sich, nicht mitzumachen.»

Erschwerend kam hinzu, dass in Bulgarien neben Vor- und Nachnamen auch Vatersnamen in Gebrauch waren. Gürcan hatte, als der Vorname seines Vaters noch Enwer gewesen war, mit vollem Namen Gürcan Enwerow Sülejmanow geheißen. Nun hieß er Genscho Entschew Stanischew. Komplizierter war die Lage für Gürcans Vater, dessen eigener Vater zum Zeitpunkt der Umbenennung längst tot war. Trotzdem zwang man ihn und Hunderttausende anderer Türken, sich bulgarische Vatersnamen zuzulegen – was bedeutete, dass sie ihren verstorbenen Vätern postum neue Vornamen geben mussten. «Sie zwangen uns, die Namen von Toten zu ändern. Verstehst du? Von Menschen, die längst auf dem Friedhof lagen! Wer kommt auf so was?»

Gürcans Blick war so empört, als liege die Geschichte nicht dreieinhalb Jahrzehnte, sondern wenige Tage zurück.

Die offizielle Bezeichnung der Kampagne lehnte sich an den Namen an, den sich im 19. Jahrhundert die bulgarische Widerstandsbewegung gegen die Osmanenherrschaft gegeben hatte – das Regime sprach von einem «Prozess der Wiedergeburt». Auf eine makabre Art passte das nicht schlecht zur Umbenennung von Toten. Vor allem aber machte es den bulgarischen Türken überaus deutlich, was der Staat von ihnen hielt. Zeitgleich mit der Umbenennungskampagne untersagte man ihnen den Gebrauch ihrer Sprache. Auch ihre Religion, die im sozialistischen Bulgarien nie willkommen gewesen war, geriet unter verstärkten Druck.

Einzelne Türken, die nicht als Bulgaren wiedergeboren werden wollten, widersetzten sich in den späten achtziger Jahren den Anordnungen. Es kam zu Ausschreitungen, zu Todesfällen. Am Ende, als sich der kommunistische Untergang bereits abzeichnete, entschied das Regime, das Problem doch wieder auf die althergebrachte Art zu lösen. Exklusiv für Muslime wurde im Sommer 1989 der Eiserne Vorhang für drei Monate gelüftet. Der Weg ins Ausland, erklärte Parteisekretär Todor Schiwkow, stehe allen offen, die ihn beschreiten wollten. Die Türken verstanden, dass das keine Einladung, sondern ein Ultimatum war. Rund 350 000 von ihnen packten in jenem Sommer zusammen, was sich auf die Dächer ihrer sowjetischen Kleinwagen binden ließ. Die Straßen nach Süden färbten sich schwarz vor Menschen. Es war die größte ethnische Säuberung in Europa seit dem Ende des Zweiten Weltkriegs.

Gürcan hatte Glück im Unglück. Zur Zeit des großen Rausschmisses diente er gerade in der bulgarischen Armee, wo er einen türkischen Geschäftsmann kennenlernte, der ihm Arbeit in der Türkei anbot. Mit nichts als einem Koffer kam er 1990 in Istanbul an. Ein Jahr später holte er seine Frau nach, dann die Eltern. Es war gut gelaufen für Gürcan, besser als für die meisten Vertriebenen, die 1989 schnell gemerkt hatten, dass sie nach vier Jahrzehnten hinter dem Eisernen Vorhang andere Türken waren als die Türken in der Türkei. Als kurz nach dem Schicksalsjahr 1989 das kommunistische Regime in Bulgarien stürzte, kehrten rund 150 000 Türken zurück in die Dörfer und Städte, aus denen man sie vertrieben hatte.

Auch für Gürcan war der Weg anfangs steinig gewesen. Nicht alle Türken, sagte er, hätten ihn in Istanbul sofort als Türken akzeptiert.

«Oft waren das Anatolier, die selbst nach Istanbul eingewandert waren. Es ist immer die gleiche Geschichte: Ungebildete mögen keine Migranten, auch wenn sie selbst welche sind.»

Als man ihm in der Türkei einen neuen Pass ausstellte, wurde Gürcan gefragt, welche seiner vielen Namen eingetragen werden sollten. In seinem bulgarischem Pass stand zu jenem Zeitpunkt der gänzlich falsche Familienname Milanow, der ihm nach der Entlassung aus dem Armeedienst verpasst worden war, durch einen bürokratischen Irrtum, den Gürcan nie korrigiert hatte, weil er mit den bulgarischen Behörden möglichst wenig zu tun haben wollte. Überhaupt zog er einen klaren Neuanfang vor, er wollte keinen der alten Namen zurück. Gürcan, der von einer Karriere als Geschäftsmann träumte, wünschte sich etwas Klares, Einprägsames, Positives. Kurz zuvor hatte er in

Istanbul ein Werbeplakat gesehen, auf dem in großen Buchstaben der Name einer Versicherung stand: Güneş. Sonne. Gürcan Güneş. Das war es.

Zu dem Zeitpunkt, als Gürcan und ich uns im Bus begegneten, hatten die Türken in Bulgarien ihre alten Namen längst zurückbekommen. Die Nachfolger des kommunistischen Regimes hatten sich vom «Prozess der Wiedergeburt» distanziert und die Vertreibung der Türken verdammt. Was geschehen war, war lange her, und wenn Gürcan über sein Leben in der Türkei sprach, gab er sich Mühe, die Erzählung nicht wie einen Opfermonolog klingen zu lassen, sondern wie die Geschichte einer freiwilligen Emigration, das Aufsteigermärchen eines Auswanderers.

Aber was geschehen war, war geschehen. Als wir die Grenze erreichten, betraten zwei bulgarische Zöllner den Bus. Gürcan hatte sich gerade in Rage geredet, es war der Moment, in dem er über die Umbenennung der Toten sprach. Je näher die Zöllner kamen, desto leiser wurde seine Stimme. Als sie unsere Pässe einsammelten, verstummte er. Ich sah nur noch seine Kieferknochen mahlen.

Froschmänner

An der Mündung des Flusses Resowo, der die Türkei von Bulgarien trennt, versuchten drei Männer, mit einem alten Mercedes ein Motorboot aus dem Meer zu ziehen. Der Mercedes heulte und qualmte, aber das Boot rührte sich nicht. Zwei der Männer begannen, das Auto von hinten anzuschieben. Ich half mit. Wir stemmten die Füße in den Boden und lehnten unser ganzes Gewicht gegen den Wagen, aber seine Reifen drehten durch, die Böschung war zu steil, das Boot zu schwer. Es roch nach verbranntem Gummi.

Die Männer entschieden, am nächsten Tag mit einem Traktor wiederzukommen. Ich wollte gerade gehen, als sich neben dem Motorboot das Wasser kräuselte. Eine Harpune hob sich aus dem Meer, gefolgt von einem Arm, einem Schnorchel, einem Kopf. Am Ende stand ein ganzer Mann vor mir, in einem Taucheranzug mit Flecktarnmuster. Auf langen Flossen watschelte er an Land und schob sich die Neoprenhaube vom Kopf. Sein weißes Haar war kurzgeschoren, aus den buschigen Augenbrauen troff Wasser.

Auf Englisch stellte ich die zeitlose Frage, die man Männern am Meer stellt.

«Und, was gefangen?»

Er schüttelte den Kopf.

«Keine Fische unterwegs heute.»

Ich sah aufs Meer hinaus und fragte mich, ob der Harpunist beim Tauchen in türkischen Gewässern gewildert hatte. Auf der anderen Seite der Flussmündung stand ein Wachturm mit roter Sichelmondflagge. Der Mann lachte, als ich fragte, ob die Grenzer hier nicht nervös wurden, wenn sie jemanden tauchen sahen.

«Heute nicht mehr. Der Kommunismus ist vorbei.»

Er rubbelte sich mit der linken Hand das Wasser aus den Haaren.

«Früher wärst du nicht mal in die Nähe der Grenze gekommen. War alles Sperrzone hier.»

Er hackte mit der Handkante zwei Gräben in die Luft.

«Erste Grenze, zweite Grenze. Dazwischen Niemandsland. Woher kommst du?»

«Deutschland.»

Er nickte düster.

«Hier sind viele Deutsche gestorben.»

«Habe ich gehört.»

Etwa viertausend DDR-Bürger sollen versucht haben, während ihres Urlaubs an den bulgarischen Schwarzmeerstränden über den

Eisernen Vorhang in die Türkei zu entkommen. Die wenigsten hatten es geschafft, und nicht alle waren lebend geschnappt worden. Auch andere Bewohner des Ostblocks, aus Polen, Ungarn, der Tschechoslowakei, der Sowjetunion, hatten hier zu entkommen versucht. In den Archiven des bulgarischen Innenministeriums war von 415 ausländischen Touristen die Rede, deren Spuren sich zwischen 1961 und 1989 an der grünen Grenze verloren hatten.

Der alte Mann legte seine Harpune an die Schulter und deutete einen Schuss an.

«Viele. Sehr viele.»

Er ließ betreten die Harpune sinken.

«Es tut mir leid.»

Überrascht sah ich ihn an.

«Es war nicht Ihre Schuld.»

Ich merkte, dass ein Gedanke an ihm nagte. Er schien einen Satz formulieren zu wollen, setzte mehrfach an, doch es wollte ihm nicht über die Lippen. Am Ende schüttelte er abrupt den Kopf.

«Ich rede nicht gerne darüber.»

«Kann ich verstehen.»

«Tut mir leid.»

Er schulterte seine Flossen und die Harpune.

«Schönen Tag noch.»

Ich sah zu, wie er die Böschung hinauflief, seine Tauchausrüstung im Kofferraum eines geparkten Autos verstaute und verschwand, ohne sich noch einmal umzusehen.

Am nächsten Morgen, nach einer Nacht im Grenzdorf Resowo, schulterte ich meinen Rucksack und machte mich zu Fuß auf den Weg nach Norden, am Meer entlang.

Die Küste war felsig, schartig, zerrissen, gesäumt von Büschen, die der Wind in bizarre Schräglagen geblasen hatte. Steinerne Landzungen schoben sich weit ins Wasser, überkrustet von grell gefärbten Flechten, türkis, violett, orange, pink. Auf einsamen Felseninseln trockneten Kormorane ihre gespreizten Flügel.

Nach ein paar Kilometern schob sich der dichte Wald des Strand-scha-Gebirges bis unmittelbar an die Küste heran. Unter hohen Eichen versperrte mir plötzlich ein Zaun den Weg. Er zog sich vom Ufer ins Land hinein, senkrechte Betonstelen, rostige Stacheldrahtreihen. Am oberen Ende der Stelen waren Metallleisten angebracht, die den Stacheldraht seitlich abwinkelten, offenbar um es schwerer zu machen, den Zaun von der Nordseite aus zu überklettern. Die ganze Konstruktion war erkennbar nicht mehr in Gebrauch, und als ich sah, in welche Richtung die Kletterbarriere zeigte, begriff ich, dass es die alte Grenzanlage aus der Zeit des Kalten Kriegs sein musste – ein Abschnitt des Eisernen Vorhangs. Nicht erst seit der alte Mann mit der Harpune es erwähnt hatte, wusste ich, dass damals ein paar Kilometer vor der eigentlichen Grenze ein zweiter Zaun gestanden hatte, die Barriere des Niemandslands, mit der Flüchtlinge getäuscht werden sollten: Wer sie überwand, wähnte sich in Freiheit und wurde unvorsichtig.

Sofort musste ich an die Geschichte denken, die mir die Honigverkäuferin auf der türkischen Seite erzählt hatte, von den Syrern, die geglaubt hatten, dass die EU-Grenze hinter ihnen lag, weil ihre Schlepper sie getäuscht hatten. Die Fluchtrichtung zwischen der Türkei und Bulgarien hatte sich umgekehrt. Einst hatte der Weg in die Freiheit nach Süden geführt, jetzt führte der Weg in die Sicherheit nach Norden.

Ich folgte dem Zaun ein paar hundert Meter weit in den Wald hinein. Ein Ende war nicht absehbar, die Betonstelen reihten sich, so weit mein Auge reichte. Der Stacheldraht war an vielen Stellen gerissen, der Eiserne Vorhang war kein Hindernis mehr, aber dass er hier immer noch stand, dass sich in dreißig Jahren niemand die Mühe gemacht hatte, dieses Terrorbauwerk abzureißen, war schwer zu fassen, jedenfalls für mich, der ich Berlin vor Augen hatte.

Während ich weiterlief, bekam ich plötzlich den Mann mit der Harpune nicht mehr aus dem Kopf. Was hatte er mir erzählen wollen? Wer war er? Ich sah seine breiten Neoprenschultern vor mir, den massigen, für sein Alter ungewöhnlich trainiert wirkenden Körper. War er schon während des Kalten Kriegs ein Taucher gewesen? Ein Froschmann der Armee vielleicht, ein Elitesoldat, ein Grenzschützer? War der Schuss, den er mit seiner Harpune simuliert hatte, das Echo eines tatsächlichen Schusses, hatte er Menschenleben auf dem Gewissen? War es das, was ihm auf der Zunge gebrannt hatte?

Als nach ein paar weiteren Kilometern eine Straße vor mir auftauchte, stellte ich mich an den Rand und hob den Daumen. Ein Mann namens Petko nahm mich mit in die nächste Stadt, nach Sosopol. Seine Haare hingen ihm nass in die Stirn, er fuhr barfüßig, und die Wagenheizung war bis zum Anschlag aufgedreht. Er gestikulierte entschuldigend, als ich mich aus meiner Jacke schälte.

«Ich komme gerade aus dem Wasser. Muss mich ein bisschen aufwärmen.»

Auf der Rückbank lag eine Harpune, im Kofferraum ein Neoprenanzug.

Petko war Vertreter für Kfz-Zubehör. Er sprach ein hektisches Englisch, und sein Blick auf Bulgarien war finster.

«Wir kommen nicht aus unserem Loch. Das ganze Land ist kaputt, korrupt, überall haben die alten russischen Seilschaften ihre Finger im Spiel. In den neunziger Jahren haben sich ein paar Investoren aus dem Ausland hierher getraut, aber die wurden alle abgezockt, und seitdem kommt keiner mehr. Wir sind komplett abgehängt. Selbst die Rumänen haben uns inzwischen überholt. Verstehst du – die Rumänen!»

Als wir ein paar Minuten gefahren waren, tauchte links der Straße ein Dorf auf, das mehr nach Slum als nach Dorf aussah. Fensterlose Rohbaubaracken zogen vorbei, dazwischen barfüßige Kinder, Berge aus Müll, kokelnde Brandstellen – das ganze Dorf lag unter einer Rauchglocke.

«Zigeuner.»

Petkos Stimme klang noch düsterer als vorher.

«Dumme, dreckige Zigeuner. Stehlen, saufen, machen im Suff zehn Kinder, kassieren Hilfsgelder für kinderreiche Familien, schicken die Kinder nicht zur Schule, die Kinder lernen nichts, fangen an zu stehlen, zu saufen, das Spiel geht von vorne los. Was sagst du? Integrieren? Du kennst diese Leute nicht, die lassen sich nicht integrieren! Wenn man ihnen Wohnungen in der Stadt gibt, fackeln sie die Fußböden ab und gehen zurück in ihre dreckigen Dörfer. Für ein paar Lew bringen sie dich um. Sie hauen dir eine Axt in den Schädel, weil ihnen dein Telefon gefällt, und wenn der Akku leer ist, schmeißen sie es weg. Man kann sie nicht ändern. Selbst wenn man ein paar tausend von ihnen umbringen würde, bliebe alles beim Alten, es sind einfach zu viele. Dumme, dreckige, hoffnungslose Zigeuner ...»

Während ich überlegte, wie ich Petko aus seinem Monolog reißen könnte, ging mir plötzlich etwas durch den Kopf. Ich fragte ihn nach dem Harpunenjäger, den ich in Resowo getroffen hatte.

«Älterer Mann?»

«Ja.»

«Buschige Augenbrauen?»

«Genau!»

«Kenne ich. Ist oft an der Küste. Ein Professor. Aus Sofia.»

«Professor? Professor für was?»

Petko überlegte einen Moment. Er wusste nichts Genaues, aber seine Antwort gab mir das Gefühl, dass ich mit meinen Spekulationen weit danebengelegen hatte.

«Literatur, glaube ich.»

Der Vampir von Sosopol

In Bulgarien sah ich viele Dinge wieder, die ich am Schwarzen Meer lange nicht gesehen hatte. Sozialistische Plattenbauten. Ikonen an Armaturenbrettern. Frauen mit Lederminis und Stilettos an der Seite von Männern in Trainingsanzügen. Kyrillische Buchstaben. Zugleich merkte ich unmissverständlich, dass ich in der EU angekommen war. Im Küstenstädtchen Sosopol hingen blaue Schilder mit centgenauen Finanzierungssummen an den Fassaden der restaurierten Altbauten. Die Museen hatten Rollstuhlrampen, die Ausstellungstexte waren ins Englische übersetzt, Sosopols Vergangenheit als antike Handelskolonie präsentierte sich systematisch und übersichtlich, anders als in der Türkei oder in Georgien, wo die Schwarzmeergeschichte in großen, unsortierten Brocken unter freiem Himmel herumlag.

Im Gebäude einer ehemaligen griechischen Schule war ein kleines Museum für maritime Malerei untergebracht. Ich lief an vielen weißen Segeln auf blauem Grund vorbei, bis ich in einem der Räume elektrisiert stehenblieb. An den Wänden hingen quadratische, an Picasso erinnernde Bilder, in deren kubistischem Figurengewirr ich Elemente von Schwarzmeermythen erkannte.

Als ich versuchte, eins der Motive zu entschlüsseln, schob sich plötzlich ein Mann zwischen mich und das Bild. Er trug einen weißen Seemannspulli und musste Mitte sechzig sein. Ohne etwas zu sagen, trat er an das Gemälde heran, hob es zu meiner Überraschung mit beiden Händen von der Wand und drehte es im Uhrzeigersinn um neunzig Grad, bevor er es wieder aufhängte.

Der Effekt war verblüffend. Aus den Hintergründen des Bilds traten plötzlich Details hervor, die ich vorher nicht gesehen hatte, weil sie erst jetzt im richtigen Winkel hingen, während andere Motive, die mir vorher ins Auge gesprungen waren, in die Horizontale kippten und aus dem Blickfeld verschwanden.

Der Mann schüttelte mir die Hand.

«Iwan.»

Erst jetzt erkannte ich ihn – es war der Künstler. Ich hatte Iwan Bachtschewanows Foto auf einem Plakat am Eingang gesehen. Er ließ das Gemälde ein zweites, ein drittes, ein viertes Mal rotieren, bis es wieder in der Ausgangsposition hing. Jedes Mal traten andere Details in den Vordergrund, die den Bildaufbau komplexer und komplexer machten.

Bachtschewanow, der Russisch sprach, erzählte, dass ihm die Idee beim Tauchen im Schwarzen Meer gekommen war. Die Welt unter Wasser war eine völlig andere als die Welt über Wasser, aber beide gehörten zusammen, sie waren zwei Seiten desselben Meers. Bachtschewanow liebte den Moment, wenn beim Auf- und Untertauchen plötzlich die Perspektive umsprang, und er fragte sich, wie er beide Welthälften gleichzeitig in einem Bild darstellen konnte. Die klassische Meeresmalerei war eindimensional, sie zeigte nur die Oberseite des Wassers: Wellen, Schiffe, Klippen, Möwen. Als Bachtschewanow erst einmal angefangen hatte, über die Beschränkungen solcher Bilder nachzudenken, fielen ihm jede Menge andere Dimensionen des Schwarzen Meers ein, die in seinen eigenen Gemälden nicht fehlen sollten: Gegenwart und Geschichte, Mythen und Realität, Tag und Nacht, der Zyklus der Jahreszeiten, die Völkerverschiebungen an den Küsten, der Aufstieg und Fall der Imperien, das Reifen und Scheitern menschlicher Pläne.

Bachtschewanow führte mich von Bild zu Bild und ließ das Schwarze Meer rotieren. Jede Drehung setzte Geschichten in Gang, ließ Figuren in den Gemälden auftauchen, die im einen Moment jung, im nächsten alt waren, die andere Figuren liebten, sich von ihnen entfremdeten, der entschwundenen Liebe nachweinten. Schiffe durchquerten das Meer, sanken, ruhten auf dem Grund, die Sonne ging auf, tauchte in die Wellen, erhob sich auf der anderen Seite als Mond, Fische und Vögel tauschten ihre Positionen, das Wasser fror und taute, aus mythischen Helden wurden sterbliche Menschen, Geschichtliches schlug in Persönliches um, Schönheit verging, Hoffnung keimte, der Tod war nicht das Ende, tausend Jahre waren ein Tag.

Bachtschewanows kleines Atelier lag im Obergeschoss des Schulgebäudes. Es war komplett mit Gips eingestaubt, er arbeitete gerade an einer Skulptur. Ein alter Taucheranzug hing an der Wand, aus dem Bachtschewanow herausgewachsen war, in die Breite, nicht in die Höhe. Er hatte ihn vor vielen Jahren durch einen neuen ersetzt, den er nun auf seinem selbstgebauten Segelboot verwahrte, zusammen mit seiner Harpune. Ich staunte – er war der dritte Harpunenjäger, der mir in nur zwei Tagen begegnete.

Bevor wir uns verabschiedeten, verriet mir Bachtschewanow, dass er ursprünglich vorgehabt hatte, die zwei Dutzend Bilder seiner Ausstellung an kleinen Elektromotoren aufzuhängen. Alle zehn Minuten sollten sie automatisch um neunzig Grad rotieren. Leider hatte sich das als zu teuer erwiesen, Bachtschewanows Geld hatte nicht gereicht. Nun war er selbst der Motor, der das Schwarze Meer bewegte.

Die berühmteste Schifffahrt der Schwarzmeergeschichte beginnt an einem Oktobertag des späten 19. Jahrhunderts in London. Ein schwarz gekleideter Mann, groß, hager und bleich, taucht mit einem Pferdefuhrwerk am Themseufer auf und lässt eine schwere, längliche Holzkiste an Bord der «Czarina Catherine» abladen. Der Frachtsegler, benannt nach Katharina der Großen, läuft tags darauf in Richtung Bulgarien aus. Er folgt der Themse bis zu ihrer Mündung, schwenkt nach Westen in den Ärmelkanal ein, umrundet Frankreich und Spanien, biegt in die Straße von Gibraltar ab, durchquert das Mittelmeer, erreicht schließlich den Bosporus. Sein Kapitän, ein Mann namens Donelson, wundert sich über den durchweg günstigen Wind, der die «Czarina Catherine» in weniger als vier Wochen von England bis ins Schwarze Meer treibt. Noch mehr wundert er sich über den hartnäckigen Nebel, der das Schiff zu verfolgen scheint. Hinter Istanbul wird er so dicht, dass die Besatzung die Orientierung verliert. Ein paar rumänische Matrosen sind überzeugt, dass die unerklärliche Wetterlage mit der Holzkiste aus London zusammenhängt – sie flehen den Kapitän an, das Frachtstück über Bord gehen zu lassen. Donelson verpasst den abergläubischen Matrosen eine Tracht Prügel und segelt blindlings weiter.

Als sich der Nebel lichtet, stellt sich heraus, dass die «Czarina Catherine» ihren bulgarischen Zielhafen Warna verfehlt hat und stattdessen im rumänischen Galaţi gelandet ist – unbemerkt von der Mannschaft ist das Schiff in die Donau eingebogen und stromaufwärts ins Landesinnere gesegelt. Fast scheint es, als habe eine unbekannte Macht das Steuer übernommen. Selbst Donelson ist nun einigermaßen erleichtert, als im Hafen von Galaţi überraschend ein Mann auftaucht, der die mysteriöse Holzkiste in Empfang nimmt, um sie auf dem Landweg weiterzutransportieren, durch dichte Wälder und Schluchten voller Wölfe bis zu einem Schloss in den Karpaten.

Die rumänischen Matrosen hatten recht. In der Holzkiste, die mit transsylvanischer Erde gefüllt ist, verbirgt sich ein blinder Passagier, ein untoter Reisender, der mit seinem Sarg ein paar Monate zuvor auf demselben Weg von der Balkanküste nach England gesegelt ist und in London eine Spur des Grauens hinterlassen hat. Sein Name: Graf Dracula.

Der Ire Bram Stoker schrieb seinen Vampirroman, ohne je in der Nähe des Schwarzen Meers gewesen zu sein. Er klaubte sich sein Balkanbild aus den Bibliotheken des viktorianischen Englands zusammen und schmückte es im ausgehenden 19. Jahrhundert für ein Lesepublikum aus, das nach Horrorgeschichten gierte, speziell nach

Geschichten über barbarische Kreaturen, die von außen über das Königreich herzufallen drohten. Stoker bevölkerte den Schwarzmeerraum mit den Ausgeburten englischer Angstphantasien, ganz ähnlich, wie es im antiken Griechenland die Athener Dramatiker getan hatten.

Viele Balkanbewohner hassen die alten Vampirgeschichten, weil sie oft das Einzige sind, was Westeuropäer mit ihrer Heimat in Verbindung bringen. Andere sind froh über die Vampirtouristen, die auf Draculas Spuren über den Balkan pilgern. Entsprechend gemischte Gefühle dürften die Archäologen gehabt haben, die im Sommer 2012 bei Ausgrabungen in Sosopol auf das Skelett eines Vampirs stießen. Zwischen den Rippen des Mannes, der im 14. Jahrhundert beigesetzt worden war, lag ein Eisenkeil. Seine Zeitgenossen schienen ihm das Herz durchbohrt zu haben, als er bereits im Grab lag.

Ich hatte über den Vampir von Sosopol gelesen, aber ich brauchte eine Weile, um herauszufinden, was nach den Ausgrabungen aus ihm geworden war. Die Pförtnerin des Archäologischen Museums war sicher, dass seine Überreste nach Sofia überführt worden waren, ins Historische Museum der Hauptstadt. Eine Mitarbeiterin bestätigte das, aber sie hatte gehört, dass der Vampir dort nicht geblieben war. Erst eine dritte Kollegin wusste, wo die Überreste zu finden waren.

«Sie liegen im Schloss.»

Fragend sah ich die drei Frauen an.

«Welches Schloss?»

Das Schloss lag ein paar Kilometer außerhalb von Sosopol, am Rand einer Siedlung namens Rawadinowo. Aus der Ferne sah es aus wie der Familiensitz eines mitteleuropäischen Adelsgeschlechts, ein düsterer Bau mit romanischen Burgtürmen und breitem Spitzdach. Aus der Nähe sah es aus wie das, was es war: ein Phantasieschloss, keine drei Jahrzehnte alt. Der Erbauer war ein bulgarischer Ringer namens Georgi Tumpalow, ein zu Geld gekommener Mittelalter-Enthusiast, der sich mit dem Schloss einen Kindheitstraum erfüllt hatte. Im weitläufigen Garten der Anlage stand ein Denkmal, das Tumpalow sich selbst gesetzt hatte, als weißer Ritter mit breiter Marmorbrust und einem überdimensionierten Schwert in der Hand.

Niemand, Tumpalow eingeschlossen, schien recht zu wissen, was mit dem Schloss anzufangen war. Der Hausherr lebte anderswo. Von den Innenräumen war nur ein kleines Museum im Kellergeschoss geöffnet, der Rest des riesigen Gebäudes stand leer. Durch den Garten irrten ein paar zerrupfte Pfauen. Der Pförtner erzählte mir, dass das Schloss gelegentlich als Kulisse für Bollywood-Filme gemietet wurde. Langfristig wolle der Ringer eine internationale Begegnungsstätte für den Weltfrieden daraus machen, aber niemand wusste, wann der Plan umgesetzt werden sollte. Vielleicht, wenn endlich Frieden auf der Welt einkehrte.

Das Vampirskelett lag in einem Glaskasten im Kellermuseum. Der rostige Eisenkeil zwischen den Rippen sah aus wie der Kopf einer Axt oder die Spitze eines Pflugs. Die Frauen im Archäologischen Museum hatten mir erzählt, dass der Tote ein angesehener Mann gewesen sein musste, vielleicht sogar das Stadtoberhaupt, weil er im Ehrenbereich einer Klosterkirche beigesetzt worden war. Irgendetwas aber – ein Vergehen, eine Charakterschwäche, eine Sünde – musste seine Zeitgenossen davon überzeugt haben, dass die Seele des Mannes nicht in den Himmel aufsteigen konnte, dass sie unruhig auf Erden umhergeisterte und sich an den Lebenden verging, solange man sie nicht unschädlich machte – deshalb der Keil in der Brust. Etwa hundert ähnliche Vampirgräber waren im Lauf der vergangenen Jahrzehnte in Bulgarien entdeckt worden.

Lange stand ich vor dem Glaskasten und versuchte, mir den Fehltritt auszumalen, der den Mann in den Augen seiner Zeitgenossen zum Vampir gemacht hatte. Was immer es war, seine geschundenen Knochen konnten es nicht verdient haben, im Keller dieses Spukschlosses zur Schau gestellt zu werden.

Lexikon des Schwarzen Meers, Eintrag 4: *Schwefelwasserstoff*

Es war ein halbes Jahr her, dass ich an der russischen Küste die Urlaubssaison hatte beginnen sehen. An der bulgarischen Küste sah ich sie nun enden. Den gleichen Verwandlungsprozess, der die kaukasischen Kurorte aus dem Winterschlaf geküsst hatte, erlebte ich hier als rückwärts laufenden Film: Die Fenster der Cafés und Hotels erblindeten, Rollläden senkten sich rasselnd, Strandbuden wurden vernagelt, von den Bäumen rieselten Blätter, die der Herbstwind durch verwaisende Straßen trieb.

In Nesebar, einer alten griechischen Koloniestadt nördlich der Bucht von Burgas, war nur noch ein einziges Hotel geöffnet. Abends irrte ich auf der Suche nach etwas zu essen lange durch die dunklen Altstadtgassen.

«Das ist erst der Anfang.»

Sdrawka Georgiewa, die in Nesebar groß geworden war, liebte die Zeit der Winterstarre.

«Im Januar regt sich hier gar nichts mehr.»

Sie war eine junge Archäologin, eine vorsichtig formulierende, nicht zu großen Thesen neigende Frau, deren Leben beruflich wie familiär eng mit der Geschichte ihrer Heimatstadt verwoben war. Die Großeltern ihrer Mutter waren 1924 als mazedonische Flüchtlinge nach Nesebar gekommen, mit einem Pferdewagen voller Hausrat, den sie aus der Region nördlich von Thessaloniki gerettet hatten, bevor ihr Haus beim großen Völkerstühlerücken der zwanziger Jahre niedergebrannt worden war. Georgiewas väterlicher Familienzweig dagegen war griechisch: Ihr Ururgroßvater war Ende des 19. Jahrhunderts im Stauraum eines Schiffs aus der türkischen Marmara-

Region geflohen, aus Gründen, die in der Familie nicht überliefert waren. In Nesebar hatten Georgiewas mazedonisch-griechische Vorfahren ein bescheidenes Einwandererleben geführt. Ihr Vater war bis zu seiner Pensionierung Kapitän eines Fischerboots gewesen, die Mutter hatte als Telegraphistin bei der Post gearbeitet. Georgiewa war mitten im historischen Teil der Stadt aufgewachsen, unter den Nachkommen anderer Einwanderer, auf einer winzigen, kaum einen Kilometer langen Halbinsel, die mit dem Festland nur durch einen schmalen Fahrdamm auf der Westseite verbunden ist. Seit Jahrtausenden nagte das Meer ringsum an den Küsten der Stadt, deren älteste Bauten schon vor langer Zeit unter die Wasseroberfläche gesackt waren. Als Georgiewa anfing, sich für Nesebars Geschichte zu interessieren, wurde ihr schnell klar, dass sich die Vergangenheit hier nicht trockenen Fußes erforschen ließ. So wurde sie Unterwasser-Archäologin.

Seit Jahren tauchte sie zusammen mit dem Rest ihrer Forschungsgruppe durch die Küstengewässer von Nesebar, um die versunkenen Stadtstrukturen zu dokumentieren. Es gab nicht viele Menschen, die mit dem Schwarzen Meer so eng vertraut waren wie sie. Tauchern, sagte sie, mache das Gewässer die Arbeit leicht und schwer zugleich. Leicht, weil das salzarme Wasser im Vergleich zum Mittelmeer die Augen und die Haut schone; schwer, weil es weniger transparent sei, was die Sicht und das Fotografieren beeinträchtige.

Vertrauter als den meisten war Georgiewa auch jene bizarre Besonderheit, die das Schwarze Meer von allen anderen Meeren des Planeten unterscheidet: Neunzig Prozent seiner Wassermassen sind klinisch tot. Während es an der Oberfläche von Leben nur so wimmelt, herrscht in der Tiefe gähnende Leere.

Schuld sind die unterschiedlichen Salzgehalte, die beide Wasserschichten voneinander trennen. Das schwerere Mittelmeerwasser, das durch den Bosporus zuströmt, bleibt am Boden, während obenauf ein leichteres, salzarmes Gemisch aus Meer- und Flusswasser treibt. Weil zwischen beiden Schichten kaum ein Austausch stattfindet, gelangt von oben kein Sauerstoff in die Tiefe. Verstärkt wird der Effekt durch organische Abfälle, Überreste abgestorbener Pflanzen und Tiere, die aus den Flussmündungen massenhaft ins Schwarze Meer geschwemmt werden und dem Wasser beim Verrotten weiteren Sauerstoff entziehen. Ab einer Tiefe von etwa zweihundert Metern ist das Meer anoxisch – es enthält keinen Sauerstoff mehr und keine Lebensformen, die Sauerstoff brauchen. Durchbeißen können sich in dieser Umgebung nur sehr gut angepasste Bakterien, die sich von den organischen Abfällen auf dem Meeresgrund ernähren. Beim Zersetzen der Pflanzen- und Tierreste produzieren sie Schwefelwasserstoff, ein hochgiftiges, nach faulen Eiern riechendes Gas, das für Menschen in geringen Dosen lebensgefährlich ist. In der Tiefe des Schwarzen Meers finden sich die weltweit größten Vorkommen dieses tödlichen Stoffs.

Als die Seefahrer des Altertums die Welt hinter dem Bosporus entdeckten, staunten sie über die pralle Lebensfülle des Meers, über seine gewaltigen Sardellenschwärme, seine immensen Vorkommen an Bonito, Makrelen, Blaufisch, Steinbutt. Sie nahmen nur die dünne, dichtbevölkerte Wasserschicht an der Oberfläche wahr, nicht den leblosen, mit tödlichem Gas gefüllten Abgrund unter ihren Schiffen.

Entdeckt wurde die anoxische Schicht erst im 19. Jahrhundert. Seitdem schrillt durch viele wissenschaftliche Publikationen zum Schwarzen Meer ein Panikton. In den etwa achttausend Jahren, die seit der Entstehung des Meers in seiner heutigen Form vergangen sind, hat sich seine komplizierte Wasserarchitektur zwar als stabil erwiesen, aber sollte eine wie auch immer geartete Katastrophe den Schwefelwasserstoff aus den Tiefen an die Oberfläche wälzen, wären die Folgen verheerend. Alle auf Sauerstoff angewiesenen Meeresbewohner – die gesamte Tier- und Pflanzenwelt – verlören auf einen Schlag ihre Lebensgrundlage. Ein Strom aus Fischleichen und todbringendem Gas würde sich in den Bosporus ergießen und quer durch die Millionenstadt Istanbul rauschen. Die gleichen chemischen Effekte aber, die den Bodensatz des Meers gefährlich machten, waren für Archäologen ein Segen. Als in den neunziger Jahren ein erster Tauchroboter in die anoxische Schicht des Meers vordrang, stieß er vor der türkischen Küste auf ein byzantinisches Schiffswrack, das nahezu intakt auf dem Meeresgrund lag – es sah aus, als sei es nicht vor anderthalb Jahrtausenden gesunken, sondern vor wenigen Monaten. Mangels Sauerstoff ist das Tiefenwasser komplett frei von allen Organismen, die in anderen Meeren die Holzkörper gesunkener Schiffe zersetzen. Sogar Teile der Takelage hingen noch zwischen den Masten. Bei anderen Tauchexpeditionen wurden bald weitere, noch ältere Schiffe gefunden, Galeeren römischer Herkunft, mit Amphoren an Bord, in denen die Archäologen Reste von Wein und konserviertem Fisch entdeckten.

Den bisherigen Rekordfund hatte Sdrawka Georgiewa miterlebt. An Bord eines Forschungsschiffs war sie im Herbst 2017 vor der bulgarischen Küste unterwegs gewesen, mit dem Ziel, Bodenproben aus den tiefsten Meeresschichten zu entnehmen. Im Verlauf der mehrwöchigen Expedition war die Besatzung auf diverse Schiffswracks gestoßen – überwiegend osmanische Kanonenboote der Neuzeit, aber auch antike römische Schiffe.

Das Wrack, das an einem der letzten Expeditionstage auf den Monitoren der Wissenschaftler auftauchte, sah auf den ersten Blick römisch aus. Doch als der Tauchroboter ihm in zweitausend Metern Tiefe näher kam, erkannten Georgiewa und ihre Kollegen, dass es sich um etwas anderes handelte, etwas Außerordentliches: eine griechische Galeere, nach der Form des Ruders zu urteilen aus dem 5. vorchristlichen Jahrhundert, gesunken in der Epoche der Schwarzmeerkolonisation. Sie hatte bemerkenswerte Ähnlichkeit mit dem Schiff auf der berühmten Odysseus-Vase im Britischen Museum, jener Galeere, an deren Segelmast der aufrecht stehende Held festgebunden ist, um dem Gesang der Sirenen zu widerstehen. Das Schiff war halb im Bodensediment vergraben, aus dem Rumpf hatten sich einzelne Balken gelöst, aber keinem der Holzteile waren die zweieinhalb Jahrtausende anzusehen, die sie auf dem Meeresboden verbracht hatten. Es war das älteste Schiffswrack, das je ein Archäologe zu Gesicht bekommen hatte.

Georgiewa sprach mit glühenden Augen über den Fund. Sie erzählte von den schlaflosen Tagen und Nächten jener letzten Expeditionswoche, vom ungläubigen Staunen, das ihr die Sprache verschlagen hatte, als ihr bewusst wurde, dass vor ihren Augen ein Schiff aus der fernen Gründungszeit ihrer Heimatstadt Nesebar lag.

Ich musste an Iwan Bachtschewanow denken, den Maler aus Sosopol, an die historischen Gleichzeitigkeiten in seinen Bildern. Die Schiffe der Antike waren nicht verschwunden. Sie lagen nur auf der anderen Seite des Meers.

Nördlich von Nesebar liegt Slantschew Brjag, Bulgariens berühmtester Badeort, besser bekannt unter Namen wie «Sonnenstrand» und «Sunny Beach», je nach Herkunft der Touristen, die hier nach Sonne suchen. Als ich ankam, regnete es. Die Betonhotels waren komplett verwaist, der Strand menschenleer, die Restaurants geschlossen, alle Läden verbarrikadiert. Geöffnet war aus rätselhaften Gründen nur ein Sex-Shop, vielleicht zur Aufmunterung der einsamen Wachmänner, die in kleinen Plastikverschlägen vor den leeren Hotels hockten.

Als ich nach einer halben Stunde ziellosen Wanderns weiter nach Norden wollte, in Richtung Rumänien, stellte ich fest, dass kein Bus mehr fuhr – keine Touristen, kein Nahverkehr. Ich stellte mich im Regen an die Hauptstraße.

Nach ein paar Minuten hielt ein weißer Toyota.

«Get in!»

Lynn und Wayne kamen aus Wakefield, einer Kleinstadt in Mittelengland. Sie waren eigentlich in der Gegenrichtung unterwegs gewesen, aber dann hatte Wayne mich an der Straße stehen sehen, und weil die beiden kein konkretes Ziel hatten, hatte er gewendet und zu Lynn gesagt: Wir fahren einfach da hin, wo dieser Typ hinwill. Wayne hatte Totenkopf-Tattoos auf den Unterarmen und einen rot verbrannten Stiernacken. Lynn war sehr blond und rauchte Kette. Beide waren Ende vierzig. Sie hatten als Teenager zwei Kinder in die Welt gesetzt, die längst erwachsen und ausgezogen waren. Im Leben hatten sie mal dies und mal jenes gemacht: Essen ausgefahren, auf Baustellen gearbeitet, einen Sandwich-Laden geführt. Wakefield hatte ihnen zunehmend gestunken, aber sie hatten keinen Absprung gefunden. Dann hatte Lynns alter Vater, der seit Jahren im Altenheim nur mit der Fernbedienung in der Hand im Sessel gesessen und Pferderennen geguckt hatte, eines Tages eine Krebsdiagnose bekommen. Plötzlich hatte er alles nachholen wollen, was er im Leben verpasst hatte, aber für das meiste war es längst zu spät gewesen. Lynn und Wayne begriffen, dass man Pläne nicht aufschieben soll. Sie verkauften ihr Haus, ihr Auto, ihre Möbel und gaben bei Google «cheap real estate in europe» ein. So waren sie in Sunny Beach gelandet, wo sie vor drei Wochen ein Apartment mit Terrasse und Garten und Meerblick und Swimmingpool und einer zugelaufenen Katze namens Pebbles für 18 000 Euro gekauft hatten. Sie hatten keinen Plan, was sie in Bulgarien machen sollten, aber irgendwas würde sich schon finden. Vielleicht ein Fahrradverleih. Vielleicht ein Fish-'n'-Chips-Laden.

Ich fragte die beiden, was ihnen an Wakefield gestunken hatte.

Wayne spuckte aus dem Seitenfenster.

«Too many immigrants.»

Rumänien

Marea Neagră

> Glaube, das Leben ist hier ähnlich,
> als wär es der Tod.
>
> Ovid, «Briefe vom Schwarzen Meer»,
> 1. Jh. n. Chr.

Das falsche Pferd

Lynn und Wayne setzten mich in Warna ab, der letzten bulgarischen Großstadt vor der rumänischen Grenze. Mit einem Bus brachte ich die Hälfte der restlichen hundert Kilometer hinter mich, aber im Küstenkaff Kawarna blieb ich hängen – zur Grenze fuhr erst am nächsten Tag wieder ein Bus. Ich lief bis zum Ortsausgang und stellte mich an den Straßenrand.

Das Auto, in das ich einstieg, roch nach Zigaretten und Moschus. Deckenleuchten tauchten den Innenraum in ein schummriges Rosa, aus den Lautsprechern dröhnte Volksfest-Techno. Als ich die Gesichter der beiden Männer auf den Vordersitzen sah, hörte ich in mir die Stimmen aller Bulgaren, die mir in den vergangenen Tagen die immer gleiche Warnung mit auf den Weg gegeben hatten:

«Steig nicht zu Zigeunern ins Auto!»

Aber da war es schon zu spät.

Die beiden fuhren, wie Menschen fahren, die nicht viel zu verlieren haben: furchteinflößend schnell, ohne Gurt, unkonzentriert, eine halbe Hand am Steuer, ein halbes Auge auf der Fahrbahn, mit Überholmanövern, die mein Herz aussetzen ließen. Beim Sprechen überschrien sie die Musik und regelten sie nur gelegentlich runter, um mir über die Schulter Fragen zuzuwerfen, die ich nicht verstand – wir hatten keine gemeinsame Sprache.

Aber in einem Dorf kurz vor der Grenze setzten sie mich ab, ohne mir die Kehle aufgeschlitzt zu haben, wie es mir alle prophezeit hatten.

Zu Fuß überquerte ich die Grenze und erreichte im Dunkeln Vama Veche, eine Hippie-Kolonie auf der rumänischen Seite, die genau so ausgestorben war wie all die anderen Urlaubsorte, die ich in letzter Zeit durchquert hatte. Hoch über dem Meer stand ein fast voller Mond, der sich als unruhiger Silberstreifen im Wasser spiegelte. Das Meer war schwarz, aber nachts sind alle Meere schwarz.

Monika, die Inhaberin des einzigen noch offenen Hotels, war Mitte vierzig und erinnerte sich daran, wie aus ihrer Schulklasse nach dem Ende des Sozialismus die Roma-Kinder verschwunden waren. «Kaum war das System weniger streng, schickten die Eltern sie nicht mehr zur Schule. Ich weiß noch, wie ich damals die Mutter eines Jungen anrief und fragte, warum er nicht mehr auftauchte. Sie sagte nur: Für uns ist es besser so.»

Nachts gingen mir all die Roma durch den Kopf, die mir an den Küsten des Schwarzen Meers begegnet waren. Ich dachte an das kleine Mädchen in Abchasien, zehn Jahre alt vielleicht, das in den Ufer-Cafés von Suchum jeden Tag von Tisch zu Tisch gezogen war und die Gäste mit dem immer gleichen Puschkin-Gedicht genervt hatte, bis sie ihr ein paar Rubel in die Hand drückten. Ich dachte an die Mündung des türkischen Flusses Terme, wo ich statt der Hauptstadt der Amazonen, die dort laut Strabo einst gelegen hatte, ein Roma-Lager vorgefunden hatte, mit Frauen, die im Ufersumpf unter scharlachroten Baldachinen ihre Kinder wickelten. Ich dachte an die Roma-Familien, die ich vor den Istanbuler Moscheen hatte betteln sehen, und an die Blicke der Menschen, die ihnen ängstlich aus dem Weg gegangen waren. Auch an Gürcan Güneş dachte ich, den bulgarischen Türken, der während unserer gemeinsamen Busfahrt sein gesammeltes Wissen über die Roma vor mir ausgebreitet hatte:

«In Bulgarien gibt es rumänische, türkische, griechische, jugoslawische, mazedonische und bulgarische Zigeuner. Die türkischen sitzen vor allen Toiletten – sehr einträgliches Business, die verdienen sich eine goldene Nase. Die jugoslawischen sind die besten Musiker. Die mazedonischen sind am dreckigsten, die griechischen klauen am meisten. Wenn ein griechischer Zigeuner den ganzen Tag lang nichts geklaut hat, wird er abends so nervös, dass er sein Beil in den Nachbargarten wirft, damit er es von dort klauen kann ...»

Gemeinsam war allen Roma an allen Schwarzmeerküsten, dass niemand sie mochte. Sie waren das Barbarenvolk, auf das sich hier alle einigen konnten, die letzten Nomaden in einer durch und durch sesshaften Welt.

Während meiner Reise hatte es mich zunehmend gewurmt, dass ich nirgends mit den Roma ins Gespräch gekommen war – mal wegen Sprachbarrieren, mal, weil sie misstrauisch auf meine Annäherungen reagierten, in den meisten Fällen aber, weil ich mich selbst dabei ertappte, dass ich ihren Betteltrupps instinktiv aus dem Weg ging.

Bevor ich am nächsten Morgen weiterfuhr, fragte ich Monika, wo ich an der rumänischen Küste Roma finden konnte.

«Wo? Überall! Frag lieber, wo du keine findest!»

Sie gab mir den Tipp, es in Mangalia zu versuchen, der nächsten Stadt auf dem Weg nach Norden. Im Radio hatte sie von einer Roma-Siedlung gehört, deren Bewohner sich gegen den Abriss ihrer baufälligen Häuser wehrten.

Die Siedlung bestand aus zwei kurzen Straßenzügen am nordöstlichen Stadtrand. Man sah sofort, wo sie anfing und endete. Die Grundstücke der umliegenden Einfamilienhäuser lagen hinter hohen, blickdichten Zäunen, und kein Mensch war auf der Straße. Die Roma hatten weder Zäune noch Grundstücke, und alle waren im Freien. Rund um eine Zeile aus Betonbaracken, die aussahen, als hätten die Abrissbagger ihr Werk bereits begonnen, sah ich ein paar Dutzend Menschen.

«Tu's nicht.»

Der Taxifahrer, der mich vom Busbahnhof hierhergebracht hatte, schüttelte zum wiederholten Mal den Kopf.

«Wozu willst du mit denen reden? Ich kann dir auch so alles über die erzählen: Sie klauen, sie trinken, sie arbeiten nicht, sie sind dreckig, ihre Kinder gehen nicht zur Schule ...»

Wir einigten uns darauf, dass er meinen Rucksack im Auto behalten würde, bis ich anrief, um ihn abzuholen.

Blicke folgten mir, als ich die Straße entlanglief. Ich sah Menschen jeden Alters in Gruppen auf den Bürgersteigen stehen oder hocken, gekleidet in die gleichen synthetischen Billigklamotten, die zwischen den Baracken bündelweise im Staub lagen. Mitten auf der Straße stand ein fast mannshoher Diskolautsprecher, der mit voller Lautstärke knarzenden Balkanpop spielte. Ein Mann mit voluminöser Sonnenbrille, offenbar der Dorf-DJ, warf mir im Vorbeigehen eine theatralische Kusshand zu – ich war nicht sicher, wie die Geste gemeint war.

Als ich die Hälfte der Straße hinter mir hatte, war mir klar, dass es nicht leicht werden würde, hier Anschluss zu finden. Dann sah ich das Pferd. Es stand vor einer der Betonbaracken, neben einem glaslosen Fenster, an dessen Mittelstrebe der Zügel festgebunden war. Ohne konkreten Plan, eigentlich nur, weil ich einen Grund zum Stehenbleiben suchte, nahm ich mein Telefon aus der Tasche und fotografierte das Pferd.

Keine Sekunde später hörte ich hinter mir Geschrei. Ich drehte mich um und sah zwei junge Männer auf mich zurennen, deren Gesichtsausdruck nichts Gutes verhieß. Wütend schüttelten sie ihre Fäuste und brüllten mich an. Ich verstand nichts, aber ich begriff, dass ich mir Ärger eingehandelt hatte. Nervös hörte ich zu und versuchte, so harmlos wie möglich auszusehen. Der Taxifahrer hatte mir erzählt, dass die Bewohner der Siedlung Türkisch sprachen. Dümmlich lächelnd zeigte ich auf das Pferd.

«Çok güzel», sagte ich. Sehr schön.

Die Männer stutzten kurz, fragten dann etwas, was ich nicht verstand, und schrien weiter auf mich ein. Ich lächelte, bis meine Mundwinkel schmerzten. Erst als ein dritter, etwas älterer Mann auf einem

Fahrrad zu uns stieß, entspannte sich die Lage etwas. In stammelndem Türkisch nannte ich meinen Namen, sagte etwas von einer Reise, lobte erneut die Schönheit des Pferds. Irgendwann beruhigten sich die beiden jüngeren Männer und zogen ab.

Zafet, der ältere, bot mir eine Zigarette an. Sein Blick schwankte zwischen Neugier und Misstrauen. Immer wieder fragte er, ob ich alleine unterwegs war – wirklich alleine? Es war ihm unbegreiflich. Er nickte, als ich fragte, ob die Menschen hier Türken seien, ob sie Muslime waren, ob sie in die alte Moschee gingen, die ich im Stadtzentrum gesehen hatte. Dann fragte ich nach den Baracken. Problem, sagte Zafet, Problem, aber die Details verstand ich nicht, sein Türkisch war nicht das Türkisch, das ich aus der Türkei kannte.

Als wir uns verabschiedeten, deutete Zafet warnend auf meine Umhängetasche.

«Zapzarap!»

Ich nickte verstehend und hielt die Tasche dicht am Körper, als ich den Rückweg durch die Straße antrat.

Eine alte Frau lief auf mich zu und streckte mir ihre geöffnete Hand entgegen.

«Para!»

Lächelnd schüttelte ich den Kopf.

Eine andere alte Frau, die offenbar mein Gespräch mit Zafet belauscht hatte, fragte mich, ob ich die Moschee suchte. Ich nickte, dankbar über das Ziel, das ich plötzlich hatte, und lief in die Richtung, in die ihr Finger zeigte, verfolgt von neugierigen Kinderblicken und misstrauischen Erwachsenenblicken. Zwei Mädchen im Teenager-Alter tauchten plötzlich links neben mir auf, zwei andere näherten sich von rechts. Ich hatte das Gefühl, dass sie alle meine Tasche anstarrten, und egal wie ich mich drehte, immer schien eine von ihnen genau hinter mir zu stehen, wo ich sie nicht sehen konnte, und während ich schneller lief und meine Tasche fester umklammerte, spürte ich plötzlich deutlich, dass ich zu den Menschen gehörte, die etwas zu verlieren haben, und dass ich hier an Grenzen stieß, die sich an einem flüchtigen Vormittag nicht einreißen ließen, und beschämt hastete ich weiter, vorbei an dem Mann mit dem Lautsprecher, der mir wieder seine irritierende Kusshand zuwarf, und als ich mich drei Straßen weiter nervös umdrehte, war ich erleichtert, dass mir niemand folgte.

Ovids letzte Verwandlung

Auf dem Weg von Mangalia nach Constanţa sah ich zu, wie sich hinter den Busfenstern die Landschaft wandelte. Die Wälder zogen sich zurück, die Hügel flachten ab, die Perspektiven dehnten sich, alles strebte in die Weite, in die Breite, bis das ganze Land in flache Erde und hohen Himmel zerfiel, scharf getrennt vom ringsum reichenden Horizont. Ich war zurück in der Steppe, in der gleichen nördlichen Landschaft, die ich zu Beginn meiner Reise auf der russischen Seite des Meers gesehen hatte. An den Straßenrändern standen verdorrte Wermutsträucher, strohiges Gras, zitternde Disteln. Abgeerntete Felder zogen sich als braun-braunes Schachbrettmuster in alle Himmelsrichtungen. An manchen Stellen ragten kleine, struppig bewachsene Erhebungen aus den Äckern, um die die Traktoren erkennbar einen Bogen gemacht hatten: Kurgane, die Grabhügel der alten Steppenvölker.

Im Bus hörte ich dem rumänischen Stimmengewirr der Passagiere zu, fasziniert, in dieser durchweg slawischen Ecke des Meers plötzlich auf eine Sprache zu stoßen, deren Lautfärbungen erkennbar aus einer anderen Himmelsrichtung kamen. Es klang nach einem italienischen Dialekt, nach geschütteltem Portugiesisch, betrunkenem Latein.

Wie die romanischsprachigen Rumänen in diesem Winkel Europas landeten, ist umstritten. Manche glauben, dass sich eine Form des Lateinischen hier seit den Tagen des Römischen Reichs gehalten hat, andere, dass die Rumänen erst im Mittelalter vom Westbalkan eingewandert sind. Was auch immer stimmt: Ich fragte mich, was Constanţas berühmtester Römer davon halten würde, dass in seinem ehemaligen Verbannungsort heute eine Variante seiner Muttersprache gesprochen wird.

Sein Denkmal steht im Zentrum der Stadt, auf der weitläufigen Piaţa Ovidiu, dem Platz, der nach ihm benannt ist. Eine bronzene Toga umhüllt seinen alternden Körper, das Kinn ist in die rechte Faust gestützt, der Blick grübelnd gesenkt. Ovid sieht nicht glücklich aus.

Die Anordnung, Rom zu verlassen, traf ihn aus heiterem Himmel. Publius Ovidius Naso war auf dem Höhepunkt seines Ruhms, wenige Jahre zuvor waren die «Verwandlungen» erschienen, es gab im augustinischen Reich keinen größeren Dichter als ihn. Nichts davon konnte verhindern, dass Kaiser Augustus persönlich ihn im achten Jahr nach Christi Geburt aus der Hauptstadt verbannte, lebenslang, in die Hafenstadt Tomis, einen Außenposten im nordöstlichsten Winkel des Reichs.

Was den Kaiser derart erzürnt hatte, ist nicht überliefert. Formal waren es die erotischen Schlüpfrigkeiten in Ovids Frühwerk, der «Liebeskunst», für die der Dichter büßen sollte. Ovid selbst ließ durchblicken, dass es einen anderen, konkreteren Grund gab – dass er ohne eigenes Verschulden etwas gesehen hatte, was nicht für seine Augen bestimmt war. Man munkelt, er sei Zeuge eines moralischen Fehltritts von Augustus' Enkelin Iulia geworden.

Das heutige Constanţa ist eine der charmantesten Städte der Schwarzmeerküste, ein wunderliches, aber seltsam ganzheitliches Gemisch aus mitteleuropäischen, osmanischen und sozialistischen Bestandteilen. Glaubt man aber den Briefen, die Ovid aus der Verbannung an Freunde und Verwandte in Rom sandte, gab es im gan-

zen Imperium keinen gottverlasseneren Ort als das damalige Tomis.
Ovids «Tristia» und «Epistolae ex Ponto», seine Klagelieder und Briefe vom Schwarzen Meer, wälzen die Härten der Verbannung so episch
aus, dass man kaum begreift, warum die Rumänen diesem Schwarz-
maler ihrer schönsten Schwarzmeerstadt ein Denkmal gesetzt haben.
«Es liegt kein Land, das trauriger ist, zwischen den Polen als dies»,
behauptet Ovid. Das eisige Winterklima sagt ihm nicht zu, die karge Steppenlandschaft schmerzt sein südlich verwöhntes Auge, un-
genießbar findet er das Essen, den örtlichen Wein, selbst das Trink-
wasser. Schlimmer als alles andere aber sind die Menschen. Die örtlichen Griechen kränken des Dichters Ohr mit ihrem verwilderten
Griechisch, in das sich Worte der rund um Tomis siedelnden Barba-
renstämme mischen, der Sarmaten und Skythen, der Geten, Bessen
und Thraker: «Namen von widrigem Klang, meines Gesanges nicht
wert!»

Latein spricht fast niemand in Tomis. Ovid, der römische Meis-
terdichter, findet sich in der Rolle des Stammelnden wieder, dessen
Worte in den Ohren seiner Zuhörer keinen Sinn ergeben. «Hier bin
ja ich ein Barbar und werde von keinem verstanden, und das Lateinische wird dumm von den Geten verlacht.» Wozu, fragt sich Ovid,
schreibt er überhaupt noch in seiner Muttersprache? «Wem kommt
diese Mühe zugute? Werden's Sarmaten einmal lesen und Geten vielleicht?»

Generationen späterer Exilliteraten fanden in Ovids Klageliedern
Inspiration, auch solche, deren Exil kein äußeres, sondern ein in-
neres war, wie das des Russen Ossip Mandelstam, der sich nach der
Oktoberrevolution in sich selbst verkroch und eine seiner frühsow-
jetischen Gedichtsammlungen «Tristia» nannte. Andere reagierten
gespalten auf Ovids Spätwerk. Als der britische Reiseschriftsteller
Patrick Leigh Fermor während seiner großen Europawanderung der
1930er Jahre die rumänische Schwarzmeerküste streifte, hatte er die
Exilbriefe des Dichters im Rucksack, die ihn sprachlich begeisterten,

aber mit ihrer weinerlichen Egozentrik irritierten: «Wenn er doch nur mehr über seine Umgebung geschrieben hätte!» Ovid aber bekümmert in erster Linie, dass seine Umgebung allmählich in ihn eindringt. «Glaub mir, ich fürchte, es haben sich meinen lateinischen Versen, die du nun lesen wirst, pontische Worte beigemischt.» Gezwungenermaßen hat der Dichter, um sich in Tomis verständigen zu können, die Sprachen der Barbaren erlernt, die in seinem Kopf bald mehr Raum einnehmen, als ihm lieb ist. «O welche Schmach! Ich hab auch in getischer Sprache gedichtet, hab mit barbarischem Wort unsere Versmaße erfüllt, und ich gefiel – beglückwünsche mich! – und begann eines Dichters Namen zu haben im Mund gefühllosen getischen Volks.»

Ovid kam mit einem festgefügten Weltbild nach Tomis, das an der Schwarzmeerküste zusehends aufweicht. Vom Zentrum des Reichs aus betrachtet, schien eine klare Trennlinie zwischen dem zivilisierten Teil der Welt und ihrem unzivilisierten Rest zu verlaufen. Hier aber, am Barbarenrand des Imperiums, spürt Ovid am eigenen Leib, wie die Grenze verwischt und zerfasert. Erst verwirrt und entsetzt ihn der Gedanke, dann scheint er sich in sein Schicksal zu fügen. Kurz vor seinem Tod, der auf das Jahr 17 nach Christus geschätzt wird, weil danach die Briefe verstummen, schleicht sich, nach fast zehn Jahren der Verbannung, ein milderer Ton in seine Klagen. «Schon ist der Ort mir nicht mehr ganz so verhasst wie bisher.» Der Tonwechsel ist verhalten, schließlich richten sich die Briefe nach wie vor an Leser in Rom. Doch auch die Bewohner von Tomis kommen nun etwas besser weg. «Tomiten, die ich liebe, wie sehr auch euer Land mir verhasst ... gegen das Land, nicht die Menschen, erhob ich berechtigten Vorwurf.»

Für den Fall, dass er im Exil sterben sollte, hatte Ovid in einem frühen Brief seiner Frau aufgetragen, wenigstens seine Asche zurück nach Rom bringen zu lassen, um sie unter einem Stein beizusetzen, für den er die Inschrift gleich mitlieferte. Auf Latein stehen die Worte heute auf dem Denkmalsockel im Zentrum von Constanța.

DER ICH HIER LIEGE,
EIN SÄNGER DER ZÄRTLICHEN LIEBESGEFÜHLE,
DURCH MEIN TALENT GING ICH,
NASO, DER DICHTER, ZUGRUND.
DER DU VORBEIKOMMST, LIEBTEST DU JE,
SO MÖGEST DU GERNE SAGEN:
SANFT IN DER GRUFT RUHEN SOLL NASOS GEBEIN!

In welcher Gruft des Dichters Gebein am Ende landete, ist so wenig bekannt wie sein genaues Todesdatum. Nördlich von Constanţa liegt nah an der Küste eine winzige, unbewohnte Insel, von der es heißt, dass Ovid auf ihr bestattet wurde – niemand weiß, wann, niemand weiß, wo, es gibt keinen Grabstein, es gibt nur diese Legende.

Vielleicht, dachte ich, als ich die Insel im Herbstregen an den Fenstern meines Busses vorbeiziehen sah, war aber auch alles ganz anders. Vielleicht waren im Jahr 17 nur Ovids lateinische Briefe verstummt, nicht der Dichter selbst. Vielleicht war er endgültig in Tomis angekommen, hatte sich nicht mehr gewehrt, wenn fremde Sprachen in seine Gedanken eindrangen, hatte auf Getisch gedichtet, mit den Thrakern debattiert, den Sarmaten Briefe geschrieben. Vielleicht hatte sich Ovid, der Dichter der Verwandlungen, am Ende in einen Barbaren verwandelt.

Schöne schwarze Donau

Auf ihrem fast dreitausend Kilometer langen Weg durch Europa wird die Donau breiter und breiter, bis sie kurz vor dem Schwarzen Meer in tausend Arme zerfasert. Der Weg in den rumänischen Teil des Deltas führt über Tulcea, eine sechzig Kilometer vor der Küste gelegene

Hafenstadt, in der alle Straßen enden und ein Spinnennetz aus Wasserwegen beginnt. Warte am Steg, hatte man mir gesagt, irgendwann kommt ein Boot. Am Steg lief ich Daniel, Zsolt und Marian über den Weg.

Die drei wollten fischen. Und trinken. Sie saßen auf Rucksäcken voller Angelausrüstung und Alkohol. Wir stießen einmal, zweimal, dreimal an, dann war ausgemacht, dass das freie Bett in ihrer Angelhütte meins war.

Wir teilten das kleine Motorboot mit ein paar Einwohnern des Deltas, Männern und Frauen mit rauer Haut und träger Mimik. Das Boot löste sich vom Steg, ließ den Hafen von Tulcea hinter sich, schwenkte in den kanalisierten Sulina-Arm ein. Es war eng, wir hockten auf unserem Gepäck. Über uns war sehr viel Himmel, um uns sehr viel Wasser, dazwischen sehr wenig von allem anderen.

Daniel, Zsolt und Marian arbeiteten für eine Mineralwasserfirma in den Karpaten. Einmal im Jahr gingen sie zusammen fischen. Daniel, der Jüngste, war Ende zwanzig und im Management, ein Alpha-Typ mit dominanter Stimme und aufgepumpten Muskeln. Marian, der ähnlich trainiert war, aber warme, kluge Augen hatte, arbeitete im Vertrieb, genau wie Zsolt, mit Mitte vierzig der Älteste, ein stiller Ungar mit schmalen Steppenaugen und der Körperruhe eines buddhistischen Mönchs.

Sie hatten eine Unterkunft am Sulina-Arm gemietet, auf halbem Weg zwischen Tulcea und der Küste, in einer Siedlung namens Crişan, deren niedrige Holzhäuser sich an beiden Ufern entlangzogen. Als wir am frühen Abend unser Gepäck auf den Steg warfen, war es fast dunkel, der November hatte begonnen.

Dana, die Vermieterin, hatte Wels gekocht. Als Ehrengast bekam ich den Kopf. Er war riesig, seine Bartfäden lappten links und rechts über den Tellerrand. Wir tranken Rotwein aus silbrigen Schläuchen, die wie Kuheuter aussahen. Nach dem Wels kam Fischsuppe, dann gebratene Karauschen, nie im Leben hatte ich solche Mengen von

Fisch gegessen. Der Wein floss euterweise, dazwischen kippten wir Obstschnäpse und Whisky.

Im Fernsehen spielte ein Musiksender rumänischen Pop. Daniel drehte den Ton auf.

«Manele! Du kennst Manele nicht? Mann, wo lebst du? Manele ist das Einzige, wozu die Zigeuner gut sind. Sie spielen es auf Hochzeiten, auf Geburtstagen. Du steckst ihnen Geld zu, damit sie auf der Bühne deinen Namen rufen: Tausend Lei von Daniel für seine Frau! Alle wollen zeigen, wie viel Geld sie in der Tasche haben, so läuft das in Rumänien. Kein Geld für die Miete, aber das Auto muss dick sein, Kühlschrank leer, Tank voll. Du steckst dem Manele-Sänger dein letztes Geld zu, bist eine Nacht lang der Größte, und am nächsten Morgen weißt du nicht, wie du deine Kinder füttern sollst. Die echten Manele-Stars sind Millionäre, die fahren Ferrari.»

Er zeigte mir ein Video einer Geburtstagsparty. Ich sah Daniel grinsend auf der Bühne stehen, Arm in Arm mit einem Sänger, der seinen Namen skandierte. In den Jacketttaschen des Sängers steckten dicke Geldbündel.

Für die anderen Roma hatte Daniel nicht viel übrig.

«Wenn ich könnte, würde ich sie alle ans Kreuz nageln. Sie ziehen bettelnd durch Europa und versauen uns Rumänen den Ruf. In meinem Pass steht ‹Romania› – wenn ich den vorzeige, behandeln mich alle wie Dreck, weil sie denken, das heißt Roma.»

Im Lauf des Abends zeichnete Daniel mir ein Organigramm der rumänischen Roma-Gesellschaft in den Notizblock, ein kompliziertes Schema aus Kreisen, Unterkreisen und Beziehungspfeilen.

«Hier links, das sind die harmlosen Zigeuner. Die, die arbeiten, die, die mit Rumänen verheiratet sind, die Musiker. Rechts daneben: die, die nicht arbeiten, aber auch niemandem was tun, weil sie unter sich bleiben und keine großen Wünsche haben. Nächste Stufe: die abgefuckten Zigeuner – Diebe, Mörder, Vergewaltiger. Und hier: die Zigeunerbosse – die schlimmsten von allen. Die sitzen nicht in Rumänien, sondern in Europa, wo sie das Schutzgeld verprassen, das sie von den anderen Zigeunern kassieren. Die harmlosen Zigeuner haben Angst vor den abgefuckten Zigeunern, und alle zusammen haben Angst vor den Bossen.»

Daniel warf Marian einen Blick zu.

«Guck nicht so! Du weißt, dass ich nicht von deiner Frau rede.»

Marian war mit einer Roma verheiratet, einer Sozialarbeiterin, die sich in Bukarest um benachteiligte Familien kümmerte. Er erzählte mir, dass seine Mutter lange gebraucht hatte, um sich mit ihrer Schwiegertochter abzufinden.

«Als ich klein war, hat sie mir immer gedroht, dass die Zigeuner mich holen, wenn ich meinen Teller nicht leer esse.»

Marians Blick auf die Roma war komplexer. Ihre Lage, sagte er, sei schwierig, weil es in Rumänien niemandem nütze, sie zu integrieren.

«Die Politiker schmieren die Zigeunerbosse, damit sie den Zigeunern sagen, wen sie wählen sollen. Das sind ein paar hunderttausend käufliche Stimmen. Wenn die Zigeuner gebildeter wären, würden sie das nicht mitmachen, deshalb ist es für die Politiker nur nützlich, wenn die Zigeuner nicht zur Schule gehen.»

Es war das erste und letzte Mal im Lauf meiner Reise, dass sich jemand auf die Seite der Roma stellte.

Bis in die Nacht hinein hörten wir den Manele-Bands zu. Daniel sang. Marian tanzte. Zsolt lächelte sein Buddha-Lächeln. Wir melkten einen Weinschlauch nach dem anderen, und ich erinnere mich nicht mehr, wie ich in jener Nacht den Weg ins Bett fand.

Früh am nächsten Morgen rüttelte Marian mich aus dem Schlaf. Am Steg wartete Mirca, ein Nachbar, mit seinem Motorboot. Wir verstauten die Angeln an Bord und fuhren los.

Nach Westen hin lag der Fluss noch im Dunkeln, am östlichen Ende graute der Morgen. Mirca hielt das Ruder in der einen und eine Flasche Bier in der anderen Hand. Ein schiefes Lächeln bündelte

alle seine Falten in der rechten Gesichtshälfte. Er trug grün gefleck-
te Armeekleidung, genau wie Daniel, Zsolt und Marian. Ich war der
Einzige an Bord ohne Tarnmuster. Ein eisiger Fahrtwind zog durch
die Nähte meiner Jacke.

Wir bogen in zunehmend enger werdende Seitenarme ab. Wenn
uns andere Boote entgegenkamen, drosselten beide Fahrer abrupt das
Tempo, um sich nicht gegenseitig mit ihren Bugwellen aus der Bahn
zu werfen. Wehendes Schilf säumte die Ufer, die manchmal unerwartet auseinanderstrebten und sich zu Seen von mehreren Kilometern Durchmesser weiteten. Mit dröhnendem Motor durchpflügten
wir das offene Wasser, an dessen Oberfläche Bruchholz trieb, schmale Zweige, dickere Äste, manchmal blankgewaschene Baumstämme,
dazwischen kleine und größere Schilfinseln, die sich vom Ufer losge-
rissen hatten. Auf jedem noch so winzigen Stück Treibgut kauerten
Wasservögel. Ich sah Enten, Schwäne, Möwen, Blesshühner, Reiher,
Kormorane, zwei Pelikane, einen Eisvogel, dazu jede Menge Arten,
die ich nicht kannte.

Längst hatte ich im Gewirr der Flussarme die Orientierung verloren, als am Ufer eine Holzhütte vor uns auftauchte. Drei Männer
mit hüfthohen Gummistiefeln standen im Wasser und ernteten ihre
Netze ab. Silbrige Karauschen bedeckten den Boden ihres Ruder-
boots, eine Plastikwanne war mit Flusskrebsen gefüllt, in einem halb
versenkten Fischkasten zappelten zwei Hechte.

Die Männer kamen aus einer Fischersiedlung in den Tiefen des
Deltas. Zwei von ihnen, der alte Gori und sein Sohn Florin, waren
Ukrainer. Sie nannten sich selbst «Chochly», ein altes Wort, das die
Ukrainer in der Ukraine nicht mögen, weil die Russen es als Schimpf-
wort benutzen. Die Ukrainer im Donaudelta waren Nachkommen
der Saporoger Kosaken, die Katharina die Große im 18. Jahrhundert
vom Dnjepr vertrieben hatte, aber das war lange her, und selbst die
wenigen Chochly, die sich an ihre Herkunft erinnerten, hatten sich
längst ihren rumänischen Nachbarn angepasst. Der alte Gori sprach

noch Ukrainisch, aber seine Zunge war lahm, er war kaum zu verstehen. Florin, der Sohn, hatte als Kind ein paar Brocken der Sprache beherrscht, aber das meiste hatte er über die Jahre vergessen.

Der dritte Fischer, ein Rumäne, stieg in Mircas Boot, um Daniel, Zsolt und Marian eine gute Stelle zum Angeln zu zeigen. Ich blieb bei den beiden Ukrainern, die mich gegen Mittag in ihr Dorf mitnahmen.

Das Dorf bestand aus ein paar Dutzend einfachen Holzhäusern, in denen um die fünfhundert Menschen lebten. Es hieß Mila 23, weil es vor langer Zeit einmal an der dreiundzwanzigsten Meile des örtlichen Flussarms gelegen hatte, gezählt von der Küste her. Die Küste aber ist im Delta kein beständiger Messpunkt, sie steht nicht still, weil sich aus der Donau stetig Bodensatz ins Meer schiebt und um die Mündung herum ablagert. Jahr für Jahr wächst das Delta ein paar Meter weiter ins Schwarze Meer hinein. Mila 23 lag deshalb schon lange nicht mehr an der dreiundzwanzigsten Meile, sondern ein gutes Stück weiter stromaufwärts.

Die Fischer vertäuten ihr Boot am Steg der Dorfgenossenschaft und lieferten ihren Fang ab. Ein dicker Mann in einer Gummischürze wog die Karauschen und drückte Gori ein paar zerknitterte Lei-Scheine in die Hand. Dann brachte Florin mich zur Kirche der Lipowaner.

Die Kirche war ein bescheidenes Häuschen mit gelb verputzter Fassade. Eine kleine Metallkuppel überragte das Spitzdach, an der Stirnseite stand ein hölzerner Glockenturm. Eingesegnet worden war das Ensemble ...

«... im Jahr 7493 nach Adam!»

Der alte Mann war im Kirchhof plötzlich neben mir aufgetaucht. Offenbar hatte es sich schnell herumgesprochen, dass ein Ausländer im Dorf war, der sich für die Lipowaner interessierte.

Der Mann hieß Grigorij und sprach Russisch. Er reichte mir bis zur Schulter und sah aus sehr blauen, sehr wachen Augen zu mir auf.

Sein langer Bart hatte jenen milchigen Weißton, den Bärte nur haben, wenn sie einmal blond waren.

Grigorij war Lipowaner, wie fast alle in Mila 23. Die Lipowaner kamen aus Russland. Sie waren Christen, deren Vorfahren sich im 17. Jahrhundert von der russisch-orthodoxen Kirche abgespalten hatten, weil ihnen die Reformen des Moskauer Patriarchen nicht gepasst hatten. Bis auf den heutigen Tag hielten sie an den alten russischen Kirchenbräuchen fest: Sie bekreuzigten sich nicht mit drei, sondern mit zwei Fingern, liefen bei Prozessionen nicht gegen, sondern mit dem Uhrzeigersinn um die Kirche und zählten die Jahre nicht seit Christi Geburt, sondern seit der Erschaffung der Welt.

Der Patriarch hatte die Reformverweigerer im 17. Jahrhundert grausam bestraft. Abtrünnige Priester wurden auf dem Scheiterhaufen hingerichtet, wo sie ihre brennenden Hände bis zum bitteren Ende zweifingrig gekreuzt gen Himmel reckten. Die verfolgten Altgläubigen flohen in dünnbesiedelte Randgebiete des Russischen Reichs und gründeten heimliche Kommunen, die kein Jota von den Regeln des rechten Glaubens abwichen. Viele waren in der sibirischen Taiga gelandet, manche in den Wäldern des Baltikums, andere, darunter Grigorijs Vorfahren, hatten sich in den Tiefen des Donaudeltas versteckt. An den Flussufern zimmerten sie sich Holzhäuser aus Linden, russisch «lipy», weshalb man sie Lipowaner nannte.

Im Innenraum der Kirche zeigte Grigorij mir die jahrhundertealten Bücher, die die Altgläubigen bei ihrer Flucht aus Russland an die Donau mitgenommen hatten – Bücher, in denen der Name des Herrn noch so geschrieben stand, wie man ihn in Russland bis zur Kirchenreform geschrieben hatte, bevor der Patriarch und seine Schreiber dem Satan verfallen waren: «Isus» statt «Iisus», mit einem «i», nicht mit zweien. Die Bücher standen in einem Regal neben der Ikonostase, der Wand mit den Heiligenbildern. Hinter ihr lag der Altar, auf den die Altgläubigen beim Gottesdienst ihre fünf Brote legten – fünf, nicht sieben, wie es die verirrten Reformierten taten.

«Und drei Hallelujas singen sie, nicht zwei, wie es richtig ist ...»
Grigorijs verstorbener Vater Kondrat, geboren im Jahr 7432 nach
Adam, 1924 nach Christus, war vierzig Jahre lang der Priester von
Mila 23 gewesen. Sein Grab lag neben dem Kircheneingang, ein um-
zäuntes Rechteck mit einem orthodoxen Holzkreuz am Kopfende:
ein Längsbalken, drei Querbalken, der obere kürzer als der mittlere,
der untere diagonal.

Grigorij nahm mich mit in den weinüberwachsenen Innenhof
seines Hauses, das dicht an der Kirche lag. Er zeigte mir vergilbte
Schwarz-Weiß-Fotos von der Priesterweihe seines Vaters, 7465 nach
Adam, 1957 nach Christus. Neben dem Vater stand ein altgläubiger
Bischof, dem der weiße Bart bis zur Brust reichte. Zu Füßen des Vaters stand in kurzen Hosen Grigorij, vier Jahre alt, sehr klein, sehr
blond.

Grigorijs Frau rumpelte mit einer Schubkarre voller Feuerholz
durch den Hof, eine winzige Frau mit einem lindgrünen Kopftuch,
deren tiefe Stimme nicht zu ihrer Statur passte.

«Erzähl ihm von der Kirche!»

Die alte Kirche von Mila 23, in der Grigorijs Vater lange als Priester gedient hatte, war nach einer Überschwemmung so baufällig gewesen, dass die Altgläubigen sie abreißen mussten. Sie wollten eine
neue bauen, aber die sozialistischen Behörden verweigerten ihnen die
Baugenehmigung – das Volk sollte arbeiten, nicht beten.

Grigorij grinste.

«Also dachten wir uns einen Trick aus.»

Die Lipowaner beantragten eine Baugenehmigung für einen
Schuppen, um wenigstens ihre alten Bücher und Ikonen vor Wasser-
schäden schützen zu können. Als sie die Genehmigung bekamen,
bauten sie eine kleine, bescheidene Lagerhalle. An der Stirnseite stellten sie die Ikonostase auf, dahinter den Altar. Sonntags legten sie auf
den Altar ihre fünf Brote, versammelten sich vor den Heiligenbildern
und bekreuzigten sich mit zwei Fingern, während Grigorijs Vater die

Liturgie sang. Offiziell einsegnen konnten sie ihre heimliche Schuppenkirche erst im Jahr 7493 nach Adam, 1985 nach Christus, als der Sozialismus langsam seine alte Strenge verlor. Die Lagerhalle war der Mittelbau der heutigen Dorfkirche. Die Kuppel und den Glockenturm hatten die Lipowaner später ergänzt.

Abgesehen von der Geschichte mit der Kirche, sagte Grigorij, hätten die Lipowaner selten Ärger mit den Behörden gehabt. In der Dorfschule musste auf Rumänisch unterrichtet werden, aber die Lehrer kamen aus Mila 23, sie waren Lipowaner, die ihren Schülern die antireligiöse Propaganda des sozialistischen Lehrplans ersparten. Bukarest war weit weg, das Dorf lag in einer abgeschiedenen Ecke des Deltas, und die Altgläubigen hatten in den Jahrhunderten ihrer Verfolgung viel Erfahrung damit gesammelt, dem Staat aus dem Weg zu gehen.

«Wir hörten uns an, was die Sozialisten zu sagen hatten, antworteten auf alles mit Ja und machten dann, was wir wollten.»

Grigorij hatte in Galaţi Schiffsbau gelernt und zwanzig Jahre lang in einer Werft in Tulcea gearbeitet, vierzig Kilometer stromaufwärts von Mila 23. Er war zurück ins Dorf gezogen, als der Vater nach einem Schlaganfall bettlägerig geworden war. In Grigorijs Kindheit hatte der Vater ihm alles beigebracht, was es über die Altgläubigen zu wissen gab, hatte die alten Bücher mit ihm gelesen, die Liturgie mit ihm gesungen, ihm die Gebete beigebracht. Nach dem Schlaganfall hatte Grigorij sieben Jahre lang als Laienpriester die Messen in der Schuppenkirche gesungen, bevor das Dorf einen neuen Priester bekommen hatte.

Auch seinen eigenen vier Kindern hatte Grigorij das geistige Rüstzeug der Lipowaner mitgegeben. Nur noch eins von ihnen lebte heute in Mila 23, eine der Töchter, die als Verkäuferin im örtlichen Lebensmittelladen arbeitete. Die anderen drei hatten das Dorf in den neunziger Jahren verlassen. Der Wirtschaftsumbruch nach dem Ende des Sozialismus hatte es schwieriger gemacht, von der Fischerei zu leben, und andere Arbeit gab es nicht in Mila 23. Grigorijs Sohn und zwei seiner Töchter lebten heute in Turin. Viele arbeitssuchende Rumänen waren in den vergangenen Jahrzehnten nach Italien ausgewandert, weil die Sprache ihrer eigenen ähnelte. Der Sohn arbeitete als Schreiner, die Töchter pflegten italienische Rentner.

Grigorij erzählte mir die alten Geschichten, die er von seinem Vater und Großvater gehört hatte, von der Flucht der Altgläubigen aus Russland, den Jahrhunderten der Verfolgung, ihrem versteckten Leben im Delta. Während ich ihm zuhörte, fragte ich mich unwillkürlich, ob es in erster Linie der Druck von außen gewesen war, der die Lipowaner als Gemeinde zusammengehalten hatte, und was nun, wo es keinen Druck mehr gab, wohl aus ihnen werden würde. Ihre alten Glaubensgewissheiten – *fünf* Brote, *zwei* Hallelujas – hatten ihnen Halt gegeben, solange die Patriarchen und die Sozialisten versucht hatten, sie ihnen auszutreiben. Aber würden auch Grigorijs Enkel noch die Jahre nach Adam zählen? Oder würden die Lipowaner ihre alten Lieder irgendwann nur noch für die Touristen singen, die Hobby-Ornithologen aus Westeuropa, die sich mit ihren Ferngläsern durchs Delta schippern ließen, auf der Suche nach seltenen Wasservögeln und Volksgruppen?

Florin, der Ukrainer, brachte mich am Abend mit seinem Motorboot zurück nach Crişan.

Daniel, Zsolt und Marian hatten Anglerpech gehabt.

«Den ganzen Tag lang kein einziger verdammter Fisch!»

Stattdessen hatten sie den Fischern einen Eimer Flusskrebse abgekauft. Dana kochte sie für uns. Der Wein floss, der Manele wummerte.

Mir ging erst an jenem zweiten Abend auf, dass Daniel, der Manager, im Unterschied zu Zsolt und Marian kein einfacher Angestellter der Mineralwasserfirma war, sondern der Sohn des Inhabers. Sein Vater hatte den Betrieb in der Spätphase des Sozialismus übernommen und aggressiv ausgebaut. Inzwischen war die Firma fünfzig Millionen Euro schwer, der Vater gehörte zur finanziellen Oberschicht des Landes, und Daniel wurde darauf vorbereitet, den Laden zu übernehmen. Er tat sich nicht leicht mit der Rolle.

«Jeden Tag scheiße ich mir in die Hose. Im Management frisst jeder jeden, du brauchst einen Panzer, um das auszuhalten. Mein Vater ist aus anderem Holz als ich. Er kommt aus der Ceauşescu-Ära, als man in der Schule noch lernte, dass eins plus eins gleich zwei ist und nichts anderes. Heute erzählen sie dir, dass es auch drei sein könnte, vielleicht auch siebenundsiebzig, kein Schwein weiß, was wahr ist. Solche Typen wie meinen Vater gibt es nicht mehr. Er ist wie ein Fels, Mann, er ist ein verdammter Ceauşescu!»

Zsolt und Marian kannten Daniels Vater gut. Früher war er es gewesen, der mit ihnen zum Angeln ins Delta gefahren war, als Belohnung für ihre Verdienste im Vertrieb, damals, als Daniel noch zu jung für die Art von Betriebsausflug gewesen war, die der Vater liebte. Marian erzählte von orgiastischen Angeltouren.

«Siebenundzwanzig Flaschen Jägermeister in drei Tagen!»

Einmal, erzählte Marian, sei der Vater so betrunken gewesen, dass er nachts im Dorf einer wildfremden Frau auf der Straße Geld für Sex angeboten hatte. Wäre er etwas nüchterner gewesen, hätte er gemerkt, dass die Frau eine Grenzschutzuniform trug.

«Die Nacht verbrachten wir im Knast.»

Ein paar Anekdoten später gingen Daniel und ich zusammen aus dem Haus, um frische Luft zu schnappen. Schwankend erreichten wir den Bootssteg, über dem Millionen von Sternen leuchteten. In unregelmäßigen Abständen zerriss ein Knall die Stille, von einer defekten Stromleitung, die in der Dunkelheit Funken sprühte.

«Du lebst wie ein Zigeuner, Mann! Wann warst du das letzte Mal zu Hause? Ich könnte das nicht, so alleine durch die Welt ziehen. Rumänen brauchen eine Heimat. Wir wollen Familien, Autos, Häuser, Söhne …»

Er spuckte ins nachtschwarze Wasser.

«Fünfzig Millionen, Mann. Fünfzig verdammte Millionen. Wenn ich mich auszahlen lasse, kann ich mich morgen in Thailand zur Ruhe setzen, mit zehn Nutten auf jedem Knie, ohne je wieder einen Finger rühren zu müssen. Aber will ich das?»

Er sah mich fragend an, als wüsste ich die Antwort.

«Keine Ahnung, Daniel. Willst du?»

«Ich weiß es nicht, Mann. Ich weiß es nicht.»

Er stützte den Kopf in die Hände, als sei er ihm plötzlich zu schwer.

«Ich bin als Glückskind zur Welt gekommen. Hatte immer Geld, für alles, was ich wollte. Partys, Drogen, Nutten, alles. Aber ich bin eine Null, Mann. Aufgebaut hat das alles mein Vater. Ich habe nichts getan, nichts, null. Weiß auch gar nicht, ob ich das Zeug dazu hätte. In der Firma glaubt keiner an mich. Soll ich mich reinhängen, soll ich es allen zeigen, alle ficken? Oder bringt mir das nur graue Haare, und am Ende bin ich selbst der Gefickte?»

Wieder warf er mir einen fragenden Blick zu. Im Dunkeln sah ich seine Augen dicht vor mir, getrübt von Selbstzweifeln, die nicht zu seinem Alpha-Körper passten. Geld hin oder her, ich beneidete ihn nicht.

«Schwer zu sagen, Daniel. Hör auf dein Herz.»

Eine Weile starrten wir wortlos in die Dunkelheit. Dann legte Daniel den Kopf in den Nacken und ließ ein langes, lautes Wolfsheulen durch die Nacht hallen.

Am nächsten Morgen verabschiedeten wir uns. Daniel, Zsolt und Mariam brachen zum Angeln auf, ich nahm ein Boot stromabwärts, zur Küste.

Sulina, die Hafenstadt an der Mündung, wirkte wie ausgestorben. Die Hotels waren leer, die Hobby-Ornithologen heimgekehrt. Nur ab und zu schoben sich riesige Containerschiffe durchs Bild, Kolosse mit lateinischen, kyrillischen und arabischen Namenszügen an den Flanken, die durch den kanalisierten Sulina-Arm landeinwärts zogen, alle Häuser des kleinen Orts weit überragend. Sulina war um die Mitte des 19. Jahrhunderts zur Stadt geworden, als die europäischen Mächte beschlossen hatten, den zentralen Donauarm für den Frachtverkehr schiffbar zu machen. Ein Hafen wurde gebaut, eine Planungskommission gegründet. Sulina wurde zum Sammelbecken der Schwarzmeernationen, in dem sich griechische Lotsen, türkische Matrosen, rumänische Hafenarbeiter, jüdische und armenische Händler, Ingenieure und Kapitäne aus Westeuropa mischten. Kaum eine Spur dieser Völkervielfalt hatte die beiden Weltkriege überstanden, außer auf dem alten Friedhof von Sulina. Er war in vier Sektionen unterteilt: muslimisch, jüdisch, christlich-orthodox und christlich-gemischt. Der muslimische Teil lag weitgehend brach, im jüdischen standen nur noch vereinzelte Grabsteine, aber die anderen beiden waren dicht gefüllt. Lange lief ich über die menschenleeren Wege, verfolgt von einer schwarz-weißen Friedhofskatze, die mir keinen Augenblick von der Seite wich, und füllte meinen Notizblock mit Grabinschriften.

IN AFFECTIONATE REMEMBRANCE OF
THOMAS BULLEN
LATE MASTER OF S. S. CONSENT
WHO DIED (SUDDENLY) AT SEA
BETWEEN CONSTANTINOPLE & SULINA
MAY 22ND 1887
AGED 39 YEARS

ERNESTINA BRAUNSTEIN
DECEDATA 5 IULIE 1924 IN ETATE DE 66 ANI
SIMON BRAUNSTEIN
DECEDAT 17 MAI 1924 IN ETATE DE 67 ANI

HIER RUHT

FRIEDRICH MILICH

GEBOREN AM 10. JUNI 1825

ZU SCHWAAN, MECKLENBURG-SCHWERIN

GESTORBEN AM 24. JANUAR 1886

ALLA MEMORIA DEL CARO ED INDIMENTICABILE MARITO

GIUSEPPE GIURGEVICH

CAPITANO MARITTIMO

NATO A PERZAGNO, DALMAZIA

IL 20 MARZO 1851

DECESSO IL 1 SETTEMBRE 1909

À LA MEMOIRE DE

NOTRE CHER FILS

ALEXANDRE BERJEAUT

NÉ LE 8 NOV. 1893

DÉCÉDÉ LE 14 SEPT. 1894

PRÍNCESEÍ ECATERÍNA MORUZÍ

NEPOTA LUÍ ÍOAN STURZA VOEVOD MOLDOVEÍ

NĂSCUTÂ ÎN CONSTANTÍNOPOL ÎN ANUL 1836

ÎNCETATÂ DÍN VÍATĂ ÎN SULÍNA LA 29 DEC. 1893

HIER RUHT CHAIM BRUMBERG

GEST. 29. NOVEMB. 1888

TEODOROS GHEORGHITZIS

N 1842 – M 1919

ANDONACHI GHEORGHITZIS

N 1922 – M 1923

HIER RUHET IN FRIEDEN
UNSER UNVERGESSLICHER
ROLAND LEUKERT
GEB. ZU PILSEN 3/VII 1909
GEST. 20/V 1927

Eine ganze Ecke der christlich-gemischten Sektion war mit Gräbern für Ertrunkene gefüllt. Fast alle Inschriften hier waren englischsprachig. Sie lasen sich wie ein langer Nekrolog des Schwarzen Meers.

SACRED TO THE MEMORY OF
CAPTN DAVID BAIRD
WHO WAS DROWNED AT SULINA APRIL 24 1876
AGED 46 YEARS
THIS STONE WAS ERECTED BY HIS SON DAVID

IN LOVING MEMORY OF
ISABELLA JANE ROBINSON
ELDEST AND DEARLY BELOVED DAUGHTER OF
E. A.&E. D. S. ROBINSON, SOUTH SHIELDS
AGED 28 YEARS
DROWNED OFF SULINA ON THE 27 SEPTEMBER 1896
BY THE FOUNDERING THROUGH COLLISION
OF THE S/S KYLEMOOR

IN MEMORY OF
ABRAHAM FARRAR
ENGINEER, OF HARTLEPOOL, ENGLAND
DROWNED JULY 21ST 1879
AGED 40 YEARS
ERECTED BY HIS SEAFARING FRIENDS

SACRED TO THE MEMORY OF
BENJAMIN CREBER
BOY
H. M. S. COCKATRICE
WHO DEPARTED THIS LIFE ON THE 30TH AUGUST 1880
AT SULINA
THIS TABLET IS ERECTED BY HIS SHIPMATES

SACRED TO THE MEMORY OF
WILLIAM SIMPSON
WHO DIED AT SULINA ON THE 28TH JULY 1870
AGED 46 YEARS
THIS STONE IS ERECTED
BY THE EUROPEAN COMMISSION OF THE DANUBE
BY WHOM MR. SIMPSON WAS EMPLOYED FOR 13 YEARS
AS FOREMAN OF THE WORKS

IN AFFECTIONATE REMEMBRANCE OF
MARGARET ANN PRINGLE
OF NEWTON-BY-THE-SEA NORTHUMBERLAND ENGLAND,
WHO WAS ACCIDENTALLY DROWNED AT SULINA
ON THE 21ST DAY OF MAY 1868
AGED 23 YEARS

IN MEMORY OF
WILLIAM WEBSTER
CHIEF OFFICER ON BOARD THE S. S. ADALIA
WHO NOBLY SACRIFICED HIS OWN LIFE IN ENDEAVOURING
TO SAVE
MARGARET ANN PRINGLE FROM DROWNING
AT SULINA ON THE 21ST OF MAY 1868
AGED 25 YEARS

HE WAS THE ONLY SON OF THE LATE JOHN WEBSTER
OF BISHOPWEARMOUTH CO. DURHAM ENGLAND

Ein schmaler Feldweg führte vom Friedhof zur Küste. Ich lief bis zum äußersten Punkt einer Landzunge am Ende des Sulina-Kanals und sah zu, wie sich das braune, erdgesättigte Wasser der Donau ins Schwarze Meer wälzte. Rund um die Mündung behielt es seine Farbe bei, bevor westwärts, vielleicht hundert Meter vom Ufer entfernt, der Braunton ins Graue verschwamm und der Fluss sich im Meer auflöste.

Ukraine

Tschorne more / Чорне море

All das hatte die Brandung
ans Ufer von Odessa geworfen.

Isaak Babel, «Der König», 1921

Die Quelle von Kyrnytschky

Unter den vielen merkwürdigen Grenzen des Schwarzen Meers gehört die rumänisch-ukrainische zu den merkwürdigeren. Sie fällt mit dem nördlichsten Arm des Donaudeltas zusammen, den sie der Länge nach in eine rumänische und eine ukrainische Hälfte teilt. Auf beiden Seiten leben russische Altgläubige, deren Dörfer an manchen Stellen nur durch den zweihundert Meter breiten Flussarm getrennt sind – man kann vom einen Ufer aus die Zwiebeln in den Gärten der anderen Seite zählen. Aber schon lange führt kein Weg mehr von hüben nach drüben. Nach dem Zweiten Weltkrieg wurde im Norden die Außengrenze der Sowjetunion gezogen, heute endet auf der Südseite die Europäische Union. Grenzboote patrouillieren den Flussarm entlang, der die Dörfer der Lipowaner seit mehr als siebzig Jahren voneinander trennt. Ein Mann in Mila 23 erzählte mir, dass fast alle Altgläubigen im Delta Verwandte auf der anderen Seite hatten, die sie nur aus Erzählungen ihrer Großeltern kannten – die Grenze hatte die lipowanischen Familien auseinandergerissen.

Wer von Rumänien aus auf die andere Seite will, muss das Delta verlassen und der Donau stromaufwärts bis nach Galați folgen, zum nächstgelegenen Grenzübergang, der gut hundert Kilometer von der Küste entfernt ist. Er führt nicht in die Ukraine, sondern in den südlichsten Zipfel Moldawiens. Erst nach zwei Kilometern Fahrt folgt eine weitere Grenze, diesmal die ukrainische.

Ein alter Moldawier namens Foma, der zu Sowjetzeiten als Polizist gearbeitet hatte, nahm mich mit nach Reni, den ersten Ort auf der ukrainischen Seite, wo er lebte. Auf dem Weg zum Busbahnhof kamen wir an einem Denkmalsockel vorbei, auf dem kein Denkmal mehr stand. Ich zeigte auf das leere Podest.

«Lenin?»

Foma nickte.

Es war nicht der erste leere Lenin-Sockel, den ich sah. Seit dem Krieg mit Russland hatten die Ukrainer im ganzen Land die alten Denkmäler des Sowjetführers gestürzt.

«Ist Lenin schuld, dass wir schlecht leben?»

Foma wartete meine Antwort nicht ab.

«Das Ziel des Sozialismus war: jedem ein Haus, ein Auto, eine Datsche. Was soll daran schlecht sein?»

In der Hauptstraße von Reni klafften riesige, regengefüllte Schlaglöcher. Wir umkurvten die Krater im Schritttempo wie Kosmonauten bei einer Mondexpedition. Selten war mir die Kluft zwischen den Zielen und den Folgen des Sozialismus größer vorgekommen.

Foma hielt nicht viel vom neuen Patriotismus der Ukrainer.

«Wird unser Leben besser, wenn sie uns Hooligans schicken, die Lenins Denkmäler abreißen? Was wollen diese Nationalisten überhaupt hier? Im Budschak gibt es kaum Ukrainer! Die Dörfer hier sind rumänisch, moldawisch, bulgarisch, gagausisch. Alle sprechen ihre eigenen Sprachen, untereinander verständigen wir uns auf Russisch, Ukrainisch spricht kein Mensch ...»

Noch eine ganze Weile brummelte er kopfschüttelnd vor sich hin. Erst als wir den Busbahnhof erreichten, hellte sich seine Miene wieder auf.

«Fährst du nach Odessa?»

«Bald, ja.»

«Die Hauptstadt des Verbrechens! Du kennst die Witze? Nein? Ich erzähl dir einen: Ein Mann kehrt nach vielen Jahre in der Fremde zurück nach Odessa. Vor dem Bahnhof stellt er seinen Koffer auf dem Bürgersteig ab, lässt den Blick schweifen, sieht die vielen neuen Häuser, die gebaut wurden, während er weg war. Ach, Odessa, seufzt er, ich erkenne dich nicht wieder! Als er weitergehen will, merkt er, dass sein Koffer nicht mehr da ist. Ach, Odessa, seufzt er, jetzt erkenne ich dich wieder!»

Im Bus Richtung Meer lernte ich zwei Frauen kennen, die unterwegs in ihr Heimatdorf waren. Natascha redete viel und lachte über alles, am lautesten über ihre eigenen Witze. Anja war still und hatte einen Gesichtsausdruck, der schwer einzuordnen war: müde und gleichzeitig panisch, als erwachte sie gerade aus einem schlechten Traum. Das Dorf, in dem beide lebten, hieß Kyrnytschky und lag auf halbem Weg zur Küste. Es war ein bulgarisches Dorf. Natascha aber war Russin, sie kam aus dem Donbass, der Kriegsregion in der Ostukraine. Anja war Moldawierin.

Mein verwirrtes Lächeln amüsierte Natascha.

«Willkommen im Budschak! Bulgaren, Rumänen, Moldawier, Russen, Ukrainer, Gagausen – hier gibt's alles. Und alle vertragen sich.»

Mir ging durch den Kopf, dass sich auch im Donbass alle vertragen hatten, bis sich irgendwann alle nicht mehr vertragen hatten, aber ich wollte nicht an Wunden rühren und verkniff mir die Bemerkung.

Der Budschak, der kleine ukrainische Küstenzipfel südwestlich von Odessa, hatte bis zum Zweiten Weltkrieg zu Bessarabien gehört, bevor Stalin aus Bessarabien das heutige Moldawien herausgeschnitten und der neu gebildeten Sowjetrepublik damit den Meereszugang abgezwackt hatte. Heute war der Budschak der ethnisch gemischteste Teil der ethnisch gemischten Ukraine. Von allen seinen Völkern interessierten mich vor allem die Gagausen, christliche Türken, von denen niemand genau wusste, woher sie kamen. Ich fragte Natascha und Anja, wo ich welche finden konnte.

«Unser Nachbardorf ist gagausisch», sagte Anja. «Komm uns besuchen, dann bringen wir dich hin.»

Der Bus setzte uns an der Landstraße ab. Danach ging alles sehr schnell sehr schief. Natascha und Anja riefen einen Verwandten an, Onkel Gena, der uns mit dem Auto ins Nachbardorf fahren sollte, aber als Onkel Gena mit seinem alten Lada an der Bushaltestelle auftauchte, war er so betrunken, dass wir froh waren, als wir ihn und das Auto wohlbehalten zurück zu seinem Haus gelotst hatten. Da wir aber schon mal im Haus waren, wollte Onkel Gena mich nicht gehen lassen, ohne ein Glas seines Selbstgebrannten mit mir zu trinken, und loseisen konnten wir uns erst, als aus einem Glas fünf geworden waren. Wir liefen ans andere Ende des Dorfs, zu Natalja, einer Bekannten von Anja, die jemanden kannte, der jemanden im Nachbardorf kannte, aber als wir ankamen, stellte sich heraus, dass Natalja zwei Nachbardörfer durcheinandergebracht hatte. Da wir aber schon mal im Haus waren, wollte ihr Mann Wassja mich nicht gehen lassen, ohne ein Glas seines selbstgekelterten Weins mit mir zu trinken, und als aus einem Glas vier geworden waren und ich schüchtern nach den Gagausen fragte, schüttelte Natascha bedauernd den Kopf.

«Es ist spät. Die Leute legen sich bald schlafen.»

Es war fünf Uhr nachmittags.

Irgendwann gab ich den Tag und die Gagausen innerlich verloren und trank einfach weiter. Meine Enttäuschung muss mir anzusehen gewesen sein, denn Anja telefonierte eine andere Bekannte herbei, Tatjana, die eine gagausische Großmutter hatte, also immerhin Viertelgagausin war, was mich vierteltröstlich stimmte. Tatjana wusste nicht allzu viel über ihre Großmutter, außer dass sie gagausisches Türkisch, aber auch fließend Rumänisch, Bulgarisch, Ukrainisch und Russisch gesprochen hatte, obwohl sie nur vier Jahre zur Schule gegangen war. Tatjana selbst sprach Russisch, Bulgarisch und Rumänisch, wie überhaupt alle der inzwischen zahlreich in der Küche versammelten Trinker verblüffend vielsprachig waren, außer Natascha, der Russin, die in guter alter Sowjettradition nur Russisch sprach.

«Jens», sagte Natascha. «Erklär mir eins!»

«Was?»

«Ihr habt den Krieg verloren, wir haben den Krieg gewonnen. Richtig?»

«Richtig.»

«Dann erklär mir, warum es euch heute so gut geht und uns so beschissen!»

Ich dachte lange über die Frage nach, aber mir fiel keine überzeugende Erklärung ein.

Schon während der Busfahrt hatte der Budschak nicht den wohlhabendsten Eindruck gemacht. Am Rand der Landstraße waren mir Fahrradfahrer aufgefallen, die auf ihren Gepäckträgern Bündel von Zweigen durch die Steppe karrten – selbst gesammeltes Brennholz, wie mir Natascha und Anja erklärten, die Häuser hier hatten keinen Gasanschluss, und Kohle war teuer. Kyrnytschky schien unter den ärmlichen Dörfern des Budschak eines der ärmlicheren zu sein. Es gab keine Arbeit. Die meisten hier lebten von dem, was sie in ihren Gärten anbauten, und von gelegentlichen Zuverdiensten im Ausland, in der EU oder in Russland, als Putzkräfte, Erntehelfer, Altenpfleger, Bauarbeiter, Babysitter, Schmuggler.

Tatjana, die Viertelgagausin, erzählte mir die Gründungslegende von Kyrnytschky. Vor langer Zeit, hieß es, sei ein Mann zusammen mit seinem blinden Sohn die alte Landstraße entlanggewandert, an der uns der Bus abgesetzt hatte. Als die beiden eine Quelle am Wegrand entdeckten, schlugen sie ihr Nachtlager auf. Abends wusch sich der Sohn mit dem Quellwasser das Gesicht, morgens konnte er sehen. Kyrnytschky, sagte Tatjana, sei ein bulgarisches Wort für Quelle, und weil sich die Wunderheilung an einem 6. Mai zugetragen habe, zögen die Dorfbewohner jedes Jahr am 6. Mai zur Quelle, um ihr heilbringendes Wasser zu trinken.

«Jedenfalls haben sie das früher gemacht, als es die Quelle noch gab.»

«Die gibt's doch immer noch.»

«Quatsch.»

«Doch. Neben der Tankstelle.»

«Aber die ist doch längst versiegt.»

Es folgte eine längere Diskussion über den Verbleib der Quelle, aber niemand war ganz sicher, in welchem Zustand sie heute war. Irgendwann wurde mir klar, dass es längst zu spät war, um Kyrnytschky zu verlassen und mir ein Hotel zu suchen. Natascha, die neben mir saß, bot mir augenklimpernd ihr Sofa an, aber sie war betrunken, und sie hatte Andeutungen über einen schwierigen Ex-Mann gemacht. Ich witterte Ärger. Hilfesuchend beugte ich mich zu Anja und fragte, ob ich bei ihr unterkommen könne.

Sie nickte.

«Wir müssen nur aufpassen, dass wir meinen Sohn nicht wecken.»

Auf dem Weg zurück durchs Dorf musste ich an Ovid denken, dessen Exilbriefe epische Schilderungen der bitterkalten Schwarzmeerwinter enthalten, leidvoll ausufernde Beschreibungen von klirrendem Eis, froststarrenden Bärten, gefrorenem Wein, im Meer erstarrten Schiffen. Beim Lesen hatte ich hinter diesen erkennbar aufgebauschten Winterlitaneien nur ihren durchsichtigen Zweck gesehen: Ovid wollte den Kaiser erweichen, er hoffte, aus Mitleid zurück nach Rom geholt zu werden. Plötzlich aber kam mir jedes Wort wahr vor. Die Temperatur war in den vergangenen Novembertagen kontinuierlich gesunken, und in jener Nacht lag sie zum ersten Mal unter null. Ein eisiger Wind pfiff durch die offene Steppe und presste die feuchtkalte Meeresluft durch alle Ritzen meiner Kleidung. Der Frost biss mir so brutal ins Gesicht, dass es wehtat. Selbst Anja, die das Klima gewohnt sein musste, fluchte vor Schmerzen.

Ihr kleines Haus lag am Ende eines Feldwegs. Anja schloss die Tür auf und legte einen Finger an die Lippen.

Auf Zehenspitzen durchquerten wir den Flur, dann ein enges, dunkles Durchgangszimmer. Als Anja mich gerade in den nächsten Raum schieben wollte, hörte ich ein Geräusch. Ich drehte mich um und sah in der dunklen Zimmerecke jemanden aus einem Bett aufspringen.

«Wer ist der Typ?»

Das Licht ging an. Anjas Sohn stand neben dem Bett, Mitte zwanzig, hager, mit kahlrasiertem Schädel, die ausgestreckte Hand am Lichtschalter. Seine Augen waren rot und voller Hass.

«Bist du noch zu retten? Glaubst du, ich bin taub? Was will der Typ hier?»

«Beruhig dich, Viktor.»

«Ich soll mich beruhigen? Du schleppst hier mitten in der Nacht einen Kerl an und erzählst mir, ich soll mich beruhigen?»

«Es ist nicht, was du denkst.»

«Sondern? Ist der Typ zum Schachspielen hier?»

«Viktor ...»

Ich räusperte mich und versuchte zu erklären, was mich nach Kyrnytschky verschlagen hatte, aber schon während ich sprach, merkte ich, dass meine Geschichte ausgedacht klang. Ein Deutscher auf der Suche nach Gagausen, ein Buch über das Schwarze Meer ... Ich sah das Misstrauen in Viktors Augen stärker werden.

«Wollt ihr mich verarschen? Alle beide?»

Anja schob mich durch die Tür zurück in den Flur und lotste mich in die Küche.

«Setz dich. Ich mach uns Tee. Er wird sich schon einkriegen.»

Ein paar Augenblicke später tauchte Viktors hagere Gestalt im Türrahmen auf.

«Der Typ ist immer noch hier?»

«Wo soll er hingehen, Viktor? Es ist Winter, soll ich ihn in den Frost schicken?»

«Schick ihn, wohin du willst! Zur Hölle meinetwegen!»

Beim Rausgehen ließ er die Tür gegen die Wand krachen.

Anja machte Tee. Die Tassen dampften, es war kalt in der Küche.

«Was ist los mit ihm?»

Sie sah mich lange schweigend an. Dann schüttelte sie den Kopf.

«Ich kann dir das nicht erklären.»

«Soll ich gehen?»

«Nein. Er wird sich beruhigen, keine Sorge.»

«Er macht nicht den Eindruck.»

«Kann ein bisschen dauern.»

«Aber was ist denn mit ihm?»

Wieder sah sie mir lange in die Augen, ohne etwas zu sagen. Etwas schien in ihr zu arbeiten. Am Ende stellte sie die Teetasse auf den Tisch und verschränkte die Arme vor der Brust.

«Wenn du die Geschichte hören willst, erzähle ich sie dir. Aber sag nachher nicht, ich hätte mich aufgedrängt.»

Als ich nickte, begann die Geschichte.

Viktor war sechsundzwanzig Jahre alt. Er war ein Kind aus Anjas erster Ehe, die nicht lange gehalten hatte. Kurz nach der Trennung hatte sie wieder geheiratet. Ihr zweiter Mann kam aus Kyrnytschky, so waren sie und Viktor hier gelandet, in dem Haus, in dem wir saßen.

Die zweite Ehe war schlimmer gewesen als die erste, auch wenn sie länger gehalten hatte. Der Mann hatte Anja verprügelt – ohne Pause, ohne Grund, ohne Gnade. Er hatte sie blutig geschlagen, ihr Knochen gebrochen und Zähne ausgetreten, er hatte sie mit seinem Gewehr durchs Haus gejagt, im Garten dicht neben ihre Füße gefeuert, sie um ihr Leben rennen lassen.

«Ich weiß nicht, wieso ich geblieben bin. Ich wollte gehen, aber ich konnte es nicht.»

Viktor wuchs mit dem Anblick einer grün und blau geprügelten Mutter auf. Er wurde vom Jungen zum Teenager und vom Teenager zum Mann, während er zusah, wie der Stiefvater auf Anja eindrosch. Zwanzig Jahre lang ging das so, bis Viktor eines Tages, kurz nach seinem dreiundzwanzigsten Geburtstag, das Gewehr nahm, dem Stiefvater die Mündung vors Gesicht hielt und abdrückte.

Die Polizei hatte den Toten und den Mörder mitgenommen. Anja war alleine im Haus zurückgeblieben, ohne Mann, ohne Sohn. Sie hatte den leiser werdenden Sirenen nachgehorcht, und als sie nicht mehr zu hören gewesen waren, hatte sie das Hirn von der Küchenwand gewischt. Drei Jahre war das nun her.

Seit drei Jahren warteten sie auf den Prozess. Viktor war aus der Untersuchungshaft entlassen worden, die Richter sahen keine Fluchtgefahr. Stellen Sie sich auf fünfzehn Jahre Haft ein, hatte der Anwalt gesagt.

Anja hatte in Kyrnytschky als Marktverkäuferin gearbeitet, für hundert Dollar im Monat. Jetzt fuhr sie alle paar Wochen mit dem Bus nach Moskau, anderthalbtausend Kilometer weit, um für etwas mehr Geld die Kinder einer russischen Familie zu hüten. Sie musste den Anwalt bezahlen.

Anja stand auf, um die Teetassen zu füllen. Ihre Hände zitterten. Je länger wir in der Küche saßen, desto mehr spürten wir die Kälte. Der kleine Brennofen des Hauses wärmte nur die Schlafzimmer.

Auf der Spüle, direkt neben der Tür, lag ein langes Küchenmesser, das mich zunehmend beunruhigte. Ich musste an Tschechow denken, an den Theaterlehrsatz über das Gewehr, das im ersten Akt an der Wand hängt und im letzten abgefeuert wird. Genau so war es hier gekommen. Je öfter ich das Messer anstarrte, desto mehr kam es mir wie ein Requisit vor, das auf seinen Einsatz wartete.

«Anja, vielleicht sollte ich besser gehen?»

Die Vorstellung, bei Minusgraden durch die dunkle Steppe zu irren, war furchteinflößend, aber ich wusste nicht, wie ich Viktors Wut einordnen sollte.

Anja schüttelte den Kopf.

«Mach dir keine Sorgen, er wird sich beruhigen. Söhne wollen, dass Mütter ihnen das Essen hinstellen und ihre Wäsche waschen, ansonsten sollen sie möglichst kein Leben haben. Das ist das Einzige, was ihn stört.»

Sie gab sich selbst die Schuld an allem, was passiert war. Sie war schuld, weil sie den Moment verschlafen hatte, als Viktor das Gewehr genommen hatte, weil sie erst nach dem Knall in die Küche gerannt war, als es schon zu spät war. Sie war schuld, weil sie ihren Mann nicht verlassen hatte. Sie war schuld, weil sie den Mann zum Schläger und ihren Sohn zum Mörder gemacht hatte.

«Anja ...»

Entsetzt sah ich sie an.

«Du bist nicht schuld. Wie kannst du das denken?»

Müde hob sie die Schultern.

«Sag mir, dass ich nicht schuld bin. Sag es mir so, dass es mich überzeugt. Versuch es. Du bist nicht der Erste.»

Ich versuchte es, aber alles, was ich sagte, prallte an ihr ab. Sie hatte es oft gehört, und es überzeugte sie nicht. Sie war schuld.

Auch die Familie ihres Mannes gab ihr die Schuld. Das halbe Dorf gab ihr die Schuld. Sie konnte die Männer nicht zählen, die betrunken vor ihrer Tür gestanden und Sex gewollt hatten, weil sie Anja für ein leichtes Opfer hielten, für eine Verzweifelte, die in Kyrnytschky nie wieder einen Mann finden würde.

Anja sah mir in die Augen.

«Ich bin Abfall.»

Es klang weder klagend noch zynisch, es war eine nüchterne Diagnose.

Plötzlich stand Viktor wieder im Türrahmen. Ein sarkastisches Lächeln verzog seinen Mund.

«Na? Hat sie dir von ihrem schweren Schicksal erzählt?»

Ich brauchte einen Moment, um eine Antwort zu finden.

«Du findest, dass es kein schweres Schicksal ist?»

Sein Lächeln wurde dunkler.

«Ist es. Aber das hätte sie sich vorher überlegen müssen.»

Auch Viktor, begriff ich, gab seiner Mutter die Schuld.

Er wandte sich an Anja.

«Wann verschwindet der Typ endlich?»

Als er die Küche verließ, fiel mein Blick wieder auf das Messer. Ich hatte das Gefühl, dass ein klärendes Gespräch angebracht war, und lief ihm hinterher.

Er saß auf seinem Bett, die Beine im Schneidersitz gefaltet, die Hände auf den Knien, das Gesicht knochig, konzentriert, mit den asketischen Zügen eines Mönchs.

Ich erklärte ihm noch einmal, wie ich in Kyrnytschky gelandet war. Diesmal glaubte er es.

«Haben sie dir gezeigt, wie man trinkt?»

Er lächelte sein finsteres Lächeln.

«Trinken können sie hier. Sonst können sie nicht viel.»

Wir wechselten ein paar Sätze und merkten bald, dass wir in einem anderen Leben leicht eine gemeinsame Sprache gefunden hätten. In diesem Leben aber rang ich um Worte, verzweifelt bemüht, irgendetwas Hilfreiches zu sagen, eine Brücke zwischen Mutter und Sohn zu schlagen, obwohl mir mit jedem Satz klarer wurde, dass ich der Letzte war, der hier vermitteln konnte.

Als Anja in der Tür auftauchte, um nach uns zu sehen, warf Viktor ihr einen höhnischen Blick zu.

«Keine Sorge, wir haben unseren Ribbentrop-Molotow-Pakt geschlossen.»

Ich lachte wie ein Idiot. Selten war mir ein Witz so erlösend vorgekommen.

Trotzdem schlief ich kaum in jener Nacht. Durch die Wand hörte ich irgendwann Viktor aufstehen und von außen die Haustür zuziehen. Er hatte mir erzählt, dass er früh rausmusste, er arbeitete auf Baustellen. Als das erste graue Morgenlicht durch die Gardinen sickerte, stand ich auf. Anja schlief. Ich legte meine Hand auf ihre Schulter. Sie öffnete langsam die Augen und sah mich an wie am Vortag im Bus, müde und panisch zugleich, als erwachte sie aus einem schlechten Traum, der sich nicht abschütteln ließ.

Sie wollte mich zur Haltestelle bringen, aber ich redete es ihr aus.

Ein paar Momente lang sahen wir uns in die Augen, stumm, ratlos, es gab nichts zu sagen.

Reif lag über der Steppe. Ein paar Gänse liefen vor mir den Dorfweg entlang, bis ich überholte und sie fauchend meinen Füßen auswichen. Als die Häuser hinter mir zurückblieben, war ringsum nichts als flaches, braunes, deprimierend leeres Land. Ich fror von innen und von außen. An der Landstraße, neben der Tankstelle, bauten ein paar dick vermummte Dorfbewohner Marktstände auf. Ich fragte sie nach der Quelle. Sie sahen mich verständnislos an. Die Wunderquelle, sagte ich, die alte Quelle von Kyrnytschky. Eine Frau deutete stumm in die Steppe hinter der Tankstelle. Ich spürte misstrauische Blicke in meinem Rücken, als ich in die Richtung lief.

Unter dichtem Gestrüpp fand ich ein rostiges Metallrohr. Tropfenweise sickerte das Wasser in eine Schlammgrube voller Scherben, Kronkorken und Zigarettenstummel. Das letzte Wunder musste eine Weile zurückliegen.

Ein Zufall in Odessa

Ich stieg in einen Kleinbus voller Berufspendler, die mit verrenkten Hälsen und offenen Mündern die Fahrt nach Odessa verschliefen. Die leere Budschak-Steppe zog an den Fenstern vorbei, bis Industriehallen, Baumärkte und Tankstellen das Nahen einer Großstadt signalisierten. Eine halbe Stunde später bremste der Bus am Hauptbahnhof, wo die Pendler ihre verspannten Hälse rieben und gähnend in der Stadt verschwanden.

Es war endgültig Winter. In der schachbrettförmig angelegten Innenstadt mit ihren imperialen Prunkfassaden sah ich drei Arten von

Fußgängern. Die einen stemmten sich den eisigen Orkanböen entgegen, die vom Meer her in Ost-West-Richtung durch die Straßen fegten. Die anderen hatten den Wind im Rücken und gingen seltsam aufrecht, um nicht vornübergeblasen zu werden. Die dritten waren in Nord-Süd-Richtung unterwegs und bekamen den Wind erst zu spüren, wenn er sie an den Kreuzungen plötzlich seitwärts aus der Bahn warf.

Odessa war die Hafenmetropole, mit der Katharina die Große ihre Eroberung der Schwarzmeerküste krönte. Mitten in der Steppe ließ die Zarin Ende des 18. Jahrhunderts eine Stadt aus dem Boden stampfen, die weder eine griechische noch sonst eine klassische Vergangenheit hatte, obwohl ihr antiker Phantasiename so klang. Die zusammengewürfelte Bevölkerung allerdings, mit der sich Odessa bald füllte, erinnerte an die Mischgesellschaften der antiken Schwarzmeerkolonien: Unter russischer Schirmherrschaft versammelten sich französische Verwaltungsbeamte, spanische Militärs, italienische Architekten, deutsche Industrielle, armenische, griechische und moldawische Händler, Gemeinden von Bulgaren, Rumänen, Tataren, Ukrainern, Polen, Türken, Albanern.

Vor allem aber für Russlands Juden wurde Odessa zur wichtigsten Metropole. Ihre Ansiedlung war in Katharinas Reich streng reglementiert: Niederlassen durften sie sich nur in den westlichen Grenzregionen des Imperiums, in einem Schtetl-Landstrich, der von Litauen im Norden über Polen bis in die Ukraine reichte. Mit Odessa tat sich am Südrand dieser jüdischen Siedlungszone plötzlich ein Tor zum Schwarzen Meer auf. Den Seeverkehr der Hafenstadt kontrollierten andere Volksgruppen, vor allem Griechen und Italiener, aber die Juden schalteten sich als Mittelsmänner ins Exportgeschäft ein, die über ihre Schtetl-Verbindungen die Warenströme aus dem nördlichen Hinterland an die Küste lenkten. Als die ersten jüdischen Händler es in Odessa zu einem Wohlstand und Status gebracht hatten, von dem anderswo im Zarenreich nur zu träumen war, riss der

Zuzug von Nacheiferern nicht mehr ab. Jiddisch stieg zur meistgesprochenen Sprache nach Russisch auf. Ende des 19. Jahrhunderts war jeder dritte Odessit jüdisch, in den Jahren vor dem Zweiten Weltkrieg lebten in der Stadt sogar mehr Juden als Russen. Abschrecken ließen sich die Zuzügler nicht einmal von antisemitischen Übergriffen ihrer odessitischen Nachbarn, die im 19. und frühen 20. Jahrhundert mit trauriger Regelmäßigkeit die Stadt erschütterten – man bezeichnete sie mit dem russischen Wort «Pogrom», Donnerschlag, das vom Schwarzen Meer aus in die Sprachen der Welt einwanderte.

Das vorläufige Ende der jüdischen Ära begann mit Odessas rumänischer Besatzung im Zweiten Weltkrieg. Zehntausende wurden von den Verbündeten der Nazis ermordet, andere flohen und kehrten nicht zurück. Odessas verbliebene Juden wanderten in den Nachkriegsjahrzehnten in mehreren Wellen nach Israel aus, oder sie machten sich unsichtbar, indem sie zu loyalen Sowjetbürgern wurden, die ihre jüdischen Wurzeln so gründlich versteckten, dass sie sich irgendwann selbst kaum noch daran erinnern konnten.

Im Obergeschoss der Synagoge an der Wulizja Osypowa beugte sich Rabbi Awroom Wolf über die Aktenmappe, die ihm seine Sekretärin auf den Tisch gelegt hatte.

«Die alte Frau im Pelzmantel, Rabbi, Sie erinnern sich? Wir haben die Papiere zusammen, stimmt so weit alles.»

Der Rabbi blätterte durch die Mappe. Die Spitze seines ergrauenden Barts berührte die Tischplatte. Ich sah die Augen hinter seiner Lesebrille von links nach rechts und wieder zurück schnellen. Am Ende nahm Wolf seinen Kugelschreiber und setzte einen blauen Kringel unter die letzte Seite. Odessa hatte eine jüdische Einwohnerin mehr.

Als die Sekretärin den Raum verlassen hatte, ließ Wolf seine Augen theatralisch gen Himmel rollen.

«Alle diese Urkunden! Berge von Urkunden! Jeden Tag tauchen hier Leute auf, die wissen wollen, ob sie Juden sind, und ich muss mir alle ihre Papiere ansehen! Sie verschwimmen vor meinen Augen, diese Urkunden!»

Wolf war in Israel geboren, aber sein Russisch war schnell, schlagfertig, sprühend. Vor fünfundzwanzig Jahren hatte er sich als Rabbi in den russischsprachigen Süden der gerade unabhängig gewordenen Ukraine versetzen lassen, drei Monate nach der Hochzeit mit seiner israelischen Frau. In den neunziger Jahren hatten die beiden hier acht Kinder in die Welt gesetzt, in einer Zeit, als in der ehemaligen Sowjetunion die Planwirtschaft gerade abgeschafft und die Marktwirtschaft noch nicht in Gang gekommen war. Die Versorgung mit Lebensmitteln war lückenhaft, an koschere Lebensmittel war nicht zu denken. Jahrelang hatten die Wolfs weder Fleisch noch Milchprodukte gegessen, die ganze Familie hatte sich im Wesentlichen von Eiern, Nudeln und Gottvertrauen ernährt.

Der jüdische Exodus aus Odessa hatte sich in jenen schwierigen Jahren fortgesetzt. Wenn Wolf seine Unterschrift unter eine Dokumentensammlung setzte, wusste er, dass die frisch beglaubigten Juden in aller Regel bald nach Israel oder Deutschland auswandern würden. Trotzdem hatte sich in der wiedereröffneten Synagoge inzwischen eine halbwegs stabile Gemeinde zusammengefunden. Es waren Menschen aufgetaucht, die nicht nur ihre familiären Wurzeln, sondern auch den Glauben wiederentdeckt hatten, die beten, nach den Gesetzen leben, die Schriften lesen wollten. Früh am Morgen vor dem Treffen mit Wolf hatte ich sie unten in der Zentralhalle gesehen, Männer mit Kippa, die auf dem Weg zur Arbeit in der Synagoge vorbeikamen, sich den Gebetsriemen um den Arm wickelten und mit geschlossenen Augen im Rezitativ versanken. Zwei weitere Synagogen hatten in Odessa wiedereröffnet, es gab eine jüdische Zeitung, ein kleines Museum, ein paar koschere Restaurants – und es gab Juden, deren Zahl manche auf zehn-, andere auf dreißigtausend schätzten. Die Gemeinde lebte.

«Genau das wollten wir erreichen. Wir wollten zeigen, dass man uns nicht zerstören kann. Hitler ist weg, Stalin ist weg, aber wir sind immer noch da.»

Wolfs Vorfahren kamen aus Nürnberg. Ein Teil war ermordet worden, der Rest nach Israel geflohen.

«Aber viel interessanter ist die Familiengeschichte meiner Frau.» Der Urgroßvater seiner Frau war Rabbi in Odessa gewesen. Er war 1936 gestorben, gerade rechtzeitig, um Stalins Terror und Hitlers Horror zu entgehen. Seine drei Söhne, ebenfalls Rabbis, hatten weniger Glück gehabt. Zwei waren 1938, auf dem Höhepunkt von Stalins Säuberungen, als vermeintliche Konterrevolutionäre erschossen worden, der dritte war im Krieg an der Front gefallen. Überlebt hatten nur die Töchter, von denen eine wiederum einen Rabbi geheiratet hatte, den Großvater von Wolfs Frau. Der Großvater hatte kurz nach dem Krieg versucht, über die polnische Grenze nach Westen und weiter nach Israel zu fliehen. Als man ihn dabei erwischt hatte, war er zu fünfundzwanzig Jahren Arbeitslager verurteilt worden.

«Bis zu Stalins Tod schuftete er in Sibirien, sieben Jahre lang. In der ganzen Zeit hat er nichts angerührt, was nicht koscher war – er hat sich nur von Brot und Wasser ernährt. Als er rauskam, war er so dünn, dass man beim Trinken das Wasser durch seinen Körper laufen sah.»

Erst in den sechziger Jahren hatte die Familie des Großvaters schließlich die Genehmigung zur Ausreise bekommen. Fünfzig Menschen hatten sich auf den Weg gemacht, darunter die Eltern von Wolfs Frau. Sie war ein paar Jahre später in Israel zur Welt gekommen.

«Und jetzt halt dich fest!»

Wolf beugte sich über den Schreibtisch in meine Richtung. Ich sah die Pointe in seinen Augen flackern.

«Als wir hier in Odessa ankamen, haben wir das Archiv der Synagoge aufgearbeitet. Du glaubst nicht, was wir dabei herausgefunden haben. Der Urgroßvater meiner Frau war hier Rabbi! Dreiundachtzig Synagogen gab es damals in Odessa – dreiundachtzig! Und er war genau da Rabbi, wo heute ich Rabbi bin!»

Ich lächelte beeindruckt.

«Was für ein Zufall.»

Sein Gesicht entgleiste.

«Zufall?»

Einen Moment lang starrte er mich ungläubig an. Dann brach er in lautes Gelächter aus. Er ließ sich mit bebenden Schultern in seinen Stuhl fallen, richtete die Augen gen Himmel und konnte nicht aufhören zu lachen.

«Zufall!»

Antilopen in der Steppe

Hinter Odessa löste sich die Landstraße von der Küste und schlug einen weiten Bogen durch die Steppe, um den Mündungen zweier Flüsse auszuweichen, erst des Südlichen Bugs, dann dem verzweigten Dnjepr-Delta. Bis Cherson fuhr ich mit einem Bus. Dahinter, auf den letzten hundert Kilometern vor der ukrainischen Krim-Grenze, wurde der öffentliche Verkehr dünn. Es war zu kalt, um per Anhalter zu fahren. Ich mietete ein Auto, einen Kleinwagen, von dessen usbekischem Hersteller ich nie gehört hatte, und überquerte den Dnjepr, der ein paar Kilometer stromabwärts von Cherson ins Schwarze Meer mündet.

Die ukrainischen Radiosender, die ich unterwegs hörte, hatten nur ein Thema. Die russische Küstenwache hatte wenige Tage zuvor an der Krim-Brücke drei Boote der ukrainischen Marine beschossen, um sie an der Durchfahrt ins Asowsche Meer zu hindern. Die Boote waren konfisziert, die Besatzungen festgenommen worden, vierundzwanzig ukrainische Seeleute waren in russischer Haft. Beide Seiten warfen sich gegenseitig vor, den Zwischenfall provoziert zu haben. In den grenznahen Teilen der Ukraine war das Kriegsrecht verhängt worden. Beim Fahren legte ich mir russische Sätze zurecht, um im Zweifel halbwegs plausibel erklären zu können, was ein Ausländer mitten im Ausnahmezustand im Krim-Grenzland trieb.

Braune, wintermatte Steppe flankierte die Landstraße. Der Wind blies Bruchstücke vertrockneter Sträucher über den Asphalt, unregelmäßig geformte Gebilde, die halb rollend, halb springend auf das Auto zutaumelten und krachend unter den Reifen zerbarsten. Immer wieder flatterten Fasane über die Fahrbahn, steppenbraune Vögel, die Männchen mit grell schillernden Köpfen, die Weibchen nahezu unsichtbar, sobald sie die Wiesen auf der anderen Straßenseite erreichten. Einmal sah ich links von mir eine Gruppe Kraniche an der Straße entlangsegeln, die langsam niedergingen und knapp über dem Boden die Beine ausklappten, bevor sie ins hüfthohe Gras tauchten.

Die weitgehend unberührte Wiesenwildnis des Krim-Vorlands rief Anfang des 19. Jahrhunderts einen askanischen Herzog auf den Plan, dem in seiner anhaltinischen Heimat die Flächen zur Erweiterung seiner Schafzucht ausgegangen waren. Er kaufte dem Zaren sechshundert Quadratkilometer Land ab und rief mitten in der Steppe eine deutsche Kolonie namens Askanija-Nowa ins Leben, Neu-Askanien. Gut zweitausend Schafe wurden 1828 in Anhalt auf den Weg gebracht und kauten wenig später ihr erstes Steppengras.

Den Anhaltinern brachte Russland kein Glück. Ihre Schafzucht rentierte sich nicht. Kaum dreißig Jahre nach der Koloniegründung warfen sie das Handtuch und verkauften den inzwischen auf dreißigtausend Schafe angewachsenen Betrieb an einen Mann namens Friedrich Fein.

Fein war ein Russlanddeutscher, ein Nachkomme jener Auswanderer, die sich unter Katharina der Großen als Kolonisten hatten anwerben lassen, um die frisch eroberten Schwarzmeerküsten zu besiedeln. Die meisten von ihnen führten in ein paar Dörfern südöstlich von Odessa ein stilles, unauffälliges Bauernleben. Die Feins aber strebten nach Größerem. Friedrich und seine Nachkommen bauten Askanija-Nowa aus, machten den Betrieb rentabel, exportierten Wolle, hielten neben Schafen bald viele andere Arten von Vieh, legten in der Steppe zusätzlich einen Zoo, dann einen Botanischen Garten an. Als das 19. Jahrhundert zu Ende ging, hatten sie Askanija-Nowa zu einem der größten und artenreichsten Naturparks der damaligen Welt gemacht. Russlands letzter Zar Nikolai II., der die Steppenkolonie 1914 mit einem Besuch ehrte, bestaunte Antilopen, Bisons, Zebras, Przewalski-Pferde, Strauße, Kamele.

Die russlanddeutsche Familie, die inzwischen den Doppelnamen Falz-Fein trug, wurde nach dem Zarenbesuch in den Baronsstand erhoben. Er war ihr nur noch wenige Jahre von Nutzen. Die Oktoberrevolution machte es gefährlich, Adelstitel zu führen. Nikolai II. wurde 1918 von den Bolschewiken erschossen, die Falz-Feins flohen aus Russland in die Heimat ihrer Vorfahren, nach Deutschland, wo einzelne ihrer Nachkommen bis heute leben.

Ihr Steppenpark aber war geblieben. Ich fuhr ausgestorbene Landstraßen entlang, bis die Anlage vor mir auftauchte, ein riesiges Biosphärenreservat, durch dessen umzäunte Teile bis heute wilde Antilopen und Przewalski-Pferde galoppieren. Zu Sowjetzeiten war der Park Volkseigentum gewesen, heute betrieb ihn die ukrainische Akademie der Wissenschaften als Forschungs- und Naturschutzgelände. Eine ältere Exkursionsleiterin zeigte mir den Botanischen Garten, führte mich an endlosen Stallgebäuden und Vogelvolieren vorbei, zählte Dutzende von Tierarten auf, deren russische Namen ich zum ersten Mal hörte.

«Aber das ist nur ein Bruchteil dessen, was unter den Falz-Feins hier gehalten wurde.»

Die Exkursionsleiterin hatte große, melancholische Augen, die aussahen, als sei die Leere der Steppe in sie eingedrungen. Sie erzählte mir, dass früher viele ukrainische Urlauber auf dem Weg zur Krim in Askanija-Nowa haltgemacht hatten. Seit der Annexion aber, die die Halbinsel vom Festland abgeschnitten hatte, war der Touristenstrom so gut wie versiegt.

«In den letzten Jahren war kaum jemand mehr hier.» Das Krim-Vorland war zur Sackgasse geworden. Niemand wusste, was ohne Besucher aus Askanija-Nowa werden würde.

Ich fuhr weiter nach Süden in Richtung Krim-Grenze. Die Exkursionsleiterin hatte mir von einem Dorf erzählt, in dem die Falz-Feins vor der Revolution einen Teil ihrer Schafherden gehalten hatten.

Preobraschenka lag unmittelbar an der Grenze. Nur ein paar hundert Meter vom Dorfrand entfernt verlief der neue Zaun, den Russland nach der Annexion hier aufgestellt hatte.

Ich fragte ein paar Dorfbewohner nach den Falz-Feins und landete in der Küche von Ljudmila, einer Lehrerin, die in der örtlichen Schule Geschichte unterrichtete. Ihre alte Mutter Jekaterina stellte einen Teller mit Schweinesülze und rotem Meerrettich vor mir auf den Tisch. Draußen im Hof bellte Ralf, ein schwarzer Labrador, der keine Gäste mochte. Weiße Spitzengardinen hingen vor dem Küchenfenster. Ich sah das Tageslicht schwinden und die Gardinen ergrauen, während wir uns unterhielten.

Jekaterina erzählte von ihrem Vater, der 1894 geboren worden war und als junger Mann noch die Schafe der Falz-Feins gehütet hatte. Einmal, als er etwas bei seinen Dienstherren abliefern sollte, hatte der Vater das Familienschloss betreten, ein riesiges, palastartiges Herrenhaus, das die Falz-Feins in Preobraschenka bewohnt hatten.

«Er erzählte, dass in einem der Salons ein Aquarium unter der Zimmerdecke angebracht war. Es sah aus, als schwebten Fische am Himmel. Mein Vater hat sein ganzes Leben lang darüber gesprochen.»

Das Herrenhaus war nach der Flucht der Falz-Feins verfallen und irgendwann abgerissen worden. Auch sonst waren in Preobraschenka kaum Spuren der Familie zu finden. Ihre Schafe hatte man nach der Revolution verstaatlicht, ihr Zuchtunternehmen wurde als Sowchose weitergeführt, als volkseigener Agrarbetrieb. Gleichzeitig war das Dorf umbenannt worden, es hatte fortan denselben Namen getragen wie die Sowchose: «Krasnyj tschaban», Roter Schäfer. Erst vor wenigen Jahren, nach der Annexion, als in der Ukraine zusammen mit den sowjetischen Denkmälern auch die sowjetischen Ortsbezeichnungen auf die Abschussliste geraten waren, hatte das Dorf seinen vorrevolutionären Namen zurückbekommen. Seit 2016 hieß es wieder Preobraschenka, wie zu Zeiten der Falz-Feins.

Ljudmila und Jekaterina hielten nicht viel von der Rückbenennung. Ihr Dorf hatte weiß Gott dringendere Probleme. Fast alle, die hier lebten, hatten früher in der Sowchose gearbeitet. Jekaterinas verstorbener Mann war der Direktor des Betriebs gewesen, sie selbst hatte vierzig Jahre lang die Personalakten verwaltet. Auch die Schule, in der Ljudmila unterrichtete, hatte einst zur Sowchose gehört. Nach dem sowjetischen Zusammenbruch aber war von dem alten Staatsbetrieb nur ein Schatten seiner selbst übrig geblieben. Das halbe Dorf hatte sich nach neuer Arbeit umsehen müssen. Die meisten hatten sie in Armjansk gefunden, einer nahen Kleinstadt mit einem Chemiebetrieb, einem großen Titanwerk. Etwa fünfhundert Menschen aus Preobraschenka, ein Drittel der Dorfbevölkerung, waren bald täglich ins Werk von Armjansk gependelt.

Die Stadt war nicht weit entfernt von Preobraschenka. Sie lag an derselben Landstraße wie das Dorf, nur ein paar Kilometer weiter südlich. Genau dazwischen aber verlief nun die Krim-Grenze. Seit der Annexion lag das Titanwerk in Russland, während Preobraschenka weiter zur Ukraine gehörte.

Ein paar Monate lang waren die Dorfbewohner weiter täglich zur Arbeit gefahren. Sie hatten miterlebt, wie quer durch die Steppe ein Zaun gezogen worden war, wie an der Landstraße Containerbauten des russischen Grenzschutzes aufgetaucht und etwas später auch auf der ukrainischen Seite Kontrollen eingeführt worden waren, wie sich die Grenze zunehmend verhärtet hatte. Es war immer komplizierter geworden, morgens zur Arbeit nach Armjansk und abends zurück nach Preobraschenka zu fahren, aber die Dorfbewohner waren weiter ins Titanwerk gependelt.

Bis zu jenem Tag, an dem man ihnen mitgeteilt hatte, dass das Werk künftig keine Ausländer mehr beschäftigen werde. Der Betrieb war – wie die gesamte Krim – ins russische Steuer-, Renten- und Sozialsystem eingegliedert worden, und alle Angestellten, die auf der Krim lebten, hatten russische Pässe bekommen. Mitarbeiter mit ukrainischen Pässen konnte in Armjansk niemand mehr brauchen, der bürokratische Aufwand war zu hoch. Alle Pendler aus Preobraschenka hatten auf einen Schlag ihre Arbeit verloren. Sie waren zu Ausländern geworden, obwohl sie sich nirgendwohin bewegt hatten.

Eine Zeitlang hatten die Dörfler versucht, sich gegen den Rausschmiss zu wehren. Sie hatten das Titanwerk von der Versorgung mit Rohstoffen abgeschnitten, indem sie die Eisenbahnlinie blockierten, die vom ukrainischen Festland durch ihr Dorf auf die Krim führte. Vorübergehend hatten sie das Werk damit lahmgelegt, aber ihre Arbeitsplätze hatte ihnen der Sabotageakt nicht zurückgebracht, und am Ende hatten sich andere Versorgungswege gefunden – inzwischen wurden die Rohstoffe per Schiff aus Russland angeliefert.

Ich fragte Ljudmila und Jekaterina, wovon die Menschen in Preobraschenka nun lebten – und ahnte die Antwort, bevor ich sie hörte. Die meisten, sagte Ljudmila, fuhren zum Arbeiten in die EU, vor allem nach Polen, um Erdbeeren zu pflücken, Windeln zu wechseln, Büros zu putzen. Das Dorf habe sich seit der Krim-Annexion gespenstisch geleert. Die Kinder in Ljudmilas Schulklassen wuchsen in der Regel bei ihren Großeltern auf, während die Eltern anderswo Geld verdienten. Dauerhaft lebten in Preobraschenka nur noch die Alten, die Jungen und ein paar staatlich Beschäftigte wie Ljudmila.

Ich löffelte meine Sülze. Draußen war es dunkel geworden, die Scheiben hinter den Gardinen waren schwarz. Ralf, der Labrador, hatte aufgehört zu bellen, und als Ljudmila und Jekaterina mich durch den Hof zurück zur Dorfstraße brachten, hob er nicht einmal die Schnauze. Hunde, dachte ich, gewöhnen sich an alles, egal, wie wütend es sie erst macht. Genau wie Menschen.

Lexikon des Schwarzen Meers,
Eintrag 5: *Mnemiopsis leidyi*

Als die Falz-Feins nach der Revolution aus Russland flohen, blieb nur die greise Mutter des letzten Familienpatriarchen in der Steppe zurück, Sophie von Falz-Fein, eine Dame von über achtzig Jahren, die sich nicht vorstellen konnte, dass jemand ihr ein Haar krümmen würde.

Sie irrte sich tragisch. Im Juni 1919 wurde sie in ihrem Wohnhaus ermordet, von zwei Bolschewiken, die offenbar eine Mischung aus Gier und Klassenhass antrieb – bevor sie die alte Dame ausraubten, versetzten sie ihr siebzehn sinnlose Messerstiche. Ihr Anführer, ein ehemaliger Gutsverwalter der Falz-Feins, der sich nach der Revolution den Bolschewiken angeschlossen hatte, ließ die beiden Mörder umstandslos erschießen.

Ich fand Sophie von Falz-Feins Grab in einer verwilderten Ecke des Friedhofs von Chorly, dem Dorf, in dem sie ihre letzten Lebensjahre verbracht hatte. Es lag auf einer kleinen Halbinsel, die wenige Kilometer nordwestlich der Krim-Grenze ins Schwarze Meer ragte. Chorly war ein Badeort, der jetzt, im Winter, so gut wie ausgestorben war. Von den vielen Hotels war nur ein einziges geöffnet, das «Paradies», eine Ansammlung kleiner Holzbungalows im Jagdhüttenstil.

Der Wachmann des «Paradies», Walerij, bunkerte in seiner Diensthütte eine schwere Lenin-Büste, die bis vor kurzem vor der Dorfschule gestanden hatte. Walerij hatte die Büste an sich genommen, als in den umliegenden Orten nach und nach die Lenin-Denkmäler gestürzt worden waren.

«Ich war mal Pionier. Ich will nicht, dass Lenin auf dem Müll landet. Alle hier waren Pioniere, auch die, die jetzt Lenin stürzen wollen. Sollen sie die anderen stürzen. Der hier hat bei mir Asyl.»

Außer mir hatte das «Paradies» nur einen einzigen Gast. Michajlo kam aus dem Donbass, dem Industriegebiet in der Ostukraine. Er war Ingenieur und beaufsichtigte tief in der Steppe den Bau eines Solarfelds.

Michajlo war in zweiter Generation ukrainisch-russisch – schon seine Eltern waren Kinder aus Mischehen gewesen. Wie die meisten Ukrainer sprach Michajlo beide Sprachen fließend, mit einer leichten Präferenz für Russisch, die mehr mit Gewohnheit als mit Zuneigung zu tun hatte. Nicht erst seit den russischen Übergriffen der vergangenen Jahre war die ukrainische Seele in Michajlos Brust stärker ausgeprägt als die andere.

Weil wir die einzigen Gäste des Hotels waren, landeten wir an drei aufeinanderfolgenden Abenden zusammen im einzigen noch geöffneten Restaurant von Chorly. Bei einem dieser Essen erzählte mir Michajlo von zwei Schulfreunden aus dem Donbass, einem Georgier und einem Ukrainer. Alle drei waren sie nach der Schule zum Militär einberufen worden, gegen Ende der Sowjetzeit, als einer der letzten Jahrgänge, die ihren Dienst noch in der Roten Armee taten. Michajlos ukrainischen Schulfreund hatte es auf eine Militärbasis in Russland verschlagen. Nach der Grundausbildung war er bei der Armee geblieben und später in eine russische Sondereinheit befördert worden, mit der man ihn in den frühen neunziger Jahren in den Kaukasus abkommandierte – nach Abchasien.

«Er verriet mir später alles über den Einsatz. Er erzählte, wie seine

Einheit die Abchasen gegen die Georgier aufwiegelte, wie sie ihnen Waffen gaben, ihnen die Idee eines eigenen Staats einflüsterten, wie sie ein Referendum ansetzten und die Bevölkerung über die Abspaltung von Georgien abstimmen ließen.»

Viele Jahre später, als auf der damals noch ukrainischen Krim plötzlich Soldaten in unmarkierten Uniformen aufgetaucht waren, hatte Michajlos Telefon geklingelt. Es war der ukrainische Schulfreund.

«Er war sehr aufgeregt. Er sagte: Sie nehmen uns die Krim weg! Was da passiert, ist die gleiche Geschichte wie in Abchasien – es läuft alles genau so, wie wir es damals gemacht haben.»

Kurze Zeit später hatten sich die einstigen Schulfreunde aus dem Donbass zu dritt wiedergesehen, der Georgier, Michajlo und der Ukrainer. Der Georgier erzählte, dass er Verwandte hatte, die während des Bürgerkriegs aus Abchasien vertrieben worden waren. Er fragte den Ukrainer: Warum hast du da mitgemacht?

«Ihm fiel keine Antwort ein.»

Inzwischen war der ukrainische Schulfreund nicht mehr bei der Armee. Er lebte in Noworossijsk, an der russischen Schwarzmeerküste, weil er dort geheiratet hatte. Die Annexion der Krim hielt er für ein Verbrechen, für seinen Einsatz in Abchasien schämte er sich. Er hatte das Gefühl, dem einen mit dem anderen den Weg gebahnt zu haben.

Die Wirtin des Restaurants in Chorly erzählte mir von einem Mönch, der als Einsiedler auf einer nahegelegenen Insel lebte. Die Insel war nur wenige Kilometer von der Küste entfernt, ich konnte ihr Ufer am Horizont erkennen, als ich mich von Chorly aus westwärts auf den Weg machte. Den halben Tag lang fragte ich mich von Dorf zu Dorf durch, auf der Suche nach einem Fischer, der mich mit seinem Boot auf die Insel bringen könnte, aber ich hatte Pech. Ein paar Tage zuvor war das Kriegsrecht verhängt worden, und just an jenem Morgen hatte die ukrainische Marine alle Fischer der Gegend angewiesen, bis auf weiteres nicht aufs Meer hinauszufahren.

Am Ende schlug ich mir die Insel und den Mönch aus dem Kopf und sah im Dorf Lasurne dem Meer beim Gefrieren zu. Der eisige Wind spülte Welle um Welle über den flachen Strand. Ich sah, wie sich die Fließbewegungen zunehmend verlangsamten, wie das Wasser zähflüssiger wurde, breiig, wie es sich in Eismatsch verwandelte, der träge über den Strand walzte. Gleichzeitig veränderte sich der Klang der Brandung. Aus dem hellen Rauschen, mit dem das Wasser über den Sand wusch, wurde ein gedämpfteres, stockendes Schieben, ein Klang, als rühre ein Barkeeper in Crushed Ice.

Während ich ins Wasser starrte, spülte mir das Meer plötzlich eine tote Qualle vor die Füße. Sie war nicht groß, hatte kaum den Umfang meiner Faust, ihre Form erinnerte an die einer Walnuss. Ihr Körper war zerfranst, sie musste schon eine ganze Weile tot im Wasser getrieben haben. Trotzdem erkannte ich die Art: *Mnemiopsis leidyi*. Es war schwer vorstellbar, aber das winzige Tier vor meinen Füßen hatte das Schwarze Meer nachhaltiger verwüstet als irgendein anderes.

Aufgetaucht war die Qualle hier in den frühen achtziger Jahren, als blinder Passagier, der im Ballastwassertank eines Frachtschiffs den Bosporus durchquert hatte, wie so viele Eindringlinge vor ihm. Mangels natürlicher Feinde hatte sie sich innerhalb weniger Jahre im gesamten Meer ausgebreitet und ihr Zerstörungswerk begonnen. Die Qualle frisst Fischeier, Fischlarven und Planktonarten, von denen sich Jungfische ernähren. Sie hatte ein ganzes Segment aus der Nahrungskette des Schwarzen Meers herausgebissen – und damit das gesamte Ökosystem an den Rand des Zusammenbruchs gebracht.

Die gewaltigen Sardellenschwärme des Meers schrumpften bis Ende der achtziger Jahre auf ein Zehntel ihrer ursprünglichen Biomasse zusammen. Ähnlich dezimiert wurden die anderen Fischarten, die seit Jahrtausenden die Lebensgrundlage der Schwarzmeerfischerei waren. Rund um die Küsten wurden Bootsbesatzungen arbeitslos, die nicht mehr wussten, wie sie ihre Familien ernähren sollten. Auch Delfine sah man im Meer nur noch selten. Umso ungezügelter vermehrten sich am unteren Ende der Nahrungskette all jene pflanzlichen Planktonarten, denen *Mnemiopsis leidyi* die natürlichen Feinde wegfraß. Es kam vermehrt zu Algenblüten, die dem Wasser Sauerstoff entzogen und manchen Wissenschaftler befürchten ließen, dass sich die anoxischen Tiefenschichten des Meers unkontrolliert ausdehnen könnten.

Ein paar bange Jahre lang sah alles nach einer Katastrophe aus, deren Lauf nicht aufzuhalten war. Dann aber war etwas Unerwartetes geschehen. In den späten neunziger Jahren war ein neuer Eindringling im Schwarzen Meer aufgetaucht: *Beroe ovata*, eine Quallenart, die sich vorwiegend von anderen Quallen ernährt. Sie wurde der natürliche Fressfeind, der den Vormarsch von *Mnemiopsis leidyi* stoppte. Beide Quallen leben bis heute im Schwarzen Meer, aber die eine hält die Ausbreitung der anderen so weit in Schach, dass sie keinen großen Schaden mehr anrichtet. Das Ökosystem war inzwischen wieder im Gleichgewicht, auch wenn es Jahre gedauert hatte, bis sich die Fischbestände erholt hatten.

Ich sah zu, wie die Qualle vor meinen Füßen im Eismatsch unterging. Macht, dachte ich, ist nicht ewig.

Krim

Qara deñiz

Gebirge –
    blau umwässert.
Die Sonne flammt in schönem Grimm.
Der Mensch
    wird ausgebessert
im großen
    Schmiedewerk der Krim.

Wladimir Majakowskij, «Krim», 1927

Spuren im Schnee

In Preobraschenka war ich der Krim-Grenze bis auf wenige hundert Meter nahe gekommen, aber es brauchte einen Umweg über Kiew, um sie zu überqueren. Einen ganzen Januartag lief ich in der verschneiten ukrainischen Hauptstadt von Behörde zu Behörde, um die nötigen Genehmigungen zum Betreten des «Zeitweise besetzten Territoriums der Autonomen Republik Krim» zusammenzubekommen, wie die annektierte Halbinsel in der Ukraine hieß.

Die Papiere waren nicht die einzige Hürde. Alle durchgehenden Verkehrsverbindungen waren nach der Annexion gekappt worden – von Kiew aus gab es keine Flüge, keine Züge, keine Busse mehr auf die Krim. Ich nahm einen Nachtzug zurück nach Cherson, wo früh am nächsten Morgen ein Kleinbus in Richtung Grenze losfuhr. Er folgte der vertrauten Steppenlandstraße, kam an Preobraschenka vorbei und erreichte wenig später die Zollcontainer auf der ukrainischen Seite.

Eine dünne Schicht Schnee hatte die Landschaft komplett verwandelt. Statt brauner Leere umgab mich weiße Weite. Zusammen mit den anderen Buspassagieren reihte ich mich in die Fußgängerschlange ein. Vor mir zischte eine Frau ihren Mann an. Er hielt den falschen Pass in der Hand, den russischen. Betreten tauschte er ihn gegen den ukrainischen aus.

Die wenigen Krimbewohner, die noch regelmäßig das ukrainische Festland besuchten, hatten es nicht leicht an der Grenze. Sie hatten nach der Annexion russische Pässe bekommen, aber weil die ukrainische Gesetzgebung keine doppelte Staatsangehörigkeit zuließ, spielten hier alle, die Zöllner eingeschlossen, ein Als-ob-Spiel: Die Grenzgänger taten, als ob sie nur ukrainische Pässe hätten; die Zöllner taten, als ob sie es glaubten.

Hinter dem ukrainischen Grenzposten begann das Niemandsland. Ein paar hundert Meter weit schleppten wir unser Gepäck zu Fuß durch die Steppe, bis auf der russischen Seite wieder Zollcontainer vor uns auftauchten. Diesmal hörte ich, wie der Mann seine Frau anzischte.

«Ist ja gut, ich bin kein Idiot!»

In seiner Hand hielt er den richtigen Pass, den russischen.

Katzen schlichen zwischen den Sperranlagen hin und her. Eine döste auf dem Zolltresen, über den ich meinen Pass schob.

«Russische oder ukrainische Katze?»

Ich versuchte, der Grenzbeamtin ein Lächeln abzuringen, aber sie verzog keine Miene. Erst der Vorgesetzte, den sie rief, weil mein deutscher Pass sie irritierte, ging auf die Katzenfrage ein.

«Hier sind alle willkommen. Russen, Ukrainer, Deutsche – alle.»

Er hatte das festgefrorene Lächeln eines Pressesprechers.

«Die Katzen leben seit dem ersten Tag hier am Grenzübergang. Würden sie das tun, wenn wir wirklich die bösen Okkupanten wären, über die im Westen die Zeitungen schreiben?»

Die Katze auf dem Tresen streckte im Schlaf die Glieder. Sie sah nicht aus, als kümmere es sie besonders, aus wessen Hand sie fraß.

Auf der anderen Seite der Container warteten Kleinbusse, die nach zwei Stunden Fahrt Simferopol erreichten, die Hauptstadt im Inland der Krim. Vom Busbahnhof nahm ich ein Taxi ins verschneite Zentrum. Der Fahrer war Krimtatare. Er erzählte mir, dass das Schwarze Meer in seiner Sprache «Qara deñiz» hieß und dass er sowjetische Weltkriegsfilme mochte.

«Weil die Deutschen da immer den gleichen Satz sagen.»

Er sprach mir den Satz so vor, wie er ihn aus den Filmen kannte.

«Russisch Schwein! Russisch Schwein!»

Er lachte sich halb tot.

274

Ich traf Jelena, die nicht Jelena, sondern anders hieß, abends in einer Kneipe im Stadtzentrum. Ein gemeinsamer Bekannter aus Kiew hatte uns in Kontakt gebracht. Die Kneipe war so gut wie leer, aber als Jelena vor dem Tisch auftauchte, an dem ich wartete, fragte sie, ob wir in eine stillere Ecke wechseln könnten. Sie deutete auf ein Paar an einem der Nebentische.

«Die beiden reden so laut.»

Erst während des Gesprächs begriff ich, worum es ihr wirklich ging – sie hatte Angst, belauscht zu werden. Jelena war Russin, wie die meisten auf der Krim, aber anders als die meisten hier machte es sie nicht froh, dass die Krim jetzt zu Russland gehörte.

Bis zur Annexion war Jelena Uni-Dozentin gewesen, an derselben städtischen Hochschule, an der schon ihre Mutter unterrichtet hatte. Von klein auf hatte sie das internationale Uni-Milieu geliebt: das Fremdsprachengewirr, die Konferenzen im Ausland, den stetigen Wechsel von Gastdozenten und Austauschstudenten. All das hatte vor fünf Jahren abrupt geendet. Die Sanktionen, die nach der Annexion gegen Russland verhängt worden waren, hatten die westlichen Hochschulen gezwungen, ihre Zusammenarbeit mit den Krim-Unis einzustellen.

Jelena fühlte sich von der Welt abgeschnitten. Schlimmer aber war, dass niemand ihr Gefühl zu teilen schien. Ihre Kollegen und Studenten waren begeistert vom Anschluss an Russland, sie vermissten nichts. Wir sind jetzt Teil eines riesigen Landes, sagten sie, wir können bis zum Pazifik reisen, ohne unsere Heimat zu verlassen, wozu brauchen wir den Westen? In den philologischen Fakultäten brachen die Studentenzahlen ein, niemand wollte mehr europäische Fremdsprachen lernen. Nur bei Chinesisch gab es einen Anstieg, der Sprache des angeblichen Bündnispartners, den das russische Fernsehen als Ersatz für den verlorenen Westen präsentierte. Die Krim orientierte sich um.

Nach einer Weile hatte Jelena ihre Dozentenstelle gekündigt.

«Ich konnte diese Leute nicht mehr unterrichten. Sie wollen nichts über die Welt wissen, ich habe ihnen nichts beizubringen.» Inzwischen arbeitete sie für eine Agentur, die Hochzeiten im Ausland arrangierte. Für Kunden aus Russland und der Ukraine fuhr sie kreuz und quer durch Europa, um sich Hotels, Restaurants, Festhallen, Schlösser anzusehen. Für jede Reise überquerte sie die Krim-Grenze, um dann tagelang in Bussen zu sitzen, bis sie Westeuropa erreichte. Wenn sie zurück nach Simferopol kam, machten ihr die Sanktionen das Leben schwer: Die Krim war vom internationalen Zahlungsverkehr abgeschnitten, auch viele Softwarehersteller sperrten ihre Programme auf der Halbinsel. Es waren nicht die einfachsten Arbeitsverhältnisse, aber Jelena mochte den Job. Sie liebte Hochzeiten, obwohl sie selbst nie geheiratet hatte.

Ihre Schwester, die seit langem in Deutschland lebte, fragte ständig, wie lange Jelena noch auf der Krim bleiben wollte. Sie wusste es nicht. Es war schwierig für sie geworden, mit Freunden zu sprechen – die wenigsten hier teilten ihre Sicht der Dinge. Sprach sie mit Fremden, hielt sie sich mit ihren Ansichten erst recht zurück. Ihr Leben auf der Krim war einsam geworden. Aber vieles ließ sie zögern. Sie wollte das Haus ihrer Mutter nicht aufgeben. Ihr Agenturgehalt reichte nicht für ein Leben im Westen. Sie wusste, dass es nicht einfach war, in Europa qualifizierte Arbeit zu finden, und sie hatte keine Lust, in einem Callcenter zu landen. Sie war nicht sicher, ob sie mit Anfang vierzig noch einmal komplett neu anfangen konnte.

«Wenn ich siebzehn wäre, würde ich morgen gehen.»

Jelena seufzte.

«Aber ich bin nicht mehr siebzehn.»

Während wir sprachen, sahen wir zu, wie draußen vor den Kneipenfenstern Neuschnee zu fallen begann, dichter und dichter, bis die Flocken durch die Lichtkegel der Straßenlaternen wirbelten wie Kohlensäure durch Sektgläser. Als wir die Kneipe verließen, lag der Schnee knöcheltief auf dem Bürgersteig. Ich sah Jelena und ihren

Fußstapfen hinterher, und einen Moment lang hatte ich wie in einem wirren Traum das Gefühl, ihre Spuren verwischen zu müssen, damit niemand ihr folgen konnte.

Heute wir, morgen ihr

Im Zentrum von Simferopol stand ein brandneues Denkmal für Katharina die Große. Eine Schicht Schnee bedeckte ihre Stirn, die Schultern, den majestätischen Busen, den ausgestreckten Arm. Es war die Kopie eines älteren Denkmals, das zur Erinnerung an Russlands erste Annexion der Krim errichtet worden war, zu Ehren der Zarin, die die Halbinsel 1783 den tatarischen Khanen entrissen hatte. Die Bolschewiken hatten das Denkmal nach der Revolution gestürzt. Die Kopie war, wie eine Inschrift auf dem Sockel verriet, nach der zweiten Annexion hier aufgestellt worden:

«Neu errichtet zu Ehren der Wiedervereinigung der Krim mit Russland im Jahr 2014, für immer.»

Der Für-immer-Schwur zieht sich durch die russische Eroberungsgeschichte der Krim. Katharina hatte ihn geleistet, als sie die Halbinsel 1783 dem Russischen Reich einverleibt hatte, «von jetzt an und für alle Zeiten». Als aus dem Russischen das Sowjetreich geworden war, hatte Nikita Chruschtschow die Krim von einer Unionsrepublik in die andere verschoben, von der russischen in die ukrainische, ein Manöver zu Verwaltungszwecken, dessen Fernwirkung der Generalsekretär nicht absah, weil er davon ausging, dass Russland und die Ukraine für immer eins sein würden. Als sie das knapp vier Jahrzehnte später nicht mehr waren, gehörte die Krim plötzlich zur unabhängigen Ukraine. Dreiundzwanzig Jahre waren vergangen, bis sich Russland zurückgeholt hatte, was für alle Zeiten Russlands sein

sollte. Ich erinnerte mich an die Plakate, die ich kurz nach der Annexion überall auf der Halbinsel gesehen hatte: Putins Konterfei, dazu
drei russische Wörter. «Krim. Russland. Für immer.»

In den Sockel des Katharinen-Denkmals war ein kleines Relief ein-
gelassen. Es zeigte acht Männer, die in Fezen, Turbanen und anderen exotischen Kopfbedeckungen ihre Häupter vor der Zarin neigten: stilisierte Vertreter der Krimvölker, die sich freudig der neuen
Insel-Imperatorin unterwarfen. Hier, sozusagen in einer Fußnote,
war die Zeit vor dem Anbruch der Für-immer-Zeit versteckt – die un-
russische Vorgeschichte der Krim.

Als der Schnee nach zwei Tagen so plötzlich zu schmelzen begann,
wie er gefallen war, machte ich mich auf die Suche nach den alten
Krimvölkern, die hier vor den Russen heimisch gewesen waren. Ich
fand keine acht mehr, aber immerhin drei: die Tataren, die Karaim,
die Krimtschaken. Manche trugen sogar Kopfbedeckungen.

Südlich von Simferopol, im Vorland des Krimgebirges, lag eine Gegend voller winziger Dörfer, über deren Häusern ich mit zunehmen-
der Entfernung von der Hauptstadt immer öfter Minarette aufragen
sah.

In der Moschee von Sokolinoje standen kleine Plastikschälchen
auf dem Teppichboden, genau an den Stellen, an denen der schmel-
zende Schnee durchs Dach rann. Beim Mittagsgebet untermalten
Tropfgeräusche das Murmeln des Imams.

Draußen vor der Moschee kam ich mit einem Mann namens
Ruschdi ins Gespräch. Er trug eine Takke, eine muslimische Gebetskappe. Ruschdi war Krimtatare, wie jeder Fünfte der zweieinhalbtausend Dorfbewohner.

Die Moschee war ein alter Feldsteinbau mit einem bleistiftförmi-
gen Minarett, das wenig breiter war als Ruschdis Schultern. Das Minarett war neu, Ruschdi hatte beim Wiederaufbau geholfen. Das ur-
sprüngliche Minarett hatten die Bolschewiken abgerissen, als sie die

Moschee nach der Revolution zum Kulturklub einer Kolchose umfunktioniert hatten.

Ruschdi war Mitte fünfzig, ein Mann mit charismatisch ergrautem Vollbart und mühsam unterdrücktem Zorn in den Augen. Er war in Usbekistan zur Welt gekommen, in einer Lagersiedlung bei Samarkand. Seine Eltern hatten 1944 die Deportation miterlebt, als Stalin die gesamte krimtatarische Bevölkerung, knapp zweihunderttausend Menschen, unter dem Pauschalvorwurf der Kollaboration mit den Deutschen nach Zentralasien verfrachtet hatte. Viele hatten den Transport nicht überlebt. Andere waren unterwegs von ihren Familien getrennt worden.

Sein Vater, sagte Ruschdi, habe zehn Geschwister gehabt.

«Fünf davon kenne ich, vier Onkel und eine Tante. Die anderen fünf habe ich nie gesehen. Sie könnten hier im Dorf an mir vorbeilaufen, und ich würde sie nicht erkennen. Viele, die in der Verbannung waren, suchen bis heute ihre Verwandten.»

In Sokolinoje, erzählte Ruschdi, habe früher ein alter Mann gelebt, ein inzwischen verstorbener Tatare, der der Deportation entgangen war, weil er 1944 an der Front gekämpft hatte – nicht für die Deutschen, sondern gegen sie. Als er nach Sokolinoje zurückkehrte, wo vorher fast nur Tataren gelebt hatten, fand er das Dorf leer vor. Er stellte Fragen, auf die er keine Antworten bekam. Als er nach Moskau fuhr, um dort die gleichen Fragen zu stellen, steckte man ihn zur Antwort in ein Arbeitslager am Polarmeer. Der alte Mann hatte Ruschdi das Rehabilitierungsurteil gezeigt, das er im Handschuhfach seines Autos verwahrte. Er war erst nach fünfundzwanzig Jahren wieder freigekommen.

Das ist alles nur vorübergehend, hatte Ruschdis Vater in Usbekistan immer gesagt – sie haben sich gegen den Allmächtigen gewandt, ihr System wird keinen Bestand haben. Während seiner ganzen Kindheit und Jugend hatte Ruschdi diese Worte wieder und wieder gehört. Bis im Jahr 1989 der Vater sagte: Das Eis bricht. Wir gehen zurück.

Die Rückkehr war keine leichte gewesen. Viele Tataren waren daran gehindert worden, sich in den Dörfern ihrer Vorfahren niederzulassen, wo längst andere Menschen lebten. Stattdessen hatte man ihnen Siedlungsgebiete im Hinterland zugewiesen, mit trockenen Böden, die schwer zu bestellen waren. Die Behörden verweigerten den Tataren die Registrierung, solange sie keine Arbeit hatten; die Betriebe stellten sie nicht ein, solange sie nicht registriert waren. Auch die russische Bevölkerung hatte nicht begeistert auf die neuen, alten Nachbarn reagiert. Ruschdi erinnerte sich daran, wie man in den neunziger Jahren, als nach dem sowjetischen Zusammenbruch die Lebensmittel knapp geworden waren, in den Siedlungen rationiertes Brot verteilt hatte. Wenn sich die Tataren in die Warteschlangen einreihten, war es vorgekommen, dass die Russen sie anzischten: Wir haben hier nicht auf euch gewartet, sucht euch euer Brot woanders!

Aber die Tataren waren geblieben. Ruschdi und seine Eltern hatten das Glück gehabt, in Sokolinoje auf einen pragmatischen Dorfvorsteher zu treffen, der den Tataren keine Steine in den Weg legte. Zusammen mit den anderen Rückkehrern hatten sie sich Häuser gebaut, Arbeit gefunden, die Böden bewässert, die Moschee wiedereröffnet. In vielen Dörfern des Inlands war in jener Zeit Ähnliches geschehen. Etwa jeder zehnte Krimbewohner war heute Tatare. Vor der Deportation war es jeder fünfte gewesen.

Der Zorn in Ruschdis Augen wurde intensiver, als ich ihn nach den neuen politischen Verhältnissen fragte. Viele Krimtataren hatten sich von Anfang an gegen die Annexion gestellt, weil ihnen die Vorstellung Angst einjagte, wieder unter russischer Herrschaft zu leben. Ihre Wortführer waren von den neuen Machthabern verhaftet, verurteilt und eingeschüchtert worden, man hatte den Medschlis, den Interessenverband der Minderheit, als extremistische Organisation eingestuft und zerschlagen.

Anstatt meine Frage zu beantworten, führte Ruschdi mich auf den kleinen Friedhof neben der Moschee. Auch das Gräberfeld sei neu angelegt worden, sagte er, es hatte in Sokolinoje keinen muslimischen Friedhof mehr gegeben, als die Tataren zurückgekehrt waren. Erst als sie die Erde rund um die Moschee umgegraben hatten, waren sie auf Knochen gestoßen, die sie gesammelt und in einem Massengrab in der Mitte des neuen Friedhofs beigesetzt hatten. Obenauf hatten sie das Bruchstück einer alten Grabplatte gelegt, das zusammen mit den Knochen unter der Grasnarbe gefunden worden war. Das Bruchstück war klein, der erhaltene Teil der tatarisch-arabischen Inschrift umfasste nur zwei kurze Verse, aber das Textfragment war den Tataren passend vorgekommen.

Ruschdi übersetzte mir die Verse ins Russische. Beim Sprechen sah er mir eindringlich in die Augen, als wolle er sichergehen, dass die Botschaft bei mir ankam.

HEUTE WIR, MORGEN IHR.
HEUTE UNS, MORGEN EUCH.

Hundert Kilometer nördlich von Sokolinoje, in der Küstenstadt Jewpatorija, traf ich Viktor Tirijaki. Er trug eine schwarze Kappe aus gelocktem Karakulfell, die sein müdes Gesicht blass wirken ließ. Sein grauer Bart musste einmal rot gewesen sein, ein paar Haare hatten die alte Farbe noch nicht verloren.

Tirijaki war das geistige Oberhaupt der örtlichen Karaim, einer turksprachigen Minderheit, die nach allem, was ich wusste, jüdischen Glaubens war. Ich wusste, dass ich nicht viel wusste, und nachdem ich mich ein paar Minuten mit Tirijaki unterhalten hatte, wusste ich, dass ich nach dem Gespräch nicht viel mehr wissen würde. Er war ein mürrischer, misstrauischer Mann, der seine Karten dicht an der Brust spielte. Ich nahm es ihm nicht übel. Die Geschichte hatte die Karaim gelehrt, dass es besser war, wenn die Welt nicht viel über sie erfuhr.

Tirijaki nahm mir meinen Stift aus der Hand und zeichnete einen Baum in mein Notizbuch, dessen Stamm sich in drei Äste teilte.

«Das» – er zeigte auf die Wurzeln – «sind die Gebote.»

«Das» – die drei Äste – «sind das Neue Testament, der Talmud, der Koran.»

«Das» – der Stamm – «ist die Thora. Unsere einzige Schrift. Der Glaube der Karaim ist der jüdische Glaube, so, wie er war, als Jesus Christus geboren wurde, bevor alles Spätere hinzugefügt wurde.»

Die Karaim hatten den Talmud nie akzeptiert. Das hatte sie von den anderen Juden abgegrenzt, die nie recht gewusst hatten, was von den Karaim zu halten war. Im Russischen Reich war das ihr Vorteil gewesen – anders als die übrigen Juden waren die Karaim keinen Berufsbeschränkungen unterworfen. Ein paar von ihnen waren zu viel Geld gekommen, vor allem im Tabakhandel. Die alte Kenessa zeugte davon, die Karaim-Synagoge, in deren Gemeindehaus ich mit Tirijaki saß, eine reich ausgestaltete Tempelanlage mit weinüberwachsenen Säulengängen, marmornen Ehrengräbern, geschnitzten Holzinterieurs, warmen Buntglasfenstern.

Als die Nazis im Krieg die Krim eroberten, wussten auch sie nicht recht, was von den Karaim zu halten war. Waren sie Juden? Die Nazis forderten ein Gutachten eines polnisch-jüdischen Historikers an, der die Karaim wider besseres Wissen zu Nicht-Juden erklärte, offenbar um ihnen das Schicksal zu ersparen, das ihn wenig später selbst ereilte – er starb im Warschauer Ghetto. Sein Plan aber ging auf. Die Nazis ermordeten die Juden der Krim, aber sie verschonten die Karaim, die sie als Turkvolk einordneten.

Wenig später hatten die Karaim ein zweites Mal Glück. Dass sie unter den Deutschen glimpflich davongekommen waren, hätte für Stalin Grund genug sein können, sie zusammen mit den Tataren zu deportieren, zumal die Sprachen beider Minderheiten einander ähnelten. Aber auch dieser Kelch war an ihnen vorübergegangen. Für Stalin waren die Karaim offenbar Juden.

Die Kenessa in Jewpatorija war in der Nachkriegszeit geschlossen worden, genau wie die Kirchen, die Moscheen und die jüdischen Synagogen der Krim. Die historische Tempelanlage hatte man in ein «Museum des Atheismus» umgewandelt, ihre Nebengebäude wurden als Getreidesilos genutzt. Aus dem Gemeindehaus war ein Kindergarten geworden, den als Junge auch Tirijaki besucht hatte, wohl wissend, dass seine Großmutter in der Kenessa wenige Jahre zuvor noch gebetet hatte. Nur noch ein paar hundert Karaim lebten inzwischen auf der Krim. Viele waren in den neunziger Jahren nach Israel ausgewandert. Der gläubige Kern seiner Gemeinde, sagte Tirijaki, bestehe aus vierzig Menschen.

Wir hatten uns noch keine halbe Stunde unterhalten, als der alte Gemeindevorsteher mir zu signalisieren begann, dass er alles gesagt hatte, was er zu sagen bereit war.

«Wenn Sie keine Fragen mehr haben …»

Doch, wollte ich sagen, Hunderte, aber Tirijakis Gesichtsausdruck war so mauernd, dass ich mich auf die Kernfrage beschränkte, deren Unentscheidbarkeit den Karaim zweimal das Leben gerettet hatte: Woher kamen sie? Waren sie ein Turkvolk, das in ferner Vergangenheit zum Judentum konvertiert war? Oder waren sie semitische Einwanderer, die erst auf der Krim turksprachig geworden waren? Ich wusste, dass die Frage auch unter den Karaim umstritten war.

Tirijaki sah mir ungerührt in die Augen. Sein Gesicht war schwer zu lesen, es bewegte sich keinen Millimeter.

«Herkunft ist eine Karte, die Politiker gerne spielen. Für gläubige Menschen hat sie keine Bedeutung.»

Dann stand er auf und reichte mir die Hand. Ich war schon auf halbem Weg zur Tür, als er mir ein paar letzte Sätze mit auf den Weg gab.

«Die Karaim haben hier unter den tatarischen Khanen gelebt, unter den Zaren, den Sowjets, den deutschen Besatzern, den Ukrainern und jetzt wieder unter den Russen. Niemand hat uns vertrieben. Wir sind immer noch hier. Das ist alles, was zählt.»

Von Jewpatorija aus fuhr ich zurück nach Simferopol, in die Krim-Hauptstadt, wo ich Dora Pirkowa traf, eine kleine, alte Dame, die einen braunen Filzhut mit schmaler Krempe trug – nicht aus religiösen Gründen, sondern wegen der Kälte.

«Religion ist mir fern», sagte sie. «Ich bin in der Sowjetunion aufgewachsen.»

Von den Simferopoler Dächern troff Schmelzwasser. Eine gurgelnde, undichte Regenrinne hing über dem Eingang des krimtschakischen Kulturvereins. Wir duckten uns zwischen den Tropfen hindurch. Drinnen nahm Dora Pirkowa ihren Filzhut ab und klopfte das Wasser von der Krempe.

«Willkommen.»

Sie war die Vereinsvorsitzende.

Die Krimtschaken waren ein jüdisches Turkvolk, genau wie die Karaim. Mit dem kleinen Unterschied, dass sie sich an den Talmud hielten. Einem kleinen Unterschied, der ihnen das Genick gebrochen hatte.

Der Kulturverein bestand aus drei engen Zimmern in einem Wohnhaus. Zwei waren vollgestopft mit Museumsexponaten. Dora Pirkowa führte mich in den hintersten Raum. An der Stirnwand hing ein Gemälde, eine Art Triptychon, dessen Flügel mit Szenen aus der Geschichte der Krimtschaken bemalt waren: religiöse Feste, Volkstänze, Dorfhochzeiten, Handwerksbräuche. Von links nach rechts gingen die Darstellungen aus der fernen in die nähere Vergangenheit über. Ganz rechts außen mähten drei Männer mit Maschinengewehren eine Menschenmasse nieder.

In Karasu-Basar, der alten Hauptstadt der Krimtschaken östlich von Simferopol, waren am 11. Dezember 1941 bewaffnete SD-Männer aufgetaucht. Sie trieben die komplette Bevölkerung zusammen, etwa sechstausend Menschen, und ließen sie stadtauswärts marschieren, bis an den Rand einer Landstraße, wo vorher Gräben ausgehoben worden waren. Eine funfzehnjährige Krimtschakin namens Gurdschi Riwa war die Einzige, die das Massaker überlebte. Das Mädchen fiel zusammen mit den Erschossenen in die Gräben und stellte sich tot. Als die Dunkelheit einbrach, floh sie. Die wenigen Krimtschaken, die in anderen Orten der Krim lebten, erfuhren dank ihr, was geschehen war.

Dora Pirkowas Mutter, die damals wenig älter war als Gurdschi Riwa, entkam 1942 auf einem der letzten Schiffe, die von der besetzten Krim aus nach Georgien fuhren. Bis kurz nach Kriegsende lebte sie in Tbilisi. Als sie auf die Krim zurückkehrte, traf sie dort kaum noch Krimtschaken an. Überlebt hatten nur ein paar wenige Familien, die rechtzeitig geflohen waren, und die jungen Männer, die zum Zeitpunkt des Massakers an der Front gekämpft hatten, so wie Dora Pirkowas Vater. Die Eltern hatten sich 1947 in Simferopol kennengelernt. Ein Jahr später war ihre Tochter zur Welt gekommen.

Dora Pirkowas Eltern hatten untereinander Krimtschakisch gesprochen, aber sie hatten sich nicht getraut, die Sprache an ihre Kinder weiterzugeben – es waren die Stalin-Jahre, Krimtschakisch klang ähnlich wie Tatarisch, und es empfahl sich nicht, auf der Krim für einen Tataren gehalten zu werden. Nur manchmal hörte Dora Pirkowa ihren Vater bei der Arbeit krimtschakische Lieder summen. Der Vater war Schuhmacher gewesen. Seine Arbeitsinstrumente, antiquierte Zangen und Hämmer, lagen in einer Vitrine des Kulturvereins.

Als die Krimtschaken nach Stalins Tod vorsichtig bei den sowjetischen Behörden anfragten, ob in einer der Simferopoler Schulen vielleicht eine Klasse mit Krimtschakisch-Unterricht eingerichtet werden könnte, wurde der Vorschlag abgelehnt. Das Volk der Krimtschaken, beschied man ihnen, sei bedauerlicherweise von den Faschisten ausgelöscht worden. Es existiere nicht mehr, folglich brauche es auch keine Schulbildung.

Gegen Ende der Sowjetzeit waren auf der Krim nur noch sehr wenige Menschen übriggeblieben, die Krimtschakisch sprachen. Dora Pirkowas Eltern hatten sich gefreut, als in den neunziger Jahren die Tataren aus der Verbannung zurückgekehrt waren. Ihre Sprache war der ihren so ähnlich, dass sie sich mit ihnen unterhalten konnten. Der Vater war oft zum Markt von Simferopol gefahren, um mit den tatarischen Händlern zu plaudern.

Als der Vater 2007 gestorben war, hatte er in den letzten Sekunden, bevor er die Augen schloss, ein altes krimtschakisches Lied gesungen:

> *Mama ist fort, Papa ist fort*
> *Nur ich bin geblieben*
> *Ein einsames Waisenkind.*

Mit diesen Versen auf den Lippen war eine der letzten krimtschakischen Stimmen auf der Krim verstummt. Eine weitere, die der Mutter, verstummte wenige Jahre später. Inzwischen, sagte Dora Pirkowa, lebten auf der ganzen Halbinsel nur noch drei Menschen, die die Sprache ihrer Ahnen beherrschten, und alle drei waren weit über achtzig.

Unter den Krimtschaken gab es, genau wie unter den Karaim, verschiedene Ansichten zur Frage ihrer Herkunft. Die einen hielten sie für ein judaisiertes Turkvolk, die anderen für turkisierte Juden. Beide Theorien, sagte Dora Pirkowa, hätten auf der Krim ihre Anhänger. Genauer gesagt hatten beide Theorien zuletzt noch jeweils einen Anhänger gehabt, zwei hochbetagte Amateur-Ethnographen, die sich erbitterte Debatten geliefert hatten, bis den einen vor wenigen Jahren ein Stromschlag aus dem Leben gerissen hatte. Der andere war siebenundneunzig. Es sprach einiges dafür, dass die Herkunftsfrage der Krimtschaken ungelöst bleiben würde.

Insgesamt waren auf der Krim nur noch wenig mehr als zweihundert Krimtschaken übrig. Der Rest war in den neunziger Jahren nach Israel und nach Deutschland ausgewandert, in die beiden Länder, die Juden die Einreise damals vergleichsweise leicht gemacht hatten. Auch Dora Pirkowas Kinder lebten in Israel. Sie selbst hatte nie darüber nachgedacht, die Krim zu verlassen, aber sie respektierte die Entscheidung ihrer Kinder.

«Ich konnte verstehen, dass die jungen Leute damals nach Israel gehen wollten.»

Sie sah mir nachdenklich in die Augen.

«Aber nach Deutschland?»

Die Liebesgeschichte von Alla und Wladimir

Das «Institut für die Biologie der Südlichen Meere» liegt an der Hafenpromenade von Sewastopol, in einem weißen Prachtbau, dessen klassizistische Fassade seit dem Ende des 19. Jahrhunderts auf fast jeder Postkartenansicht der Stadt zu sehen ist.

Drinnen lernte ich Wladimir kennen. Er war Planktonspezialist und stellte mir seine Laborkollegen vor, eine Runde russischer Wissenschaftler, die den Nationalitätenwechsel der Krim – und den ihres Instituts – aus vollem Herzen begrüßten. Nur ein einziger Kollege, sagten sie, sei anderer Meinung gewesen, aber der habe das Institut verlassen. Sie wussten nicht genau, was er inzwischen machte. Als er gegangen war, hatte er vorgehabt, ein Theaterstück zu schreiben – eine politische Parabel über die invasiven Organismen des Schwarzen Meers.

Wladimir und seine Kollegen waren immer noch damit beschäftigt, das Chaos zu erforschen, das die Killerqualle *Mnemiopsis leidyi* im Meer angerichtet hatte. Sie erzählten von Planktonkrebsen, deren Bestände so empfindlich dezimiert worden waren, dass sich andere Planktonkrebse in den frei werdenden biologischen Nischen breit gemacht hatten. Während ich ihnen zuhörte, sah ich das Theaterstück ihres abgewanderten Kollegen vor meinem inneren Auge Form annehmen.

Wladimir lud mich nach der Arbeit zum Abendessen ein. Mit seinem Auto ließen wir das Stadtzentrum hinter uns, fuhren durch die dunkleren Außenbezirke, kauften unterwegs ein Huhn und zwei Flaschen Wein und betraten schließlich die Plattenbauwohnung, die sich Wladimir mit seiner Frau Alla teilte, und mit Max, Allas elfjährigem Sohn aus erster Ehe. Der Tisch war gedeckt. Max trug seinen Schlafanzug, aber er durfte noch aufbleiben. Alla füllte meinen Teller, Wladimir mein Glas. Ein blinkender Weihnachtsbaum tauchte das Wohnzimmer in wechselnde Ampelfarben.

Es war knapp sechs Jahre her, dass sich Alla und Wladimir in einem Sanatorium auf der südlichen Krim kennengelernt hatten, bei einem Kuraufenthalt. Zwischen Heilbädern und Wechselduschen hatte sich entwickelt, was Wladimir lächelnd als «Kurortnyj roman» bezeichnete: eine Kurort-Romanze.

Alla warf ihrem Mann einen leicht vorwurfsvollen Blick zu.

«Eine Kurort-Romanze, aus der eine Familie wurde.»

Alla war Ukrainerin. Sie kam aus Uman, einer Stadt in der Mitte des Landes. Zur Krim-Kur hatte sie ihr Arbeitgeber geschickt, ein ukrainischer Fernsehsender. Alla war Gesellschaftsreporterin.

Als sie beschloss, zu Wladimir nach Sewastopol zu ziehen, hatte sie dort mühelos Arbeit gefunden. Es gab auf der Krim nicht viele Journalisten, die gut Ukrainisch sprachen. Ihr Sender war froh, eine Korrespondentin zu haben. Zusammen mit Max, der kurz vor der Einschulung stand, zog Alla 2013 bei Wladimir ein.

Sie begriff bald, warum es nicht leicht gewesen war, die Korrespondentenstelle zu besetzen. Wenn sie auf der Straße vor laufender Kamera Passanten interviewte, wollte kein Mensch Ukrainisch mit ihr sprechen. Es kam vor, dass sie angezischt wurde, von russischen Krimbewohnern, denen es ein steter Dorn im Auge war, dass ihre Halbinsel nach dem Zerfall der Sowjetunion der Ukraine zugeschlagen worden war, weshalb sie Alla empfahlen, sich mit ihrem Ukrainisch zum Teufel zu scheren. Beim Besuch eines Waisenhauses erklärten ihr Kinder, die kaum im Alter ihres Sohns waren, dass sie die Ukrainer hassten. Als sie die Reporterin im Lauf des Besuchs dann doch ins Herz schlossen, flehten sie Alla zum Abschied an: Bleib bei uns, geh nicht zurück in deine stinkende Ukraine!

«Ach, Allotschka.»

Wladimir sah seine Frau zärtlich an.

«Du nimmst das zu ernst. Dumme gibt es überall.»

Kaum ein Jahr nachdem Alla und Max nach Sewastopol gezogen waren, begann es in der Ukraine zu rumoren. Während Alla immer noch bunte Krim-Reportagen für das ukrainischsprachige Fernsehen drehte, verbreiteten russische Sender auf der Krim Horrornachrichten über die Demonstrationen in Kiew. Es hieß, dass ukrainische Faschisten die Macht ergreifen wollten, dass in der Ukraine bald niemand mehr Russisch sprechen dürfe, dass auf der Krim und im russisch geprägten Osten des Landes ethnische Säuberungen drohten.

Wie die meisten Russen wusste auch Wladimir bald nicht mehr, was er von den Fernsehbildern halten sollte. Angst machten ihm besonders Berichte über die Tataren, die angeblich einen Rachefeldzug gegen die Russen auf der Krim vorbereiteten. Wladimir erinnerte sich an seinen Militärdienst in der Roten Armee, an Schlägereien unter Rekruten, bei denen es regelmäßig vorgekommen war, dass die gesamte Kaserne in sowjetische Volksgruppen zerfiel, in Tadschiken, Tschetschenen, Usbeken, Armenier, Tataren, die ihren Hass ge-

meinsam an den Russen ausließen. Als in Simferopol Tataren auf die
Straße gingen, die sich mit den ukrainischen Demonstranten in Kiew
solidarisierten, hatte Wladimir das Gefühl, dass es brenzlig wurde.
Er war froh, als auf der Krim wenig später Soldaten in unmarkierten Uniformen auftauchten, von denen jeder ahnte, wer sie entsandt
hatte.

Max, der kurz zuvor eingeschult worden war, erinnerte sich daran,
wie seine Klassenkameraden in jenen Tagen angefangen hatten, ihre
Uniformen zu bemalen. Er ging auf eine Grundschule mit Spanisch-
Schwerpunkt. Der alte, rote Uniformpullunder, den er mir zeigte,
hatte einen etwas dunkleren Fleck auf der Brust, an der Stelle, wo einmal das Schulabzeichen aufgenäht gewesen war: Don Quixote und
Sancho Pansa, dazu eine zweigeteilte, spanisch-ukrainische Freund-
schaftsflagge, zur Hälfte gelb-rot, zur Hälfte gelb-blau. Als die Soldaten auf der Krim aufgetaucht waren, hatten viele Kinder die Flagge
in den Farben der russischen Trikolore übermalt: Weiß-Blau-Rot.

«Und dann …»

Max' Stimme setzte kurz aus, er hatte beim atemlosen Erzählen
das Luftholen vergessen.

«… dann hat Wladimir mich eines Morgens geweckt und gesagt:
Max, wir gehören jetzt zu Russland.»

Wenig später war in Max' Schule der obligatorische Ukrainisch-
Unterricht eingestellt worden. Auch die Aufnäher mit der ukrainischen Flagge wurden abgeschafft. Bevor sie durch neue ersetzt wurden, war Max aus dem alten Pullunder herausgewachsen.

Alla hatte ihre Stelle verloren, weil es für ihren Sender nach der
Annexion unmöglich geworden war, Korrespondenten auf der Krim
zu beschäftigen, und weil niemand in der Ukraine mehr bunte Re-
portagen über die Halbinsel sehen wollte. Ihre ukrainische Mutter,
mit der sie täglich telefonierte, war aus Angst um die Tochter halb
wahnsinnig geworden – es war schwer, ihr zu vermitteln, dass die Ereignisse zwar verwirrend, aber nicht unmittelbar bedrohlich waren.

Wladimir hatte das Gefühl, dass es mit seinem Forschungsinstitut seit der Annexion bergauf ging. Er hatte genau zum Ende der sowjetischen Ära dort angefangen und erinnerte sich gut an die Jahre des Niedergangs, als man den Wissenschaftlern nach und nach die Mittel gestrichen hatte, als er und seine Kollegen gezwungen gewesen waren, mit ihren Forschungsschiffen Kurierdienste in die umliegenden Schwarzmeerländer anzubieten, um mit den Erlösen wenigstens die elementarsten Wartungsarbeiten durchführen zu können. Der Tiefpunkt war der Tag gewesen, als in einen Seitentrakt des Institutsgebäudes ein Stripclub namens «Rasputin» eingezogen war. Während Wladimir kopfschüttelnd davon erzählte, begriff ich, dass er und seine Kollegen für den Ruin der sowjetischen Wissenschaft vor allem die Ukraine verantwortlich machten. Auch in Russland hatten die Forschungseinrichtungen in den Nachwendejahren gelitten, aber so tief gesunken wie auf der Krim waren sie nie.

Seitdem das Institut zu Russland gehörte, sagte Wladimir, habe sich die Lage gebessert. Es gebe mehr Geld, für Forschungsprojekte, für Ausrüstung, für Personal. Der verhasste Stripclub war umgezogen. Die Kehrseite der Medaille waren die Sanktionen, die es schwierig machten, mit den Forschungseinrichtungen des Westens zusammenzuarbeiten, aber Wladimir hoffte, dass sich das irgendwann einrenken würde.

Max war seit einem Jahr auf dem Gymnasium. Auch dort gab es keinen Ukrainisch-Unterricht mehr, aber Max telefonierte jeden Abend auf Ukrainisch mit seiner Großmutter. Es war komplizierter geworden, die Verwandten in Uman zu besuchen, aber gelegentlich nahmen Max und seine Mutter den Weg über die Krim-Grenze auf sich.

Alla hatte eine neue Stelle gefunden. Sie arbeitete jetzt für das gleiche Institut wie Wladimir, in der Öffentlichkeitsarbeit, wo sie die Forschungsergebnisse der Meereswissenschaftler einem breiteren Publikum erklärte. Sie mochte die Arbeit, auch wenn viele ukrainische Bekannte ihr die Freundschaft gekündigt hatten – sie empfanden es als Verrat, dass sie die russisch besetzte Krim nicht verließ, wie es Zehntausende Ukrainer seit der Annexion getan hatten.

Aber Alla war geblieben. Max war geblieben. Und Wladimir war bei beiden geblieben. Mit einem Gefühl der Erleichterung hörte ich zu, während die drei mir ihre Erinnerungen schilderten. Ich wusste, dass viele russisch-ukrainische Familien am Krim-Konflikt zerbrochen waren, weil ihre Verwandten, ihre Freunde, ihre Fernsehsender ihnen so lange widersprüchliche Versionen der Geschichte erzählt hatten, bis sie untereinander keine gemeinsame Sprache mehr gefunden hatten. Hier aber, in einer kleinen Plattenbauwohnung, unter einer blinkenden Plastiktanne, waren drei Menschen stärker gewesen als der Rest.

Das Ende einer Brücke

Der Winter wechselte in eine mildere Phase, als ich von Sewastopol aus zum letzten Abschnitt meiner Reise aufbrach. Aller Schnee war aus den Ebenen verschwunden, ich sah ihn nur noch aus der Ferne, in den höheren Lagen des Krimgebirges, das auf dem Weg nach Süden vor mir auftauchte. Die Landstraße stieg in engen Kurven an, überwand die westlichen Ausläufer der Berge und stürzte auf der gegenüberliegenden Seite in eine veränderte Landschaft, eine Mittelmeerwelt voller Zypressen, Palmen und Olivenbäume. Der Südrand der Krim war ein ferner Außenposten jener subtropischen Vegetationszone, deren importierte Gewächse mir aus Sotschi und Abchasien vertraut waren.

In Jalta stand ein riesiges Lenin-Denkmal an der Uferpromenade, umringt von Palmen, umragt von schneebedeckten Gipfeln. Lenin war es, der 1920 das «Dekret über den Gebrauch der Krim zur Heilung der Werktätigen» unterzeichnet hatte, mit dem die Halbinsel im Namen des Proletariats annektiert worden war: «Die Sanatorien und Kurorte der Krim, die früher ein Privileg der Großbourgeoisie waren, die wunderbaren Datschen und Villen, die von Großgrundbesitzern und Kapitalisten benutzt wurden, die Paläste ehemaliger Zaren und Großfürsten sollen als Sanatorien und Heilstätten der Arbeiter und Bauern verwendet werden.»

Eine junge Malerin namens Oxana, deren Telefonnummer mir Alla und Wladimir in Sewastopol gegeben hatten, fuhr mich zum Liwadija-Palast am Südrand von Jalta. Es war ein Montag, die alte Zarenresidenz war geschlossen, wir konnten nur von außen durch die Fenster der Prunkgemächer sehen, in deren Himmelbetten man nach der Revolution sowjetische Bauern hatte übernachten lassen.

«Bauern in Palästen! Barbarisch!»

Oxana hielt nicht viel von Lenin. Im Herzen war sie Monarchistin. Sie malte großformatige Meerbilder in Ölfarben, Werke im Stil des romantischen Landschaftsmalers Iwan Aiwasowskij, mit denen die Geschäftsleute von Jalta ihre Wohnzimmer schmückten. Einmal, erzählte Oxana, hatte eine Staatsanwältin ein Porträt des letzten russischen Zaren bei ihr bestellt. Das Bild sollte Nikolai II. im Inneren des Liwadija-Palasts zeigen, in seiner Sommerresidenz. Als Oxana das Interieur malte, hatte sie ihre Staffelei ein paar Tage lang im Palast aufgestellt, um in der Originalkulisse arbeiten zu können.

«Ich weiß nicht, wie ich es beschreiben soll, aber beim Malen hatte ich plötzlich das Gefühl, dass mich etwas mit dem Palast verbindet. Es war, als hätte ich einmal dort gewohnt, in einem früheren Leben.»

Sie hatte lange, schmale Hände, die sie beim Sprechen sanft durch ihre Haare gleiten ließ, mit der antrainierten Eleganz einer Aristokratin.

Auf der Rückfahrt in die Stadt klagte Oxana über die Auswirkungen der Krim-Sanktionen.

«Alle westlichen Marken sind aus den Läden verschwunden, man kann nichts Vernünftiges mehr einkaufen. Wenn das so weitergeht, weiß ich nicht mehr, was ich anziehen soll. Für die meisten hier spielt das keine große Rolle, aber ich bin an ein etwas anderes Leben gewöhnt.»

Generell aber hatte Oxana nichts gegen die Annexion einzuwenden, mit der die Krim in ihren Augen endlich wieder Teil der alten russischen Zarenwelt geworden war. Der sowjetische Irrweg, der die Halbinsel aus ihren Traditionen gerissen und sie zu einem Anhängsel der ärmlichen Ukraine gemacht hatte, war beendet. Nicht zum ersten Mal staunte ich darüber, wie unterschiedlich die Lesarten waren, mit denen sich die Menschen hier die Ereignisse zurechtlegten.

Als Oxana und ich in Jalta das Auto parkten und zusammen die Uferpromenade entlangliefen, standen wir plötzlich vor einem Brunnen, dessen Becken die Form des Schwarzen Meers hatte. Meine ganze Reise schnurrte auf einen Durchmesser von fünf Metern zusammen. Fasziniert lief ich um den Beckenrand. In drei Schritten durchmaß ich die russische Kaukasusküste, in jeweils einem Abchasien und Georgien. Ich brauchte ein paar Sekunden für die ganze Länge der Türkei, ließ genau so schnell den Balkan und die Ukraine hinter mir und stand schließlich auf der kleinen Betonhalbinsel, die vom Beckenrand krimförmig in die Mitte ragte.

An der Stelle, wo das östliche Ende der Krim fast bis an die russische Küste heranreicht, hatte jemand einen kleinen Stock zwischen die Betonufer geklemmt, als Verkörperung der neuen Brücke, die im vergangenen Jahr über die Meerenge von Kertsch gebaut worden war. Das Endziel meiner Reise war zum Greifen nah.

Rechts der Landstraße lag das Meer, links stieg das Gebirge auf. In Serpentinen schlängelte sich der Bus am Südrand der Krim entlang, vorbei an windbewegten Pinien und Zypressen. Erst zwischen Sudak und Feodosija, wo die Berge ausliefen, schüttelte die Straße ihre Kurven ab, die südliche Vegetation verschwand, das Land wurde flach und leer, und bis zum Ende der Fahrt sah ich nichts als braune, weite Steppe.

Die Straße endete in Kertsch, am östlichsten Zipfel der Krim. Ein beißender Winterwind fegte vom Meer her durch die Stadt. Am heftigsten blies er auf dem kahlen Hügel, der südlich des Zentrums aus der Steppe ragte, übersät von den Ruinen einer Akropolis. Wo heute Kertsch lag, hatten im 7. vorchristlichen Jahrhundert griechische Seefahrer eine der ersten Handelskolonien der nördlichen Schwarzmeerküste gegründet, das alte Pantikapaion.

Als ich mir im Archäologischen Museum der Stadt die Spuren dieser fernen Vergangenheit ansah, stand ich plötzlich vor einem leeren Sockel. Er sah ein bisschen aus wie die Überreste der gestürzten Lenin-Denkmäler in der Ukraine, aber was hier fehlte, war etwas anderes: eine Statue des Mythenwesens Mixoparthenos, halb Frau, halb Schlange. Ein kleiner Zettel erklärte die Leerstelle.

EXPONAT BEFINDET SICH IN DER AUSSTELLUNG
«DIE KRIM – GOLDENE INSEL IM SCHWARZEN MEER»
IM ALLARD-PIERSON-MUSEUM
(AMSTERDAM, NIEDERLANDE)

Ein wissenschaftlicher Mitarbeiter des Museums erklärte mir, was aus seiner Sicht geschehen war.

«Die Holländer haben unsere Statue gestohlen.»

Ich kannte die Geschichte. Sie war eine der bizarreren Folgen der Annexion. Das Fundstück aus Kertsch war 2013 als Leihgabe in die Niederlande geschickt worden, wo es zusammen mit vielen anderen archäologischen Schätzen von der Krim ausgestellt worden war. Wenig später hatte sich Russland die Halbinsel einverleibt. Als die Ausstellung in Amsterdam endete, sollten die Leihgaben an ihre Besitzer zurückgegeben werden – doch plötzlich war nicht mehr klar, wem sie eigentlich gehörten. Die Krim-Museen, aus deren Sammlungen sie stammten, waren vor der Annexion ukrainische Einrichtungen gewesen. Jetzt lagen sie de facto in Russland. Das Allard-Pierson-Museum in Amsterdam sah sich bald mit Rückgabeforderungen von zwei Seiten konfrontiert. Die Krim-Museen wollten ihre Exponate wiederhaben. Das Kulturministerium in Kiew dagegen argumentierte, die Leihgaben seien nach wie vor ukrainisches Eigentum, sie gehörten nach Kiew.

In Amsterdam wurde man nervös. Man konnte nicht riskieren, die Kunstschätze der einen Seite zurückzugeben und von der anderen auf Schadenersatz verklagt zu werden – es ging um einen Ausstellungswert von anderthalb Millionen Euro. Ratlos hatte sich die Leitung des Allard-Pierson-Museums an ein niederländisches Gericht gewandt, mit der Bitte, die Rückgabeforderungen juristisch zu prüfen. Der Ausgang des Verfahrens war offen. Die Mixoparthenos-Statue lagerte immer noch in einem Magazin in Amsterdam.

«Wir werden sie nie wiedersehen.»

Der Mitarbeiter des Kertscher Museums, ein Mann mit tiefen, pessimistischen Stirnfalten, hatte nicht viel Vertrauen zur niederländischen Justiz.

«Das ist alles nur ein Vorwand, um die Krim zu bestrafen. Sie können es nicht akzeptieren, dass wir zu Russland gehören wollen. Die Amerikaner stecken dahinter.»

Der Mann zeigte mir ein Foto der verlorenen Statue. Sie war aus weißem Stein und etwa einen halben Meter hoch. Mixoparthenos, die Schlangenfrau, hatte einen menschlichen Oberkörper, der sich unterhalb des Nabels in zwei lange, seitlich abgespreizte und spiralförmig aufgewickelte Schwänze spaltete. Das Fabelwesen hielt die Enden seiner beiden Schlangenbeine in den Händen.

Der Mixoparthenos-Mythos entstand an den Küsten des Schwarzen Meers. Herodot erzählt, dass die Schlangenfrau einst im Land der Skythen lebte, zu einer Zeit, als es dort noch keine Skythen gab. Dort soll sie dem schlafenden Herakles begegnet sein, dem sie unbemerkt seine Pferde stahl. Als der Held erwachte, erklärte ihm die Schlangenfrau, dass er seine Pferde erst zurückbekommen würde, wenn er mit ihr schlief. Herakles ließ sich darauf ein. Nach der Liebesnacht gebar Mixoparthenos drei Söhne – Herodot geht über die anatomischen Fragen hinweg, die der Akt und die Geburt bei einer Dame ohne Unterleib aufwerfen. Die drei Söhne hatten Menschengestalt, und als sie heranwuchsen, prophezeite Herakles, dass nur einer von ihnen als Mann in der Lage sein werde, den Bogen seines Vaters zu spannen. Der Sohn, dem es gelang, hieß Skythes, und er wurde der Urvater aller Skythen. Den Bogen in seiner Hand brachten die Griechen später mit der Form des Schwarzen Meers in Verbindung.

Losgelöst von ihrem Mythos blieb die schlangenschwänzige Mixoparthenos-Figur noch lange nach der Antike ein beliebtes Dekorationsmotiv. Ein amerikanischer Designer entdeckte sie 1971 in einer Illustrationssammlung, als er nach einem Logo für ein neues Kaffeehaus in der Westküstenmetropole Seattle suchte. Auf grünem Grund zeichnete er in Weiß eine langhaarige Frauenfigur, die ihre gespreizten Schlangenschwänze links und rechts vom Körper in den Händen hält. Das Kaffeehaus entwickelte sich über die Jahre zu einer weltumspannenden Kette, die ihr Logo später leicht abwandelte, weil die gespreizten Schwänze als zu erotisch für ein Familien-Café empfunden wurden. Heute besteht das Markenzeichen nur noch aus dem Gesicht, den langen Haaren, den Händen und den beiden Schwanzenden der Schlangenfrau, aber wer genau hinsieht, erkennt im grün-weißen Starbucks-Logo noch immer die Mixoparthenos-Figur.

In Kertsch gab es keine Starbucks-Filiale mehr. Sie war zusammen mit den anderen westlichen Ketten verschwunden, die wegen der Wirtschaftssanktionen gezwungen gewesen waren, ihre Geschäfte auf der Krim einzustellen. In allen Städten der Halbinsel waren mir ehemalige Fast-Food-Läden aufgefallen, die nach der Annexion von örtlichen Inhabern übernommen worden waren. Die meisten hatten die Logos ihrer westlichen Vorgänger kurzerhand beibehalten und die Markennamen nur geringfügig abgewandelt, um ihren Kunden das Gefühl zu geben, dass alles beim Alten geblieben war. Ich hatte eine ehemalige Burger-King-Filiale gesehen, die sich jetzt «Big Burger» nannte, ein McDonald's, das als «RusBurger» firmierte, ein Kentucky Fried Chicken, aus dem «Crimean Fried Chicken» geworden war. Eine Starbucks-Filiale hieß «Starducks» und hatte die Mixoparthenos-Figur im Logo durch eine Ente ersetzt, eine andere nannte sich «Coffee Croc» und zeigte ein grinsendes Krokodil.

Die ehemalige Starbucks-Filiale in Kertsch hieß seit der Annexion «Cappuccino Cafe-Bar», und ihr grün-weißes Logo zeigte eine dampfende Kaffeetasse. Lange stand ich vor der Ladenfassade und starrte das verfremdete Markenzeichen an. Ich fragte mich, wie vielen Menschen in Kertsch wohl bewusst war, dass Mixoparthenos, die schlangenschwänzige Mutter der Skythen, nicht nur einmal, sondern gleich zweimal aus ihrer Stadt verschwunden war – erst aus dem Archäologischen Museum, dann aus dem Starbucks-Logo.

Am Tag meiner Abreise aus Kertsch, bevor ich mich auf den langen Weg zurück zur Krim-Grenze und weiter nach Berlin machte, stieg ich noch einmal auf den Akropolis-Hügel über der Stadt, zwischen dessen Tempelfragmenten im späten 19. Jahrhundert die Mixoparthenos-Statue gefunden worden war.

Im diesigen Winterzwielicht sah ich am östlichen Rand der Stadt die Krim-Brücke ins Meer ragen. Ihre Fahrbahn verschwand nach hinten hin im Dunst, das andere Ufer war nicht zu erkennen, aber ich wusste, dass dort drüben die Taman-Halbinsel lag und die alte Fischereigenossenschaft, an der meine Reise begonnen hatte.

Die Brücke war fertig, von oben sah ich Autos in beide Richtungen fahren. Sie war neunzehn Kilometer lang, und ein Taxifahrer hatte mir am Vortag erzählt, dass die Fahrt vom einen Ende zum anderen eine knappe halbe Stunde dauerte.

Ich hatte fast ein Jahr gebraucht, um hier anzukommen.

Die Arche

Epilog

Du hast dich nicht ein Stück verändert, böses Meer,
Doch ich, ich bin nicht mehr derselbe!

Michail Lermontow, «Ich grüße dich, böses Meer», ca. 1840

Aus allen Himmelsrichtungen strömten sie an Bord. Die einen kamen aus Russland, andere aus der Türkei, manche aus der Ukraine, ein paar aus Moldawien und Georgien. Von sämtlichen Schwarzmeerküsten rollten sie ihre schwerbeladenen Wagen herbei, und einer nach dem anderen verschwand im riesigen Bauch des Schiffs.

Es war drückend heiß, obwohl die Septembersonne tief über dem Wasser stand. Acht Monate nach dem Ende meiner Küstenumrundung war ich ans Schwarze Meer zurückgekehrt, um es zu überqueren. Ich wollte dem Zentrum näher kommen, um das ich fast ein Jahr lang gekreist war. In Tschornomorsk, einer kleinen ukrainischen Hafenstadt südlich von Odessa, sah ich vom Oberdeck einer Frachtfähre namens «Sea Partner» zu, wie sich der Laderaum mit Lkws füllte.

Eine Stunde zuvor, als ich zu Fuß die Zollkontrolle passiert hatte, war ein kurzes, heftiges Sommergewitter über den Hafen hinweggefegt, und noch immer roch die Luft nach Regen. Eine bleierne Wolkenfront verschwand langsam landeinwärts. Über den Verladekränen zuckten lautlose Blitze, denen kein Donner folgte. In endloser Prozession rollten die Lkws an Bord, während die Sonne westlich des Hafenbeckens versank und das gewittrige Licht allmählich der Nacht wich. Hoch über den Verladebahnen sah ich einen Möwenschwarm durch das Flutlicht der Hafenscheinwerfer ziehen. Für ein paar Augenblicke zeichneten sich die Unterseiten ihrer Flügel grell-orange gegen den Nachthimmel ab, bevor ihre Umrisse abrupt in die Dunkelheit tauchten.

Ich war der einzige Passagier, der nicht am Steuer eines Lkws an Bord gekommen war. Nach und nach sammelten sich die Fernfahrer an Deck, ein internationaler Haufen mit rauen, sonnengegerbten Gesichtern, umweht von Schweißgeruch und Zigarettenrauch. Die Männer – es gab keine einzige Frau auf dem Schiff – nickten sich im Vorbeigehen zu, tauschten stumme Handschläge aus, klopften einander auf die Schultern. Viele schienen sich von vergangenen Überfahrten zu kennen. Ich hörte türkische Grußworte und russische Flüche, dazwischen Fetzen anderer Sprachen. Die «Sea Partner», an deren Heck die Flagge Panamas wehte, war eine Arche der Schwarzmeervölker.

Kurz nachdem sich vollständige Dunkelheit über den Hafen gesenkt hatte, fuhr die Bugklappe hoch und verschloss den Schiffsmund. Der Motor erhöhte dröhnend sein Drehmoment, und mit einem dumpfen Zittern löste sich die «Sea Partner» von der Kaimauer. Sofort schien der Boden unter meinen Füßen seine Festigkeit zu verlieren, durch den gesamten Metallkörper des Schiffs hindurch spürte ich das träge Nachgeben des Meers. Vom Oberdeck aus sah ich in der gähnenden Tiefe unter mir ein kleines, rotes Boot auf Parallelkurs gehen. Als es sich kurz vor dem Ende der Hafenmole bis auf einen halben Meter genähert hatte, sprang in der Dunkelheit ein Mann von der Frachtfähre hinüber auf das kleinere Schiff – der Lotse ging von Bord. In enger Kurve drehte das Geleitboot in Richtung Hafen ab und entließ die «Sea Partner» ins offene Meer.

Langsam blieb Tschornomorsk hinter uns zurück. Die kleine Hafenstadt trug ihren Namen noch keine drei Jahre. In der Sowjetzeit hatte sie Iljitschowsk geheißen, nach Lenins Vatersnamen Iljitsch, bis die Ukrainer die Bezeichnung im Zuge ihrer Umbenennungspolitik abgeschafft hatten. Nun war Tschornomorsk nach dem Schwarzen Meer benannt, und wie mir kurz nach der Abfahrt auffiel, trug der Zielhafen östlich der Bosporusmündung den mehr oder weniger gleichen Namen auf Türkisch: Karasu. Die Fahrt der «Sea Partner», die etwas mehr als vierundzwanzig Stunden dauern sollte, führte von «Schwarzmeer» nach «Schwarzwasser».

Ein Halbring aus fernen Lichtern war alles, was vom zurückweichenden Land zu sehen blieb, während das Schiff durch die Bucht von Odessa glitt. Der fast volle Mond verengte sich hinter den Wolken zu einem gelben Schlitz, der wie ein böses Auge über den Wellen hing. Rauchend standen die Lkw-Fahrer an Deck und starrten in die Ferne, mit gelösten Gesichtern, dankbar für die Fahrpause und den Ausblick auf etwas anderes als Asphalt.

Ich kam mit einem Russen aus Samara ins Gespräch, der Holzbalken von der Wolga in die Türkei kutschierte.

«Sei froh, dass du im Sommer mitfährst. Das Geschaukel in den Winterstürmen willst du nicht erleben. Dann hängen hier alle über der Reling.»

Sanja war klein, aber massiv, und wäre der Bierbauch nicht gewesen, hätte man ihm immer noch den Wassersportler angesehen, der er vor seiner Fernfahrerkarriere gewesen war – er hatte Russland bei Kajakturnieren vertreten. Sanja zeigte mir Bikinifotos seiner Frau, einer drallen Blondine, die er im Telefon unter dem Namen «Sajaz» gespeichert hatte, Hase.

«Nicht schlecht, oder?»

Ich nickte anerkennend.

«Zeig mal deine.»

Als der Gong zum Abendessen läutete, stiegen wir zusammen die Metallstufen zur Kantine herab. Über der Essensausgabe hing ein DIN-A4-Ausdruck mit einem lächelnden Schweinekopf, rot durchgestrichen, dazu die türkischen Worte «Domuz yok» – kein Schwein. Vor mir in der Schlange hörte ich einen der Fahrer leise auf Russisch fluchen.

«Leck mich, kein Schwein, was soll der Scheiß ...»

Viel weiter aber schienen die Kulturkonflikte hier nicht zu gehen. Sanja und die vier anderen Russen, mit denen wir unseren Tisch teilten, waren regelmäßig rund ums Schwarze Meer unterwegs, und alle kannten sie in drei bis vier Anrainersprachen die paar Dutzend

Wörter, die man als Fernfahrer zum Überleben brauchte. Ähnlich war es bei den anderen Fahrern, den Türken, Ukrainern, Moldawiern, Georgiern. Obwohl die Männer getrennt nach Muttersprachen aßen, brüllten sie sich über die Tische hinweg vielsprachige Appetitwünsche zu, holprig ausgesprochen, aber dankbar angenommen. Selbst die beiden Ukrainer, die sich nach dem Essen mit Bierkrügen an unseren Tisch setzten, verstanden sich mit den Russen. Der Krieg zwischen ihren Ländern tauchte im Gespräch erst auf, als ich danach fragte, und er war schnell abgehakt.

«Sollen wir uns hier die Köpfe einschlagen, weil da draußen ein paar Millionäre Streit haben?»

Zwei der Männer hatten Holz geladen, Sanja russische Birke, Oleg ukrainische Kiefer. Sascha, Wowa, Jura und Andrej brachten sibirische Kohle in die Türkei. Alle lachten über Dima, der von Charkow nach Istanbul unterwegs war. Sein Lkw war voller Damenbinden.

Später am Abend zerfielen die Passagiere in zwei Gruppen. Die Türken blieben an den Kantinentischen sitzen, die meisten anderen, darunter wir, wechselten nach und nach in die Bar im Nebenraum. Am Alkohol lag es nicht: Auch auf den türkischen Tischen sah ich Bierkrüge stehen. Was die Fahrer trennte, waren die Bordfernseher. In der Kantine liefen türkische, in der Bar russische Krimis. Die Ukrainer, Moldawier und Georgier sahen aus alter sowjetischer Sprachverbundenheit bei den Russen zu.

Unser Tisch war der lauteste. Bald stand Wodka auf dem Tisch, den die Fahrer aus den Duty-free-Läden am Hafen mitgebracht hatten. Wowa schnitt gepökeltes Schweinefett in Streifen. Der Abend ging seinen russischen Gang.

Irgendwann, ich war nicht mehr ganz nüchtern, fühlte ich mich plötzlich um Jahrtausende zurückversetzt. Das Schiff und seine vielsprachigen Fernfahrer kamen mir vor wie eine Schwarzmeergesellschaft des Altertums, eine jener zusammengewürfelten Koloniestädte, in denen Griechen mit Skythen gezecht hatten, ohne sich um die

Grenze zwischen Zivilisation und Barbarei zu scheren. An den Küsten hatte ich nur noch Überreste dieser alten Vielvölkergemeinschaften gefunden, die über die Jahrtausende von imperialistischen und nationalistischen Ordnungsliebhabern auseinandergerissen worden waren, aber hier, in der Mitte des Meers …

Ein Streit riss mich jäh aus meinen Gedanken – ein Streit, der, wie mir erst später auffiel, nicht entlang nationaler Grenzen entbrannte, sondern zwischen zwei Russen. Wie er anfing, weiß ich nicht. Ich unterhielt mich mit Sanja, als ich aus dem Augenwinkel Sascha aufspringen sah, der sich schreiend vor Andrej aufbaute.

«Raus! Vor die Tür! Einer von uns beiden schwimmt gleich im Meer!»

Er drehte sich um, stampfte in Richtung Ausgang und verschwand durch die Stahltür im Außenbereich.

Andrej blieb sitzen.

Wowa schob knarzend seinen Stuhl zurück.

«Mal schauen, was mit ihm los ist.»

Sekunden später hörten wir draußen Körper gegen Metallwände krachen. Ich wollte aufspringen, aber Sanja legte mir grinsend eine Hand auf den Arm.

«Ist nur Spaß.»

Nach ein paar Minuten kam Wowa schwer atmend zurück.

«Völlig außer sich, der Kerl. Ich will ihn beruhigen, da fängt er an, auf mich einzudreschen.»

Jetzt knarzte Andrejs Stuhl.

«Wer Ärger will, soll Ärger haben.»

Wieder hörten wir dumpfe Schläge an der Außenwand. Dann kam Sascha durch die Tür gestolpert, gefolgt von Andrej. Die beiden hatten Blut an den Händen.

Sascha fiel neben mir in seinen Stuhl. An seinem rechten Ohr hing ein langer Blutfaden. Keuchend starrte er die Tischplatte an. Er wirkte bedient.

Andrej aber kam erst richtig in Fahrt. Er griff sich einen vollen Bierkrug vom Tisch und hielt ihn dicht vor Saschas Gesicht.

«Du willst Ärger? Ärger?»

Er holte mit dem Bierkrug aus. Sascha schloss kraftlos die Augen und wartete auf den Schlag.

Andrej knallte den Bierkrug auf den Tisch und griff sich eine der leeren Wodkaflaschen.

«Ärger?»

Er holte aus. Sascha kniff die Augen zusammen.

Andrej ließ die Wodkaflasche fallen und griff sich ein Besteckmesser. Beunruhigt suchte ich Sanjas Blick. Er lachte.

«Russische Tradition.»

Andrej riss Saschas Kopf nach hinten und hielt ihm das Messer an die Kehle.

«Ärger?»

Sascha wehrte sich nicht. Er ließ alles über sich ergehen wie ein geprügelter Hund.

Dann ging alles sehr schnell. Andrej drückte Sascha die linke Hand ins Gesicht, holte mit der rechten weit aus und hieb mit voller Wucht zu. Erst als er das Messer zurückzog, sah ich, dass er es verkehrt herum hielt – er hatte Sascha nicht die Klinge, sondern das stumpfe Ende in den Brustkorb gerammt. Der Schmerz reichte, um Sascha laut aufheulen zu lassen. Keuchend krümmte er sich vornüber, seine Stirn sank auf die Tischplatte. Reglos wimmernd verharrte er in dieser Position, seine Arme umkrampften die schmerzende Brust.

Zwei der anderen Russen versuchten, Andrej das Messer aus der Hand zu winden.

«Reiß dich zusammen, Mann!»

Im eskalierenden Gerangel nutzte ich einen unbeobachteten Moment, um in meine Kajüte zu verschwinden.

Am nächsten Morgen sah ich Sascha beim Frühstück. Sein rechtes Ohr war blutverkrustet, aber er war guter Dinge.

«Kommt vor.»

Auf dem Oberdeck waren ein paar Fitnessgeräte montiert, aber schon am Vormittag brannte die Spätsommersonne so heiß vom wolkenlosen Himmel, dass niemandem nach Sport war. Ich war allein an Deck, die meisten Fahrer hockten vor den Kantinenfernsehern oder kurierten in ihren Kajüten den Kater aus.

Ringsum war nichts als Wasser. Die Hälfte der Strecke lag hinter uns, die Nordküste war so weit entfernt wie das Südufer. Das Meer glänzte metallisch blau, Sonnenreflexe flackerten über die Oberfläche. Hinter dem Schiff, wo der Motor das Wasser aufgewühlt hatte, zog sich eine hellere Spur bis zum Horizont, eingefasst von zwei parallelen Schaumsträngen, die wie Schienen in der Ferne verschwanden.

Zwischen den Deckaufbauten jagten zwei kleine, grüne Singvögel nach Insekten. Finken? Ammern? Ich war nicht sicher. Eine ganze Weile sah ich ihren Sturzflugmanövern zu, bevor ich mich zu fragen begann, wie die Vögel wohl auf dem Schiff gelandet waren.

Und ob sie vorhatten, zusammen mit dem Schiff zurückzufahren.

Oder ob sie am anderen Ufer ein neues Leben anfangen würden.

Wie all die anderen.

Dank

Mein Dank gilt allen Menschen, die ihre Geschichten mit mir geteilt haben.

Viele Freunde und Unterstützer hatten Anteil am Entstehen dieses Buchs. Besonders geholfen haben mir Thomas Hölzl und Diana Stübs.

Gedankt sei der Stiftung für Deutsch-Polnische Zusammenarbeit, die einen Teil meiner Rechercereisen gefördert hat, ohne sich daran zu stören, dass am Schwarzen Meer heute kaum noch Deutsche und Polen leben.

Nicht genug danken kann ich dem Schicksal und seinem Helfershelfer Andrej Sazepin, die mich im richtigen Moment ans richtige Ufer gelotst haben.

Danken möchte ich außerdem allen Autoren, deren Werke mir Quelle und Inspiration waren. Die Liste auf den folgenden Seiten ist alphabetisch geordnet, aber hervorzuheben sind Neal Ascherson und Charles King, deren Bücher zur Geschichte des Schwarzmeerraums wenige Fragen offenlassen – hoffentlich genau die, nach deren Antworten ich gesucht habe.

Quellen

Tony Anderson («Bread and Ashes. A Walk Through the Mountains of Georgia», London 2003)

Apollonios Rhodios («Die Argonauten», aus dem Altgriechischen von Thassilo von Scheffer, Wiesbaden 1940)

Neal Ascherson («Black Sea. The Birthplace of Civilisation and Barbarism», London 1995)

Igor Atschkinasi («Krymtschaki. Istoriko-etnografitscheskij otscherk», Simferopol 2000)

Isaak Babel («Geschichten aus Odessa», aus dem Russischen von Dmitri Umanski, in: «Werke», Berlin 1973)

Alexander Blok («Die Skythen», aus dem Russischen von Alfred Edgar Thoss, in: «Des Himmels lichter Rand. Gedichte», Leipzig 1980)

Kate Brown («A Biography of No Place. From Ethnic Borderland to Soviet Heartland», London 2003)

Robert Dankoff & Sooyong Kim (Hg. und Übers., «An Ottoman Traveller. Selections from the Book of Travels of Evliya Çelebi», London 2010)

Petko Dimitrov & Dimitar Dimitrov («The Black Sea, the Flood and the Ancient Myths», Warna 2004)

Ertekin Doksanaltı & İlker Mimiroğlu («Giresun/Aretias-Khalkeritis Island», in: «Anodos. Studies of the Ancient World», 10/2010)

Viktor Dsjatkewitsch («Plemsawodu Krasnyj Tschaban 75 let. Stranizy istorii w sobytijach i sudbach», Kalantschak 2005)

Grace Ellison («Turkey To-Day», London 1928)

Patrick Leigh Fermor («The Broken Road. From the Iron Gates to Mount Athos», London 2013)

Pawel Florenskij («Meinen Kindern», aus dem Russischen von Sieglinde und Fritz Mierau, in: «Sinn und Form», I/1993)

John Freely («The Black Sea Coast of Turkey», Istanbul 1996)

Eman Fridman & Douglas Bowden («The Russian Primate Research Center. A Survivor», in: «Laboratory Primate Newsletter», Vol. 48/No.1/2009)

Dietrich Gronau («Mustafa Kemal Atatürk oder die Geburt der Republik», Frankfurt/Main 1994)

Edith Hall («Inventing the Barbarian. Greek Self-Definition through Tragedy», Oxford 1989)

Herodot («Historien», aus dem Altgriechischen von August Horneffer, Stuttgart 1971)

Vitaliy Ivanov & Vladimir Belokopytov («Oceanography of the Black Sea», Sewastopol 2013)

Andreas Kappeler («Kleine Geschichte der Ukraine», München 1994; «Die Kosaken. Geschichte und Legenden», München 2013)

Jelena Karakina et al. («Putewoditel po jewrejskoj Odesse», Odessa 2008)

Kapka Kassabova («Border. A Journey to the Edge of Europe», London 2017)

Charles King («The Black Sea. A History», New York 2004; «The Ghost of Freedom. A History of the Caucasus», New York 2008; «Odessa. Genius and Death in a City of Dreams», New York 2011; «Midnight at the Pera Palace. The Birth of Modern Istanbul», New York 2014)

Michail Lermontow («Ein Held unserer Zeit», aus dem Russischen von Günther Stein, Berlin 2014; «Priwetstwuju tebja ja, sloje morje», in: «Sobranije sotschinenij w tschetyrjoch tomach», Leningrad 1979)

Claudio Magris («Donau. Biographie eines Flusses», München 1988)

Wladimir Majakowskij («Krim», aus dem Russischen von Hugo
   Huppert, in: «Werke», Frankfurt/Main 1966)
Ossip Mandelstam («Tristia», aus dem Russischen von Paul Celan,
   in: «Gedichte», Frankfurt/Main 1959)
Philip Marsden («The Spirit-Wrestlers. A Russian Journey»,
   London 1998)
Surab Mikwabija et al. («Suchumskij obesjanij pitomnik.
   K 90-letiju so dnja osnowanija», Suchum 2017)
Stanisław Mucha («Tristia. Eine Schwarzmeer-Odyssee»,
   Dokumentarfilm, Deutschland 2015)
Ovid («Briefe aus der Verbannung: Tristia / Epistulae ex Ponto»,
   aus dem Lateinischen von Wilhelm Willige, Zürich 1963)
Bayram Öztürk & Ayaka Amaha Öztürk («Biodiversity in the
   Black Sea: Threats and the Future», in: Zafar Adeel et al.,
   Hg., «Mankind and the Oceans», Tokio 2005)
Orhan Pamuk («Istanbul. Erinnerung an eine Stadt», aus dem
   Türkischen von Gerhard Meier, München 2006)
Konstantin Paustowskij («Die Kolchis», aus dem Russischen von
   Joseph Kagan, Berlin 1952; «Sprung nach dem Süden», aus dem
   Russischen von Georg Schwarz, Frankfurt/Main 1984)
Katharina Raabe & Monika Sznajderman (Hg., «Odessa Transfer.
   Nachrichten vom Schwarzen Meer», Frankfurt/Main 2009)
Christoph Ransmayr («Die letzte Welt», Nördlingen 1988)
Anna Reid («Borderland. A Journey Through the History of
   Ukraine», London 2015)
Renate Rolle («Die Welt der Skythen», Luzern 1980)
Wolfgang Röllig (Hg. und Übers., «Das Gilgamesch-Epos»,
   Stuttgart 2009)
Kirill Rossijanow («Opasnye swjasi. Ilja Iwanowitsch Iwanow i
   opyty skreschtschiwanija tscheloweka s tschelowekoobrasnymi
   obesjanami», in: «Woprosy istorii jestestwosnanija i techniki»,
   No. 1/2006)

Michael Rostovtzeff («Iranians and Greeks in South Russia», Oxford 1922)

William Ryan & Walter Pitman («Noah's Flood. The New Scientific Discoveries about the Event that Changed History», New York 1998)

Abdulla Sakalli & Nuri Başusta («Sea Surface Temperature Change in the Black Sea under Climate Change. A Simulation of the Sea Surface Temperature up to 2100», in: «International Journal of Climatology», No. 38/2018)

Wendell Steavenson («Stories I Stole», London 2002)

Bram Stoker («Dracula», aus dem Englischen von Ulrike Bischoff, Köln 1994)

Strabo («Erdbeschreibung», aus dem Altgriechischen von Christoph Gottlieb Groskurd, Berlin 1831)

Lyn Webster Wilde («On the Trail of the Woman Warriors. The Amazons in Myth and History», London 1999)

Frank Westerman («Ararat. Pilgerreise eines Ungläubigen», Berlin 2008)

Maximilian Woloschin («Kultura, iskusstwo, pamjatniki Kryma», in: «Krym. Putewoditel», Moskau 1925)

Xenophon («Anabasis», aus dem Altgriechischen von Helmuth Vretska, Ditzingen 1999)

Valentina Yanko-Hombach et al. (Hg., «The Black Sea Flood Question. Changes in Coastline, Climate and Human Settlement», New York 2007)

Yuvenaliy Zaitsev & Vladimir Mamaev («Marine Biological Diversity in the Black Sea. A Study of Change and Decline», New York 1997)

Weitere Titel

Berlin

Schwarze Erde

Jens Mühling
Schwarze Erde

Eine Reise durch die Ukraine

Ein Jahrtausend lang lebten die Ukrainer zwischen Grenzen, die sich unter ihren Füßen stetig verschoben; mal zu Polen, mal zu Österreich und Litauen, schließlich zu Deutschland und dann zur Sowjetunion gehörten. Und die nun wieder in Bewegung geraten sind. Als Staat existiert die Ukraine erst seit 1991; was sie vorher war, ist unter ihren Bewohnern so umstritten wie unter ihren europäischen Nachbarn. Jens Mühling erzählt von Begegnungen mit

288 Seiten

Nationalisten und Altkommunisten, Krimtataren, Volksdeutschen, Kosaken, Schmugglern, Archäologen und Soldaten, deren Standpunkte kaum unterschiedlicher sein könnten. Sein Buch schildert ihren Blick auf ein Land, über das wir kaum etwas wissen – obwohl es mitten in Europa liegt.

Weitere Informationen finden Sie unter **rowohlt.de**